马平安———

著

大哉孔子

团结出版社
UNITY PRESS

图书在版编目（ＣＩＰ）数据

　大哉　孔子 / 马平安著. -- 北京 : 团结出版社,
2019.5
　ISBN 978-7-5126-6954-3

　Ⅰ. ①大… Ⅱ. ①马… Ⅲ. ①孔丘（前 551-前 479）
一传记 Ⅳ. ①B222.2

　中国版本图书馆CIP 数据核字(2019)第 038998 号

出　版：团结出版社
　　　　（北京市东城区东皇城根南街 84 号　邮编：100006）
电　话：(010) 65228880　65244790　（出版社）
　　　　(010) 65238766　85113874　65133603（发行部）
　　　　(010) 65133603（邮购）
网　址：http://www.tjpress.com
E-mail：zb65244790@vip.163.com
　　　　fx65133603@163.com（发行部邮购）
经　销：全国新华书店
印　装：三河市东方印刷有限公司

开　本：145mm×210mm　　　32 开
印　张：9.625
字　数：228 千字
印　数：4045
版　次：2019 年 5 月　第 1 版
印　次：2019 年 5 月　第 1 次印刷

书　号：978-7-5126-6954-3
定　价：38.00 元

德配天地　道冠古今

删述六经　垂宪万世

序

在中国，大概没有一个人能像孔子那样，能够被社会各阶层的人们评头论足、津津乐道长达 2500 余年之久，而且，可以肯定，这种情况还会一直继续进行下去。

时而，世人对他的尊崇过甚。

时而，人们又对他误解太深。

从历史的时空中，总能听到关于他的不同的声音。

像雾像风又像雨。

孔子的形象，经过两千多年来不断的改变与塑造，至今已经面目全非，可谓是千人千面。正像一千个人的眼中有一千个哈姆雷特一样，各人的认识不同，孔子的形象亦是千人千面，无法统一起来。

李大钊说："实在的孔子死了，不能复生了，他的生涯，境遇，行为，丝毫不能变动了；可是那历史的孔子，自从实在的孔子死去的那一天，便已活现于吾人的想象中，潜藏于吾人记忆中，今尚生存于人类历史中，将经万劫而不灭。"李大钊将孔子分成"实在的孔子"与"历史的孔子"，这种分法，本人倒是比较赞同，下面简单谈一下我自己的看法。

一、吃人间烟火食的孔子

孔子名丘，字仲尼，春秋末年鲁国人，三岁丧父，母子二人相依为命，青少年时期过着十分艰难的生活。孔子说他"十五有志于学"。经过刻苦努力，实现了"三十而立"。因为从政的机缘一直未至，于是他就走上了另外一条人生之路，即开办私人学堂，开始收徒讲学。35岁那年，"孔子适齐，为高昭子家臣，欲以通乎景公"。齐景公本欲打算重用孔子，但在晏婴等权臣的反对下作罢。在齐三年，孔子非但没有得到重用，反而引起了齐国一些掌权人物的忌惮，他们"欲加害孔子"，孔子空梦一场，匆忙离齐返鲁。这是孔子的第一次求仕。从齐国逃回鲁国后，孔子继续办学。因为在齐求仕挫折的打击，此后好多年，孔子没有再从事任何实际求仕政治活动，而是在从"三十而立""四十不惑"一直到"五十而知天命"的人生宝贵岁月中，把主要精力放在培养学生、潜心做自己学问上面。孔子50岁那年，终于等到了出山从政的机会。"其后，定公以孔子为中都宰，一年，四方皆则之；由中都宰为司空，由司空为大司寇。"孔子在鲁国为官期间，相鲁定公"会齐侯于夹谷"，挫败齐国的阴谋，取得了外交斗争的胜利；做大司寇，杀少正卯；"与闻国政三月""鲁国大治"。最后，在集权公室的斗争中，孔子"堕三都"计划失败。因为失去了鲁国掌权贵族的支持，孔子被迫离鲁出走，这一年，孔子已经55岁。此后，孔子师徒在外流亡14年，辗转各国，希望诸侯见用，可现实却是到处碰壁。在郁郁不得志的奔波中，孔子很快就过了"耳顺"之年。68岁那年，孔子才被允许返回鲁国。晚年的孔子，并没有再去谋求一个政治舞台上的什么具体职务，而是将自己全部身心沉浸于授徒讲学和整理编辑"六艺"之中，真正达到了"七十从心所欲不逾矩"的境界，给后人留下了读《易》而韦编三绝的千古佳话。

令人惊奇的是，孔子并非如后世儒家或统治者吹嘘的至圣至贤不会犯一点错误的人间神圣。相反，他的身上充满了十足的人间烟火味，像一个普通人一样：

首先，他喜欢美食，"食不厌精脍不厌细"。

其次，他很喜欢喝点小酒，还很怕管不住自己的酒量。

第三，他很注重着装与穿戴，似乎并不拒绝名牌服装。

第四，对于异性，他也充满好奇，高唱"关关雎鸠，在河之洲，窈窕淑女，君子好逑"，只是他能够做到很好地克制自己，认真做到了"非礼勿视，非礼勿听，非礼勿言，非礼勿动"。

第五，他很注重身份地位，出门要有自己的专车，照样在乎名利，只要不是不义之财，他也愿意通过自己的勤奋劳动而获得。

第六，他很有点小资情调，十分喜爱音乐，曾经因为韶乐而"三月不知肉味"。

第七，孔子虽然聪慧执着，但他将自己的做人标准也只是定格为君子的境界，并没有因为自己取得一点成就就忘乎所以。

种种迹象表明，孔子平凡而伟大。平凡表现在他如普通人那样正常地生活；伟大则集中在他对自己理想、目标追求的执着以及对自己修身的践履远远超过我们这些凡夫俗子。

二、吃冷猪头肉的孔子

自从汉武帝采纳董仲舒"罢黜百家，独尊儒术"之策后，孔子的地位日益变得重要起来。汉平帝时，对孔子的尊崇有了新的发展。孔子和周公一起，被列入国家正式祀典，孔子也被封为"褒成宣尼公"，地位和周公相当，从此被人抬上神坛。东汉时期，祭祀孔子已经成为每个皇帝必须例行的公事。从汉明帝起，在学校祭祀孔子成为常规，从此孔子作为封建国家意识形态中的至圣先师，开始自成一个独立的祭祀系统。从曹魏开始，皇帝或者太子学通一经，就要向孔圣报告，行释奠礼。起初由于孔子在世时官职低，祭礼由太常代行。此后祭孔的规格不断提高。晋代，皇帝或者太子开始亲自行礼。太和十三年（公元 378 年），北魏在京城修建孔庙。从此，孔庙开始走出曲阜，走向全国。南朝梁，就在自己境内修建孔庙。北齐时代，规定在正常的春秋祭祀之外，每月朔日，学校师生必须向孔子行礼。到唐代，对孔子的祭祀，又有新的发展。唐初制礼，曾以孔子为先圣，以左丘明等二十二人为先师。高宗显庆年间，一度曾重以周公为先圣，而黜孔子为先师。后来，又恢复孔子的先圣地位，而将周公作为武王的配食者。这一项制度，到《开元礼》，终于被确定了下来。唐代规定，郡县都要建立孔子庙，祭祀孔子。并且由地方长官担任主祭。这样，孔子作为国家公神的地位，就进一步通过制度方式巩固了下来。孔子的称号，隋唐以前，或是先圣，或是先师、宣尼、宣父。唐代，加封孔子为文宣王。宋代，在文宣王前加"至圣"二字；元代，又在至圣前加"大成"二字。北宋时曾有儒者建议给孔子加帝号，未获通过。明嘉靖年间，认为称孔子为王，不合礼制。于是经过合议，去掉王号，保留"至圣"，称"至圣先师"。这个称号，一直被清代所沿用。这样看来，孔子虽然身前坎坷，死后倒是已经享受近两千年"冷猪头肉"的供奉。

　　三、给孔子事业做一个定位

　　孔子的事业，主要集中在从政、教学、文献整理与研究三个方面：

第一，他是一个失意的政治活动家。

孔子一生，有着伟大的政治理想与政治目标，想要达到"天下归仁"的理想境界。他之热衷于求仕，不是为了个人"追名逐利"的目的，而是要寻找一个可以施展才能的机会来改变"天下无道"的局面。他说："天下有道，则礼乐征伐自天子出；天下无道，则礼乐征伐自诸侯出。"这就是主张把治天下的大权还归于周天子。这是中央集权的大一统思想。但是，当时乱世的客观形势却没有给他施展才华的机会与舞台，他仅仅只有四五年的时间处于鲁国政治舞台的中心，在其他时间里，他最多也只是一个政治舞台上的"边缘人"。尽管孔子充满"如有用我者，我其为东周乎"的满满自信，洋溢着"天生德于予"与"文不在兹乎"的历史使命感，然而现实追求中却处处碰壁。各国当政者也只是将他作为装饰门面的招牌，并不想用他的方案来改革与推动历史的前进。治世的理想没能实现，对他可谓是一个凄婉的悲剧。

第二，他是一个成功的教育家。

孔子是春秋时期私人办学最为成功的一人。

在招生范围上，孔子创办私学，实行"有教无类"，对接受教育的对象，没有类别限制，只要受教育者愿意真心实意地"志于学"，不论贫富、贵贱、族类、国别、老少，他都可以做到"诲人不倦"。

在教学对象上，"夫子教人，各因其材"。孔子能够根据学生不同的禀赋、个性、特长、素质、阅历等具体情况，给他们制订相应的教学方案，施以不同的教法，有针对性地给予个性化培养教育，以使他们都能得到全面健康的发展，成为德才兼备的对社会有用的人才。

在教学方法上，孔子在施教过程中，很注意调动弟子们的主动性、积极性。他提倡学思结合，引导弟子在自学基础上深入思考，循循善诱弟子积极主动地思考与提出问题，在此基础上给予指点、引导，而不是采取不顾弟子具体实际情况的"填鸭式"的教学法。

从一定意义上讲，孔子私学不同于今天那些专门培养应试的教育机构，更不是那些以商业运转为模式的专门教育实体，它集学问探讨与修养人生为一体，将个人学习、修身与应该担当的社会责任实现了充分的结合。它立足于培养人的趣味高尚的价值观和价值判断能力，让学生对世界上纷纭复杂的事物具有做出正确判断与识别的能力，同时培养人的高贵品性和雍容大气、文质彬彬的气质，养成人的大眼光、大境界、大胸襟、大志向、大学问。这种种因素，使孔子创办的私学取得了空前的成功，以致在当时各诸侯国间都闻名遐迩。私学的红火又使学生越聚越多，规模越来越大，教学相长也反过来成就了孔子的伟大。

按照司马迁的说法，孔子用《诗》《书》《礼》《乐》作教材教育弟子，就学的弟子大约有三千人，其中能精通礼、乐、射、御、书、数这六种技艺的就有七十二人。至于多方面受到孔子的教诲却没有正式入籍的弟子就更多了。要知道，春秋时期的人口总共也不过才有五六百万之多。孔门成才弟子如此之多，难怪当时各国诸侯都对孔子敬而远之了。他们恐惧这股巨大的力量，没有信心借用这股力量，这是他们的悲哀。孔子以一人之力培养出如此众多具有治国安邦本领的弟子。这种成功，从孔子到今天，还真是没有一个人能够跟他相比。

第三，他是一个学有所成的学者。

孔子是中国文化上承上启下的关键人物。

一生倡导恢复周礼并在天下奔走呼吁"克己复礼"的孔子，恰恰是春秋时期周礼最勇猛的突破者与否定者。周礼规定"非天子，不议礼，不制度，不考文"。孔子不仅到处议礼，更第一个以私人名义公开进行了大规模搜集与整理古代文献的文化工作，开创了中国私人著书立说的先河。朱自清在《经典常谈》中说："孔子是在周末官守散失的时代，第一个保存文献的人。"

孔子时代，"周室微而礼乐废，《诗》《书》缺"，王纲坠弛，礼崩乐坏。由于社会政治的动荡而导致了"天子失官，学在四夷"的文化状况，这就必然造成孔子所能访求到的文化典籍与历史文献，应该是散乱杂芜、残缺不全的。特别是夏商两代年代久远，更令孔子深深地感到"文献不足"的缺憾，所以他叹惜地说："夏礼，吾能言之，杞不足征也；殷礼，吾能言之，宋不足征也。文献不足故也。足，则吾能征之矣。"从30岁左右开始，孔子一边教学，一边着手搜集、整理、保存古代典籍的工作。晚年归鲁后，他更是将自己的主要精力集中在抢救三代文化工程上面。虽然像周公那样辅佐成王创建一个新天下的理想是无法实现了，虽然那个创建了周朝典章礼制的周公，再也没有来到他的梦中，但是"郁郁乎文哉"的周文化，却还是那样令孔子心驰神往。《诗》《书》《礼》《易》《乐》《春秋》"六经"最终完全被系统整理编纂了出来。正是这项工作，奠定了孔子在中华文明史上儒家鼻祖的地位。

公元前479年，病中的孔子预感到自己已经临近了生命的终点，回顾自己拼搏一生的生命历程，再看看这个依然如故昏乱的世道，他具有无限的感慨和无穷的遗恨，不免发出了"天下无道，莫能宗予"的轻声叹息。他似乎是自言自语，又似乎在叩问历史：
"泰山就要崩塌了吗？梁柱就要摧折了吗？哲人就要像草一样枯
萎了吗？"眼泪也随之落了下来。他还是那样自负，他对自己的
人生定位是一位"哲人"、一位智者。他本想用自己的本领去"兼
济天下""重建东周"的，可是老天爷不给他这个机会。他希望
自己的学说能够有益于后世。他不想成神，而更喜欢人世间的生活。
可是，他生前身后的愿望，事实上都落了空。不过，他的仁德的
灵魂以及兼济天下、不屈不挠的精神，已经成为中华文明史上一
座巍峨的山峰，一根不朽的栋梁，一块常绿的草地。在夏商周那
样的崇神世界中，他发现了人格美以及社会制度的美，从而把人
的个体心理欲求同社会的伦理道德有机地统一了起来。正像老聃
把人还给自然一样，孔子把人还给了社会。他对我们人类的最大
贡献，就是提出了"仁"的思想，主张人与人之间应该建立起一
种和谐发展的平衡共生关系。至于这种理念实践的途径，在他看来，
就是应该以"中庸"为思维，用"礼"来治国，积极建立起一个
具有良好的道德与法制环境相统一的有秩序的社会。

目录
contents

第一章　『丘也，殷人也』
001

第二章　『野合』随谈
011

第三章　『吾少也贱，故多能鄙事』
019

第四章　『夫子焉不学』
026

第五章　孔子办学
033

第六章　向老子求教
062

第七章　在齐国的遭遇
078

第八章　在音乐陶冶中升华
088

第九章　与阳虎的恩怨
100

目录
contents

第十章　仕鲁数事　113

第十一章　子见南子　131

第十二章　佛肸的召唤　142

第十三章　匡蒲之困与陈蔡之难　156

第十四章　《论语》中的隐士　171

第十五章　孔子论政　182

第十六章　人生想实现那些理想　194

第十七章　为往圣继绝学　215

第十八章　人生难得圆满　233

目录
contents

跋：孔子在民族文化复兴中的作用
245

附 录

一：主要参考与引用书目
249

二：孔子年表
252

三：孔子周游列国路线图
261

四：《史记·孔子世家》
262

五：《史记·仲尼弟子列传》
277

第一章
"丘也，殷人也"

一

公元前479年夏历二月四日的早上，73岁的孔子病势沉重。

孔子病，子贡请见。孔子方负杖逍遥于门。[①]

当子贡匆匆赶到时，这位生性倔强的老人，仍然强撑病体，正拄着拐杖在门前向阳的地方自在地"逍遥"。

孔子一见子贡，悲欣交集。张口便道："赐啊，你怎么才来啊。"说着话便唱起歌来：

泰山坏乎！

梁柱摧乎！

哲人萎乎！

歌声哽咽、苍凉。唱完，不禁老泪纵横。

接着，孔子对子贡交代后事：

"天下无道已经很久了，没有一个当权者能够尊重我的主

———————
① 《史记·孔子世家》。

张。夏朝人死了，灵柩停放在东边的台阶上；周朝人死了，灵柩停放在西边的台阶上；殷朝人死了，灵柩是停在正厅的两根柱子中间。我昨天晚上做了一个梦，梦见我就坐在两根柱子中间，接受别人的祭奠。所以我告诉你，我是殷商人的后代，你要按商代的礼仪来安葬我。"①

从这天起，孔子便卧床不起，七日后，他便溘然长逝。

孔子临终前将自己的后事托付给了子贡，这十分自然。子贡是他最亲密的弟子之一。孔子一生，虽然弟子众多，但最为亲密的学生只有三个：颜回、子贡、子路。孔子在70岁的时候，他唯一的儿子孔鲤死了；71岁的时候，他一生最为欣赏并寄予厚望的颜回死了；72岁的时候，忠心耿耿跟随他40多年的心腹子路死了；而早在他67岁的时候，他的妻子亓官氏也先他而去了。所以，此时此刻的他，已经是孑然一身，能放心交代后事的，也就只有子贡了。

然而，孔子为什么说自己是殷商后裔，又非要用殷商人的葬礼方式来安排自己的后事呢？

这个问题，看似简单，实则背后深层次的意味颇多。

它涉及了孔子辉煌的先祖以及铸就孔子伟大心灵的强大文化基因。

二

据司马迁在《五帝本纪》中记载，殷商的始祖——契，为舜帝时的司徒，掌管教化，恭敬宽厚；孔子的祖先汤，灭夏桀，建立商王朝，仁德勇武，泽被万方；其后，更有盘庚、武

---

① 关于孔子临终前的情况，可参见《史记·孔子世家》《礼记·檀弓上》《左传》以及《孔子家语·终记》等文献。

丁等承续契、汤遗德，使殷商王朝渊源绵延近六百年；纵然是到了无道至极的商纣时期，在孔子心目中，殷人中依然有三位仁者在：

> 微子去之，箕子为之奴，比干谏而死。孔子曰："殷有三仁焉！"①

微子，纣王同母所生的兄长，因为他出生时母亲还处在妾的地位，所以不能继承帝位，而当弟弟子辛出生时，母亲已被立为王后，所以获得立嗣而继承了帝位，这就是商纣王，微子则被封为子爵。箕子、比干，都是纣王的叔父，当时，他们两人分别是商王朝的太师与少师。纣王荒淫无道，三人皆尽力谏劝。微子屡次劝告，纣王都听不进去。于是，微子离他而去，做了一个明智的隐士。箕子也曾多次劝说纣王，在没有结果后，为求自保装疯卖傻，最终被降为奴隶。比干则因为强行向纣王进谏而被纣王剖胸挖心。

孔子高度评价商朝后期的这三个贤人，不仅是对这三人仁德的肯定和颂扬，也是对自己本民族伟大的商文化充满敬意与无限自豪的表现及自然的流露。

等到周武王打败了众叛亲离的商纣，微子公然表示降服。《史记·宋微子世家》这样记载了微子投降的场景：

> 周武王伐纣克殷，微子乃持其祭器造于军门，肉袒面缚，左牵羊，右把茅，膝行而前以告。

微子不仅犒劳获胜的周师，还要跪着交出祭祀的权力。对

---

① 《论语·微子篇》。

于商纣的残暴统治，微子坚持着批判的立场；在批判不起作用甚至会成为残暴政治牺牲品的时候，毅然选择自我流放或曰逃亡；当新兴的、进步的、顺应历史潮流的新政权建立的时候，他又敢于甩开一切束缚，敢于降服——这就是孔子的祖先微子，一个反对派的微子、开明的微子、向善的微子。对于先祖微子这种弃暗投明之举，对于在"礼崩乐坏"之际同样对社会持批判立场的孔子，实在是他心目中一个充满了勇气的永久性的榜样。

周武王灭商后，立纣王之子武庚为殷商贵族遗民的首领，赏赐给他一块封地，用以祭祀祖先，并将自己的弟弟管叔、蔡叔封于武庚附近，以起监视作用。可是不久，武王去世，武王之子成王即位。成王年幼，无力执政，于是成王的叔叔、武王的弟弟周公姬旦，封于鲁而不赴，留在京城辅佐侄子，临时代理摄政。远在东方的管叔、蔡叔怀疑周公篡夺大权，便伙同武庚起兵造反。周公带兵东征，用时三年才最终剿灭叛乱。最后，管叔被诛，蔡叔被流放，武庚也被杀。

周公东征后，身为殷商王室的微子被封于宋。周公以周成王的名义作了一篇名为《微子之命》的任命书，虽然真伪难辨，但其意思却相当明显，含有劝慰和鼓励，更有告诫警示的意味在里面。

实际上，关于孔子的先祖，有一条清晰的脉络可寻，可以一直追溯到我国商朝王室的微子启。

司马迁说，孔子的祖先是宋国人。

微子被封为宋国的开国君主，微子去世后，遵循殷商传弟不传子的古老风俗，传位于弟弟微仲，微仲是孔子第十四世祖。微仲又三传而至宋湣公。宋湣公有二子弗父何与鲋祀。他也传弟不传子，立弟宋炀公。可是鲋祀不服，杀了宋炀公，欲推兄长弗父何即君位。弗父何断然拒绝。他推掉君位，让鲋祀做国君，自己为上卿。这位弗父何，正是孔子的第十世祖。从弗父何这里，孔子先世开始由诸侯之家转为公卿之家。

弗父何的曾孙也是孔子的第七代祖先的正考父，更是把弗父何的德行与智慧继续发扬光大。他虽然连续辅佐了宋国的三代国君——戴公、武公和宣公，却越来越谦恭俭朴，好似全宋国就他的官小一样。他在自己家庙中的鼎上为后世留下了这样的铭文："一命而偻，再命而伛，三命而俯，循墙而走，亦莫敢余侮。饘于是，粥于是，以糊余口。"先不说这篇31个字的铭文记下了正考父当年处世的真实模样，单是从文章的角度，本身就是一篇精妙的散文。区区31个字，竟然惟妙惟肖地刻画出了一个人的内心世界与外在做派，并将那个时候权力中心的险恶暴露无遗。主要的意思就是说每逢接受提升职位的任命时，都是越来越恭谨，一副如履薄冰的样子。我们不妨将这段铭文变作现代文品品其中的味道：正考父在处理人际关系时，始而低头，再而曲背，三而弯腰，连走路也要小心翼翼地专拣墙根走。末了还不忘以这个家鼎说说自己生活的俭朴：我用这个鼎煮饭和稀粥，勉强糊口充饥而已。中国知识分子的低调心态与怕事的脾性，在正考父的身上得到了活灵活现的体现。实际上，对于正考父而言，恭敬谨慎，儒雅谦让，这只是他的外表形象，内心深处则强硬无比。这真是一个富有政治智慧且懂得如何避祸的人。

不仅如此，据《国语·鲁语下》中记载，正考父还是一个文献的爱好者与整理者，《诗经》中的《商颂》，就是经正考父之手整理出来的。其中"温恭朝夕，执事有恪"，从早到晚恭顺小心，做起事来这样谨慎，不也能够从中多少看见他的一点形象吗？可惜的是，现在的《诗经》中，《商颂》仅存五篇，其余七篇可能在孔子的时代就已经亡佚了。正考父当然想不到中国知识分子境遇与地位会每况愈下，因为专制制度越是要"加强"和"稳固"，就越是不允许独立的思考与个人的自由意志得到发挥。他当然更加想不到自己的七世孙、比自己学问更大的孔子，甚至会落到如丧家狗的地步。落到这个地步又能怎样，一句"亦莫敢余侮"的坚硬的内核——中国知识分子独立立场的骨气，却让一代又一代的专制统治者无法彻底消化。

正考父有一子，叫孔父嘉。自弗父何至孔父嘉，共五代。按周礼规定，族人出了五服就必须别立宗族。于是，孔父嘉别立公族，以孔氏为姓，孔子族系从此正式形成。

孔父嘉以大司马的身份辅佐宋穆公和宋殇公19年之久，组织策划过一系列的战争，还深深地卷入到了宋国内部的矛盾与斗争的旋涡之中。他虽然也是以"贤"著称，但与以柔见长的父亲正考父相反，却显示着一种缺乏柔性的刚性，对于与国君宋殇公有着矛盾的宋国太宰华父督，不懂得妥协与建立权力的制衡机制。

同时，孔父嘉的妻子非常美丽，为宋国太宰华父督所垂涎。《左传·桓公元年》中说：

宋华父督见孔父之妻于路，目逆而送之，曰："美而艳！"

政敌外加情敌，孔父嘉因此种下了杀身的祸根。

据《史记·宋微子世家》记载，在宋国有着强大势力的华父督，借着宋国与郑国交战战败之机，公然煽动朝野对孔父嘉和宋殇公的不满情绪，迅速发动宫廷政变，杀死了孔父嘉与宋殇公，并把从郑国迎回的公子冯立为宋国的国君，是为宋庄公。立宋庄公有功而且大权在握的华父督，立即占有了孔父嘉的漂亮妻子，并废除了孔氏卿大夫的世袭之位，将孔父嘉的儿子木金父降为士。由孔父嘉开始的"孔"姓家族，在宋国再也不被重用，从此走上衰落之途。

孔父嘉之子木金父，为避家族奇祸，逃奔鲁国，孔氏就此迁居于鲁，身份也因此一落千丈，由公卿之家再降为上层社会的最低一级——士。

我们来看看孔子家族的一路衰落：

商汤（天子）——微仲衍（诸侯）——弗父何、正考父、孔父嘉（卿大夫）——木金父（士）

从商之王族到周之诸侯，再到宋国公卿，最后降为鲁国的士，失去了世袭封地，孔子的祖先最终沦落到了必须靠俸禄生存的地步，而要俸禄就必须服务于更高一级的贵族。木金父之孙孔防叔，便是鲁国贵族臧孙氏的家臣，出任臧孙氏采邑——防的邑宰，大约相当于今日的乡长或村长。

在孔子的先祖里，以"士"的身份，而在历史上留下业绩的，大概要算孔子的父亲叔梁纥了。他是孔父嘉的五代孙，虽然只是一个为大贵族服务的武士的身份，却也有着孔父嘉的勇敢与献身精神。

公元前563年，叔梁纥以一名武士的身份成了逼阳之战的主角。以晋国为首的几个诸侯国，攻打位于今山东省枣庄市南一个叫逼阳的小国，叔梁纥只是作为鲁国贵族孟献子的部属参加作战。守城的逼阳人让城门向着入侵者打开，就在攻城者踊跃冲进城门的时候，另一道悬门突然从天而落。危急关头，叔梁纥突然赶到，举起双臂一下子托住正在下落的悬门，使得几乎就要陷入绝境的攻入者得以迅速撤出。

《左传·襄公十年》这样记载这个战斗场景：

逼阳人启门，诸侯之士门焉。县门发，鄹人纥抉之以出门者。

七年之后，公元前556年（鲁襄公十七年），已经60多岁的叔梁纥做出了另一个更大的壮举。

这一年，强大的齐国侵入鲁国的北部，齐军高厚带领部队围困了鲁国的防邑。被围困的有鲁国上卿大夫臧纥、孔子的父亲叔梁纥和臧纥的弟弟臧畴、臧贾。臧纥的职位最高，鲁国派出军队要救出臧纥。鲁国救援的军队从现今泰安东部一个叫阳关的地方出击，但是到了接近防邑的旅松却停了下来，再也不敢前进了。原因是他们害怕齐国的军队过于强大。这时，以勇猛著称的叔梁纥再度表现出他的无所畏惧的胆魄与勇气，他挑选了三百名精悍的甲兵，在夜色的掩护下，带着臧畴、臧贾，一起保护着臧纥突围而出，将臧纥安全送到了鲁军的旅松防地。然后，叔梁纥又扭头杀入重围，折回固守防邑。慑于叔梁纥的勇猛果敢，久攻不下的齐军只好撤退。

三

说到这里，我们大概就可得看出孔子为何自称"丘也，殷人也"[1]的原因了。

按道理讲，孔子出身于鲁国，身逢春秋乱世，该自称自己为东周人才合适。但大家不要忘了，出身只不过是一个人无法改变的客观事实而已，并不代表个人就不能运用别的手段例如

---

[1] 《礼记·檀弓》。

　　孔子并不想承认自己出身贫寒的事实，也不甘心祖宗的事业在他的手中一再败落。

　　孔子出身于一个贫寒败落的士人之家，在出身和门第决定个人发展命运的时代里，对于一个不甘心自己低微、卑贱出身，急于在社会上突破秩序并且迅速发达的人来说，最根本最关键的还是要首先想办法去如何漂红自己的血统与提升自己的身份。

　　孔子先祖血统高贵时代是在殷商王朝。然而，进入周朝以来，孔子族系的血脉传承的高贵程度就一直不停地往下滑坡，从诸侯一直降到士，要不是孔子的拼命式的奋斗，恐怕很可能会连贵族最低级的士阶层地位也无法保持下去。这很可能是孔子不愿意承认自己是周朝人尤其是东周人的主要原因。

　　对于孔子来说，要想漂红身份，倒也不是十分困难的事情。

　　一来，孔子先祖的血统本来就十分高贵。从商汤开国到微子封宋；从弗父何降为上卿到木金父沦落为士。孔子先祖的血脉曾经有过十分高贵的辉煌，尽管是从王到诸侯到卿大夫到士不断地沦落，但这条高贵的血脉倒也一直为世人所承认，这成为孔子改变自身命运的资本与前进的希望。

　　二来，先祖们曾经辉煌的事业与功名，也是激励孔子不断进取、勤奋不倦的动力。先祖完成的功业的高度，本来就是后人的无上荣誉与劝勉自己复兴祖业的尺度。先祖那种敢于克服困难、做成大事业的家风，本身也就是最好的家族文化基因。这种基因纯粹属于精神文化层面，然而它的生命力却往往更旺盛、更持久。

　　三来，孔子祖先的事业鼎盛期全在殷商王朝时期，那是属于王室血统的时代，也是最能激发自己自豪与前行的动力和源泉。孔子一生,自"三十而立"以后,就以家国天下为己任,以复兴周公事业为理想与目标。如果不是有殷商时期先祖们曾经掌管过天下的文化自信与最能讲得出口的辉煌历史,孔子这颗伟大灵魂不可能锻造到如此的高度,甚而最终成为中华民族的文化魂。

高贵的血统与出身贫寒之间的矛盾,"待从头收拾旧山河"的理想,使得孔子越来越缅怀先祖的文化,追慕先祖治国平天下的不朽功业。可以说,越到后来,随着孔子的成熟与学识的不断增长,这种认祖归宗的心理情结也就越发地强烈与躁动起来。尽管孔子一生口口声声声称自己崇仰与服膺"郁郁乎文哉"的周王朝的礼乐文化,但从他临终前还念念不忘自己是殷人的事实中,我们可知他骨子里更是希望复兴殷商时期祖先们的政治与文化的至尊地位。

第二章

"野合"随谈

一

公元前551年9月28日，在鲁国昌平乡的陬邑，颜徵在为叔梁纥生下一个长相颇怪，却非常健康的男孩。这个男孩就是孔子。

关于孔子的诞生，历史上的记载大多带有比较神秘的色彩。

在大多数人的眼中，以为孔子既然是天下公认的圣人，其诞生必然就应当与普通人的诞生迥然不同。历代多事者往往根据自己的需要和主观的想象，不断地对此进行加工创造，不断地添油加醋，故使这件本来再正常不过的事因此而变得复杂与扑朔迷离起来。

司马迁在《史记·孔子世家》中说：

叔梁纥与颜氏女野合而生孔子。

大家知道，司马迁是中国人公认的历史学家的鼻祖，学界一直将他的《史记》作为信史来读。也就是说，对于太史公说史，国人一直持着完全信任的态度。

然而，在孔子出生这个问题上，司马迁却用了"野合"二字。

"野合"二字，从此让孔子的出生，平添了一种神秘与浪漫的味道。

也许，在司马迁时代，"野合"二字的含义与今天我们理解的完全不同。但这只是一种假设，一种猜测，我们无法得到证据进行求证。

在国人的眼中，孔子既然是因父母"野合"而生，各种猜测和臆想便纷纷而生，想象空间无限扩大，至今仍然是众说纷纭，莫衷一是。

《周易·系辞传下》说：

天地氤氲，万物化醇；男女构精，万物化生。

男欢女爱受孕生子，这本属于再正常不过的一种自然生理现象。然而，中国人因为男女大防、道德认定，往往在这个问题上心胸狭隘，非要计较出一个是非善恶谁对谁错的结论来，从而将一个正常简单的生理问题无限上纲上线，甚至上升到道德、文化、价值等层面来对此加以主观的臆断以及汇总各种不正确的猜测。

民间不是一直流传着私生子往往都十分聪明这样一种说法吗？按照这种逻辑，孔子既然天生聪颖，"野合"而生的原罪自然就不能脱帽，不能为主流的价值观所认同。

这样，"野合"也就成为一个贬义词了。

二

有资料表明，夏商以来，直到春秋战国时期，民间一直流行着一种男女郊外"野合"的自然婚配的风尚。

具体来说，就是在每年的仲春，地气变暖的万物复生的时节，相欢男女可以去郊外某些特定地点欢会、野合。

《周礼·地官·媒氏》中说：

> 中（仲）春之月，令会男女。于是时也，奔者不禁。若无故不用令者，罚之。

如果这个资料真实可靠的话，那就是说，周王朝时，在万物植种的季节，政府顺应时令，不仅重视物质生产，而且将鼓励人类生产也纳入了制度法令之中。

在那个特定的时节，政府为什么"不禁野合"，甚至还要处罚不"野合"的行为呢？

这很可能与官方推行的"春祭"有关。

周代，"春祭"是指在春天举行的祭天、祭祖活动，目的是希望在新的一年里国泰民安、风调雨顺、五谷丰登。因为男女之合与农作物的春播秋收有相似之处，于是政府部门把人类生殖活动与农业生产活动联系了起来。从而有了在仲春之月，春耕播种之际，"令会男女"，以乞农业丰收、国泰民安。[1]

"令会男女"，显然是严肃的官方命令，而不是男女私下的"性自由"。当然，具体谁和谁结合，那就要看两个人的感觉和缘分了，男女选择性伴，其中有自由的成分，也有性爱、感情的成分。这样，每年仲春季节时的"男女野合"，就不仅合法而且合礼，从而逐渐演变成为一种民间流行的相亲仪式与男女自由结合的风俗。

如此看来，在礼教不严的春秋时代，不经媒聘而自由择偶

---

[1] 鲍鹏山著：《孔子传》，中国青年出版社2013年版，第12页。

同居是被允许的。此种习俗是远古自由婚姻的孑遗。它不仅通行于未婚男女，也适于已婚男子。所谓"聘则为妻，奔则为妾"①，有条件的男子可以利用这样的机会纳妾。男女仲春合会时，往往要祭祀高禖和"祓禊"。高禖是管理人间生育的女神，"祓禊"是到河里洗濯以除不祥，其目的是为了求子得福。因此，当时男女欢会往往在河边和便于幽会的山中。其情景，《诗经》里不少诗篇都有描述。如《郑风·溱洧》写大群男女在夏历三月汛期合会于溱、洧二水之滨，互赠互戏，狂欢极乐。此种自由结合，也难免带来男女关系时即时离的随意性。在妇女地位低下的社会条件下，这种随意性又可能会给她们造成不幸。在一些有地位的家庭中，不经媒聘而为人妾者，往往受到歧视。如鲁大夫声伯的母亲未行媒聘之礼，生下声伯后就被赶出丈夫家，改嫁到齐国。②在这样的风俗习惯中，叔梁纥与颜徵在也加入到公元前550年仲春季节陬邑"令会男女"的传统节日中，不是没有这种可能。一个不足20岁的情窦初开的少女，心甘情愿地与一个60多岁的男子"野合"，往往会有某种浪漫的情愫在起作用。叔梁纥年纪虽大，但孔武有力，身材高大，且英名在外，这对于一个不谙世事的青春少女而言，有着强烈的吸引力也十分正常。

原来，战场上英武无敌的叔梁纥，在生活中却愁事连连。先娶的鲁国施姓平民女子，一连为他生了九个闺女。按照当时的规矩，女孩是不能继承祖业的。陬邑大夫虽然是个很小的官职，可毕竟还在大夫之列，况且又是商王与宋国国君之后，加之自己又以作战勇敢著称于各诸侯国，如果没有一个男孩接续香火，可说是人生最大的遗憾。施氏也甚贤惠，因只生闺女而

① 《礼记·内则》。
② 《左传》成公11年。

自责，积极地张罗着帮丈夫娶妾回家。可是，让叔梁纥想不到
的情况又发生了，妾竟然生下了一个脚有残疾的男孩。从"孟
皮"这个名字，就可以想象出叔梁纥当时的失望与无奈的神
情。"皮"就是古时的"跛"字，说白了就是妾为他生了一
个瘸子。鲁国是周公的后代，实行的全是周朝的礼仪。而周礼
中最为讲究也是世人最为看重的，就是祭神祭祖的祭祀活动，
可周礼又明明规定着，不仅女人，就是瘸子也是不准进祭祀之
庙的。没有一个健全的儿子接续香火，也就成了叔梁纥最大的
心病。英雄迟暮，更让他有了一种火烧火燎的急迫。他想到了
同住在尼山之麓的颜家的女儿，也就是颜家的三女儿。这是一
个健康而又活泼的女子，她还与自己的女儿们有过交往。其实
她与女儿们的交往，其中既兼有同龄人之间的交谊，也可以说
有一个少女对于一位英雄的好奇与向往。这样一位能够双手托
住快速下落的千斤悬门、救战友于危难之中的人，这样一位仅
带三百兵士冲出敌人的重重包围，将鲁国上大夫臧纥护送至安
全地带，并能够再次杀进重围、守卫住国土的人，不是英雄是
什么？这样一位大英雄，竟然就在自己身边，而且仪表非凡，
怎能不让浪漫的少女动心？在动了心的女人的心中，是没有年
龄的界限的。她只看到了一个可以依托的英勇盖世的男人。她
虽然没有明确地向他许诺过什么，但是叔梁纥一定感觉到了她
对自己的好感与崇拜。于是年迈却仍然英气逼人的叔梁纥，无
须媒人的三寸不烂之舌，径自用自己成熟的魅力征服颜徵在，
共同私约赴仲春季节的"令会男女"之会，也不是没有这种可
能。况且，孔子出生于周历十月庚子，而"令会男女"的时间
则定在周历一月至二月。十月怀胎一朝分娩，从孔子孕育到出
生时间上看，不也是大致吻合的吗？

三

自司马迁为世人出了"叔梁纥与颜氏女野合而生孔子"这个难题以来，对于孔子"野合"而生，历代有着众多的说法。

总结起来，主要有以下几种：

（一）视"野合"为专为圣人所造的神话故事

千百年来，关于孔子的降生，流传着许多动人的传说与神话。曲阜孔庙《圣迹图》中有颜徵在梦感黑龙（即黑帝），于是便受孕而生孔子之说。《祖庭广记》中有孔子父母上尼山祷告时，上山时草木之叶皆上起相迎，下山时则草木之叶皆下垂相送；还说孔子诞生之夕，有二龙绕室，五老降庭，颜氏之房闻钧天之乐，并有声音从空中传来，"天感生圣子，降以和乐之音"的神奇故事。《珍珠集》说："徵在夜梦二龙自天而下，因生夫子，有二神女擎香露于空中而来，以沐浴之，天帝下奏钧天之乐，列于颜氏之房。"《拾遗记》称："孔子未生之先，有麒麟吐玉书于阙里"，其文曰"水精之子，继衰周而为素王"，颜氏异之，以绣绂系麟之角，信宿而去。还有什么颜母生孔子于山坡草地上，血将身下的草染红，自此那块地上的草就成了红色，并且再也不长荆棘，那个山坡从此就叫红草坡。什么圣人生，黄河清，什么孔子生在尼山山洞中之后，老虎来喂养，老鹰用翅膀来打扇，等等传说，不胜枚举。钱穆在其所著的《孔子传》中说："此因古人谓圣人皆感天而生，犹商代先祖契，周代先祖后稷，皆有感天而生之神话。又如汉高祖母刘媪，尝惠大泽之陂，梦与神遇，遂产高祖。所云野合，亦犹如此。欲神其事，乃诬其父母以非礼，不足信。"

（二）视"野合"为不合当时礼俗的男女结合

有人认为，叔梁纥与颜徵在两人年龄悬殊太大，一个60多岁，一个不满20岁，传说两人之间相差54岁，二人结合不符合当时的"壮室初笄之礼"。这里的"野"字，是粗野不合礼仪的意思。

在《孔子家语》中，叔梁纥与颜徵在是有婚约的。书中对于叔梁纥登门求婚的场面有着逼真而又生动的描述："颜氏有三女，其小曰徵在。颜父问三女曰：'陬邑大夫虽父祖为士，然其先圣王之裔。今其人身长九尺，武力绝伦，吾甚贪之。虽年长性严，不足为疑。三子孰能为之妻？'二女莫对，徵在进曰：'从父所制，将何问焉？'父曰：'即尔能矣。'遂以妻之。"不过，这个史料其中颇有类如今日男女自愿婚姻的印记，不足为凭。《阙里述闻·孔子世家考》就提到颜徵在嫁到叔梁纥家后，才知道"叔梁父之年已衰，大惧"，这亦可备一说。

（三）视"野合"为叔梁纥与颜徵在二人在野外的交合行为

"野"，为野地之野，田野之野。认为叔梁纥与颜徵在是在没有婚姻关系的情况下于野外交合而孕育孔子，孔子是私生子。

或许，我们不要将两千多年前的春秋时期想得过于禁锢。其时，列国的竞争与乱世带给人们的苦难，早已让"礼乐"崩坏了，况且前文不是也说过，"令会男女"是符合那个时代的礼法的。何况，人性的原始的力量，在某种特定的环境下，是会冲破任何阻碍的。人性都是相同的，我们不妨抛开各种假设的桎梏，以已知的事实和一个常人正常的生活逻辑，去尽可能复原历史的人性。其实，是否"野合"，本就是一个不值得人们去花费心力胡思乱猜的问题。

（四）视"野合"为后世儒家为拔高孔子，而故意抹杀孔母在孔子早年教育中的形象，以树立孔子天生圣人的神坛地位

在当年鲁国的地面上，是先后出过许多杰出的女性的。比如孟母，因为诞生并教育出了孟子而成为中华母亲的代表。一个人只要不是石头缝里蹦出来的，谁没有母亲？谁没有刻骨铭心的母爱？谁的心里没有对于母爱的至死不渝的向往与依恋？我们在赞颂孟母的时候，却往往忘记了另外一个也许同样伟大却更为艰辛的母亲：孔子的母亲。只是一个"野合"，就抹杀了孔母在养育孔子中的作用，让后世的人们看轻了孔母在家庭教育中的艰辛与伟大，这显然是不应该的。

第三章
"吾少也贱，故多能鄙事"

一

春秋末期，子贡到吴国办理外交。吴国主管内政与外交事务的太宰嚭特意询问子贡："孔老先生是圣人吗？他为什么能如此多才多艺呢？"子贡是孔子最欣赏的学生之一，他回答道："这是天意让我的老师成为圣人，又让他多才多艺。"回到老师身边后，子贡将这件事情告诉了老师。孔子听后说："太宰知道我呀！我小时候家里穷，为了生活，所以学会了很多卑贱的技艺。真正的君子需要这些技艺吗？不需要的。"这就是孔子"吾少也贱，故多能鄙事"①的由来。

在上述故事中，可以看出，孔子实际上并不认他所谓的"多能鄙事"。因为在他看来，他之所以能够掌握如此多谋生的技能，都是由于少年时生活贫困所赐，为了谋生，不得不学的缘故。

由此可见，"吾少也贱"的"贱"字，在这里是贫困的意思；而"多能鄙事"中的"鄙"，则含有普通、不值得一说的意思。

---

① 《论语·子罕》。

二

我们先来看看孔子为何说自己"少也贱"。

首先，孔子的贫贱生活是从其父叔梁纥之死开始的。

公元前549年，孔子三岁时，父亲叔梁纥去世，葬于防（今曲阜市东约30里）。

接下来，一个三岁的孩子，在一个18岁的年轻母亲抚养下，又将直面多少风雨坎坷？又是如何走上了一条不凡的人生之路？

从孔家来看，叔梁纥去世后，除孔子和母亲颜徵在外，家中还有九女、一子、一妻、一妾。九女中有些应已出嫁，剩下的可能有些年龄比颜徵在还大。叔梁纥生时虽然孔武有力，但其身份也只是一个"士"，只有俸禄，没有采邑等固定收入。他死后，俸禄当然也就自然断绝。这么大的一家人，在叔梁纥死后，经济压力之大可想而知，生计陷入窘境自不待言。

有资料表明，颜徵在与孔家关系并不和谐。孔子出生时其母连家也不能归，她是在尼山的一个山洞里生下孔子的。在生下孔子不久，颜徵在便同孔家关系破裂，带着尚在襁褓的儿子离开。联系到当时社会中妾的不幸地位，她也很有可能是被赶出孔家大门的。造成这场悲剧的具体情况虽不得其详，但可以推想，叔梁纥负有重要责任。这一点深深伤害了颜徵在的感情，以致在孔子成长的过程中，她对叔梁纥只字不提。

司马迁在《史记·孔子世家》中的表述十分奇怪：

丘生而叔梁纥死，葬于防山。防山在鲁东，由是孔子疑其父墓处，母讳之也。

钱穆在其《孔子传》中对此事的说法是：

孔子父叔梁纥葬于防，其时孔子年幼，纵或携之送葬，宜乎不知葬处。又古人不墓祭，岁时仅在家祭神主，不特赴墓地。又古人坟墓不封、不树、不堆土、不种树，无可辨认。孔氏乃士族，家微，更应如此。故孔子当仅知父墓在防，而不知其确切所在。

钱穆虽然言之凿凿，但也只是回答了年幼的孔子为何不知父墓所在，而最关键的问题，即孔子母亲为什么"讳之"，颜徵在为什么要对孔子隐瞒其父亲的坟墓所在，却并没有说明。

这件事情很有意思。

按照常人之理，如果一个母亲不告诉儿子他的父亲葬在哪里，这对儿子不公平，对丈夫也不能说是公正的。

唐朝司马贞在《史记索隐》中注意到了这个问题，他不同意司马迁的说法。司马贞认为，颜徵在并非是"讳之"，她是真的不知道丈夫具体安葬的地点。

司马贞这个解释同样不能令人信服。

既然如此，为什么司马迁不直接说颜徵在不知葬处，而是说颜徵在"讳之"？"讳之"的意思，显然是自己知道而不想说。

《史记·孔子世家》说孔母讳其墓，《礼记·檀弓》说"孔子少孤，不知其墓"，从这些记载中，不难体会到颜徵在这位刚强女子的一颗受伤的心。离开孔家后，她立志不再同往事发生任何关系，不与孔家再发生任何联系，而是坚意携子独立艰辛谋生，走自己的路。

弃妇、孤儿，这就是生活给孔子的幼年留下的阴影。

其次，孤儿寡母搬到曲阜后，无依无靠，生活艰辛，生存都存在压力。

颜徵在与三岁的孔子被赶出孔家后，孤儿寡母离开陬邑搬到了鲁国都城曲阜，住进一条叫阙里的小巷，从此开始了母子相依为命的艰难岁月。

曲阜的阙里很可能在当时是颜族的聚居区。据《史记·仲尼弟子列传》记载，在已知姓名的70多位孔子学生中，颜姓9人，均为鲁人。由此可以推断，住在鲁城的颜族大概都是普通居民。徵在母子移居此地，可能想得到同族人的周济。在阙里，颜徵在虽然能得到同族亲友的关照，但并无高门显贵可以依附，必须靠自己勤劳谋生才能糊口。在地位卑贱、缺乏资助的情况下，颜徵在谋生之艰难可想而知。因此，孔子年少时虽然有机会参加当地在农闲举办的平民学校的学习，但多数时间不能不从事劳动，帮助母亲种稼、种菜、放牧，做各种杂务。正因为孔子从小有这方面的生产实践知识，所以后来他有能力担任季氏乘田（管理放牧），弟子樊迟才会向他请教种稼、种圃的问题。

更为不幸的是，在孔子十六七岁时，母亲颜徵在去世了。这个被孔家赶出家门、含辛茹苦地抚育孔子长大的年轻女人，在生活重压下，过早地结束了自己的一生。母亲的去世，以及安葬母亲所借的花费，这都要由尚未成年的孔子来承担。这也是孔子少年时"故多能鄙事"的一个主要原因。

三

下面再来看看孔子的"多能鄙事"。

母亲颜徵在在世时，孔子虽然帮助母亲做各种农活、杂活，干过很多贵族子弟不屑于干的杂活，诸如扫地、打柴、推车、洗衣、挑担等。但因为自己年少，且在母亲督责下要上平民学校读书识字，因此，他虽然涉猎各种杂活技艺，但家庭生计主要还是由其母亲负责。他真正走上社会做事，是在母亲去世之后。家道中落，又没有资格承袭官爵，艰难困苦却从另一方面成就了孔子，让他在苦难之中学会了谋生与做事的本领，坚强了面对困境时的意志，也锻炼出了承当苦难与挫折的良好心态。同时，也让他更加懂得学习，更加感到出人头地的迫切，让他有机会仔细体味到贵族与平民两个天地间的真实状况，这为他日后思考人生与国家的问题提供了独到的视角。

孔子曾说过：

"吾少也贱，故多能鄙事。"
"吾不仕，故艺。"①

因为幼年贫穷没有地位，所以能够承受许多被人认为鄙贱的事情，因为不能出仕，所以才有机会学到了许多技艺。

母亲去世后，17岁的孔子已经无依无靠，为谋求生计不得不坚强，也不能不从此更加坚强起来。

各种资料表明，孔子所谓的"多能鄙事"主要集中在下面三个方面：

（一）在鲁国权臣季孙氏家里任委吏

委吏就是管理仓库的一个小差役。看似容易，做好却很难。

孔子对这份工作，尽心尽力，将料量升斗，会计出纳，全部做得一丝不苟、清楚明白。

---

① 《论语·子罕》。

孔子说:"叫我管仓库,我就把仓库里的账目计算得清清楚楚。"

(二)在鲁国权臣季孙氏家里做乘田

乘田是孔子年轻时在季孙氏家做的第二份工作。乘田也许比委吏还要鄙贱,因为这是一份管理饲养放牧牛羊驴马等牲畜的小吏。孔子对此更加认真负责,晨夕饲养,牵出赶进,清扫洗刷,很快又把这份工作做得井井有条。

孔子说:"叫我管牛羊,我就把牛羊养得膘肥强壮。"①

孔子并不忌讳谈论自己早年曾经干过的低微的事情。在做这些事情时,虽然抱着"君子不器"的态度,但在具体工作中却能够做到一心一意,脚踏实地,干好本分活。

受人之禄,忠人之事,这在孔子的品格形成过程中起到了极其重要的作用。

(三)做过相礼助丧的民间术士

民间相礼家的出现,不知始于何时。追根溯源,大抵由古代宗教神职人员分化而来。

古籍中记载孔子早期从事相礼助丧活动的代表性事例,要算是鲁昭公二十四年他在洛邑跟随老子助葬于乡党一事了。送葬途中,遇上日蚀。当时孔子大概担任丧祝在前面引导灵车行进,故老子直接向他发出命令,要他把灵车停下来。孔子认为中途止柩与礼不合,老子向他做了解释。②

孔子这次在全国礼乐中心的京师之地担任丧祝,且与老子这样的习礼大师讨论"止柩"之是非,说明他对相礼业务已相

① 《孟子·万章下》。
② 《礼记·曾子问》。

当熟悉，因而可以推断，在此以前，孔子必定从事过专门的助丧相礼业务。

据礼书记载，周代的丧礼活动十分复杂而考究。从人死到下葬前的礼仪程序就多达50余项，几乎每一个程序都离不开丧祝的指导与安排。丧祝设物执事、升降周旋，一举一动都有严格规定；各个程序环节所需之不同丧具以及它们如何使用和放置等，也皆有一定之规；另外，对参加丧事的亲友，丧祝亦有指导之责任。这种复杂且谨严的相礼业务，若非谙悉丧礼的专家，实莫能为。

由此可见，对于丧祝这项工作，孔子曾经投入了很大的热情，也很可能是孔子教学中的一项重要内容。事实上他也一直对此乐此不疲。比如他旅居卫国时，已经60多岁，还为卫大夫司徒敬子之丧做相礼。至于对各种丧葬礼仪的探讨，更是晚年孔子与其学生经常讨论的话题。而他的门生，许多也是相礼家。孔子晚年回忆自己的生活时说：

> 出则事公卿，入则事父兄，丧事不敢不勉，不为酒困，何有于我哉！①

所谓"丧事不敢不勉"，就充分显示出了孔子作为一个职业相礼家的严肃认真的工作态度。

---

① 《论语·子罕》。

第四章

"夫子焉不学"

一

据《论语·子张》篇中记载：

卫公孙朝问于子贡曰："仲尼焉学？"子贡曰："文武之道，未坠于地，在人。贤者识其大者，不贤者识其小者，莫不有文武之道焉。夫子焉不学？而亦何常师之有？"

这样，从孔子学生子贡的口中，我们知道了孔子的学问，基本上都是他老人家自学而来的。

一句"夫子焉不学？"，道出了孔子一生学习的广泛性与随意性。

确实，圣人无常师。

孔子不是也说过："三人行，必有我师焉。择其善者而从之，其不善者而改之。"①之类的话吗？

对于孔子而言，学习是一种常态，是一种习惯。只要是有学问，在某个方面比自己有独到见识者，都可以随时随地向他学习，向他请教。在这方面，孔子不仅真正做到了"敏而好

① 《论语·述而》。

学，不耻下问"①，而且对于自己不清楚的事情，也身体力行地做到了"每事问"。②

正像上面子贡所言的那样，周文王、周武王的大道，并没有失传，人间无时不在，无处不有。贤能的人都可以学习到它的根本，不贤的人只能了解它的皮毛。我们老师（孔子）何处不学，为什么一定要一个专人来传授呢？

韩愈在《师说》中言：

圣人无常师。孔子师郯子、苌弘、师襄、老聃。郯子之徒，其贤不及孔子。孔子曰："三人行，必有我师焉。"是故弟子不必不如师，师不必贤于弟子，闻道有先后，术业有专攻，如是而已。

正因为这样，在求学的道路上，孔子做到了虚怀若谷，他不断从他人身上汲取有用的知识和精神的力量。

孔子以自己的切身体会反复强调：

十室之邑，必有忠信如丘者，不如丘之好学者也。③
德不孤，必有邻。④
见贤思齐焉，见不贤而内自省也。⑤
三人行，必有我师焉。
朝闻道，夕死可矣。⑥

① 《论语·公冶长》。
② 《论语·八佾》。
③ 《论语·公冶长》。
④ 《论语·里仁》。
⑤ 《论语·里仁》。
⑥ 《论语·里仁》。

学而不思则罔，思而不学则殆。[①]

吾尝终日不食、终夜不寝，以思，无益，不如学也。[②]

我非生而知之者，好古，敏以求之者也。[③]

这种爱学、好学、不耻下问的学习精神，终使得孔子汇百川而成大海，其学识远远超出了当时的礼、乐、射、御、书、数的旧学范围，不仅使他成为了一个百科全书式的渊博的学人，而且也成为了中国历史上自学成名的鼻祖。

孔子以他自己的亲身经历昭示世人：人的知识的获得，都要靠自己亲身学习与实践，没有别的偷奸取巧的捷径，学海无涯，书山有路，获取的办法就是不畏难、不偷懒，坚持勤奋学习，坚持终生学习，只有这样，最终才能学有所获。

二

孔子在晚年回顾自己的一生时，曾经说过这样一句话：

吾十有五而志于学。[④]

关于"志于学"，有人理解成"开始学习"，这显然不尽符合历史事实。

据司马迁在《史记·孔子世家》一文中记载：

①　《论语·为政》。

②　《论语·卫灵公》。

③　《论语·子张》。

④　《论语·为政》。

孔子母死，乃殡五父之衢，盖其慎也。陬人挽父之母诲孔子父墓，然后往合葬于防焉。

孔子17岁失去母亲时就已经非常知书达理，这在他安葬自己母亲，其礼节仪式让周围人十分满意一事上就可以窥见其端倪。

何况，孔母颜徵在含辛茹苦，其希望所在即在于盼望儿子成才。

又据司马迁在《史记·孔子世家》中记载：

孔子为儿嬉戏，常陈俎豆，设礼容。

孔子儿时游戏，常常摆设俎豆等祭器，模仿祭祀的礼仪动作。

清代郑环在《孔子世家考》中写道：

圣母豫市礼器，以供嬉戏。

就是说，母亲颜徵在买来礼器，以供孔子嬉戏与涵养。

不论是天生如此，还是后来母亲的引领，孔子自幼就对礼乐文化产生了浓厚兴趣。当然，这也许跟他生活在礼仪之邦的鲁国有关。鲁国始祖正是周公旦，周礼的制定者，周王朝礼乐文化的开创者。鲁国，可谓是礼乐文化的故乡，不但官府重学，民间也重视教育的开办。颜徵在培养孩子，让孔子很早就上了当时的平民学校，这是千百年来大家公认的事实。如果孔子到15岁才开始学习，那未免不太合乎逻辑，也不合孔母对孔子的感情寄托。无论怎样说，颜徵在虽然家境贫寒，但不能说她没有见识，除了家庭教育，她还是有能力让孔子进入当时的平民学校接受一点简单的教育的。

真实的情况可能是，15岁前，孔子在乡校获得了启蒙式的教育，掌握了比较基础的知识，初步懂得了一点礼、乐、射、御、书、数的基本常识，这为他以后自学深造奠定了基础。孔子后来有文化能力自学成才，应该得益于此。

如此看来，孔子所谓的"吾十有五而志于学"，应该理解成：他从15岁开始认识到了学习的重要性，或者说，从15岁开始，孔子对学习才真正地发生了浓厚兴趣，从此下决心走上自学成才的道路；而不应该理解成"孔子从15岁才开始学习"。因为孔子说他"十有五而志于学"，而不是"吾十有五而学"。"学"与"志于学"是不同的，"志于学"之前，一定有一个学的过程，学出了兴趣，明确了志向，悟出了人生的奋斗目标，然后，才"志于学"。其实，这句话的意思完全可以理解成：孔子从15岁开始，突然对学习发生了浓厚的兴趣，同时也认识到了学习的重要性，从此，他立志要通过学习改变自己卑微的处境，改变自己的命运，用学问去实现他复兴祖业的梦想，最终达到他的修身、齐家、治国、平天下的伟大目标。

三

孔子之"学"大致可以分为四个方面：

第一，启蒙之学——嬉戏中的礼乐文化。

这是家庭教育与社会教育的结果。

孔子从小就喜欢用母亲买给他祭器模型，模仿大人们祭祀的礼仪动作。加上鲁人重祭祀，民间礼仪活动繁多，这对童年的孔子无疑是一种最好的启蒙教育。在少年孔子的心灵最深处撒下了礼乐文化的火种，培育了孔子对礼乐文化传统的兴趣。

第二，谋生之学——下层人的谋生手段。

孤儿寡母，为了生存，孔子一定很早就学会了很多的谋生技能，如各种农活、养畜放牧、仓库管理，以及相礼助丧为职业丧祝等。

第三，谋仕之学——传统儒业，即礼、乐、射、御、书、数。

为了生活，孔子不免从事一些仅仅为了养家糊口的行当。但是，他毕竟是士族，他要立足社会，只能通过传统的儒业——学好六艺，走上仕途。关于六艺，简单一点说：礼，指周礼，是那个时代的人必须掌握的生活礼节，包括各种仪式上的礼仪以及人与人之间的礼数。乐，跟礼有关，有礼之处必然有乐，什么场合就用什么礼，并配以相应的乐。懂礼者必懂乐。射，射箭，是贵族士族保家卫国的必修课。御，驾车，古代打仗要驾战车，平时大夫出行，也乘马车，这是身份的标志。所以，御，在那时，既是交通工具，也是战争工具。书，相当于今人所说的听说读写。数，既包括算术，还包括术数等。以上六项，实际上就是当时"公务员"必须具备的六个方面的知识和技能。如果要进入国家政府机构谋职，就必须具备这六个方面的知识和技能。

第四，修身治国平天下之学——孔子在整理礼乐文献的基础上所编纂的"新六艺"。

"新六艺"是指诗经、尚书、礼经、乐经、春秋。诗经属于文学科；尚书属于政治学科；礼经属于法规律令学科；乐经属于艺术学科；春秋属于历史学科。

孔子有更高的眼光。假如孔子所学都是些谋生和谋仕的专业知识，他就不可能成为后来伟大的中华民族文化的代言人了。

孔子说："君子不器。"①

他认为有道德有学问有修养有本事的人不应是一个只有专门用途的器具。他不会把自己变成某一领域的专家，他不会为了谋取一官半职，去专门学习某一专业，成为某一专业人才。也就是说，他是许多学科领域的专家，但他不仅仅是专家。

孔子曾经严肃地告诫他的学生子夏说：

汝为君子儒，毋为小人儒。②

什么是小人儒？就是专业儒、职业儒，就是学成某一专业，以此在某一领域谋生与发展的儒。

什么是君子儒？就是道义儒，就是铁肩担道义、妙手著文章的儒。

小人儒的出发点是为自己的发达。

君子儒则是以救世济人，以天下苍生的福祉为目标。

孔子将探索宇宙人生大道作为自己的人生使命，将治国平天下作为人生的最高追求；将为往圣继绝学，为万世开太平作为自己义不容辞的责任，将修养和提高自己的人格境界臻于至善作为终生不懈的目标。从他以后，职业儒的"礼、乐、射、御、书、数"退后为"小六艺"，成为小学科；《诗》《书》《礼》《乐》《易》《春秋》，成为"大六艺"，成为大学科。可以毫不夸张地说，孔子通过自己的努力，改变了中国文化史的走向，从而也使他最终成为中华文化的巨擘。

---

① 《论语·为政》。

② 《论语·雍也》。

第五章
孔子办学

一

勤奋好学，再加上过人的天赋，到30岁时，孔子终于可以自豪地向世人宣告：

吾"三十而立"了。①

如何才能算立？

一个"立"字，五个指标：

第一，对自己有了充分的信心，自尊、自立、自强的自我人格已经形成；

第二，已经初步获得了社会主要阶层的认可；

第三，家庭问题、配偶问题已基本定型且得到妥善解决；

第四，有维持自己以及家庭生计的固定的"业"，经济上可以独立生存；

第五，人生终极奋斗目标已经基本清晰而且明确。

孔子自己曾经为"立"做过一番解释：

　可与共学，未可与适道；可与适道，未可与立；可与立，未可与权。②

_____

① 《论语·为政》。

② 《论语·子罕》。

孔子说："可以一起学习的人，未必都能学到道；学到道的人未必都能坚守道；能够坚守道的人，未必都能够通权达变、循道而行最终实现自己的人生理想。"

如此看来，在孔子的眼中，"立"就是学道有得且适道，即懂得道的伟大正确并能切身地去实践道。

在这里，孔子对"立"树立了一个很高的标准。

司马迁说：

孔子贫且贱。及长，尝为季氏史，料量平；尝为司职吏，而畜蕃息。由是为司空。已而去鲁，斥乎齐，逐乎宋、卫，困于陈蔡之间，于是反鲁。孔子长九尺有六寸，人皆谓之"长人"而异之。鲁复善待，由是反鲁。

鲁南宫敬叔言鲁君曰："请与孔子适周。"鲁君与之一乘车，两马，一竖子俱，适周问礼，盖见老子云。辞去，而老子送之曰："吾闻富贵者送人以财，仁人者送人以言。吾不能富贵，窃仁人之号，送子以言，曰：'聪明深察而近于死者，好议人者也。博辩广大危其身者，发人之恶者也。为人子者毋以有己，为人臣者毋以有己。'"孔子自周反于鲁，弟子稍益进焉。

是时也，晋平公淫，六卿擅权，东伐诸侯；楚灵王兵强，陵轹中国；齐大而近于鲁。鲁小弱，附于楚则晋怒；附于晋则楚来伐；不备于齐，齐师侵鲁。

鲁昭公之二十年，而孔子盖年三十矣。[①]

由上述史料可见，30岁前，孔子虽然还是一个贫且贱的人，但已经开始在乱世中办学收徒，准备着自立门户了。

① 《史记·孔子世家》。

孔子"三十而立"的标志性事件主要有：

035

首先，孔子从15岁开始，就立志把自己的一生奉献给学问，奉献给追求真理，奉献给治国平天下的梦想。

通过学习、实践、总结与思考，到30岁时，孔子已经对自己的人生轨迹与人生目标和理想有了准确的定位与把握，在心理上、思想上、经济上、人生原动力等重要问题上都已经有所独立，不必再依靠前辈、老师、大人甚至权威去做自己命运的主人了。

这是孔子敢于说自己"三十而立"的主要凭借之所在。

其次，20岁那年，孔子结婚成家。孔子与宋国亓官氏家族的一个女子结婚，并于第二年有了自己的孩子孔鲤。

第三，孔子夫人生了孩子后，鲁昭公听说孔子生了孩子，派人给孔子送了一条大鲤鱼，表示祝贺。孔子非常欣喜，他看看鲁昭公送来的这条活蹦乱跳的大鲤鱼，当即决定，儿子的名就叫鲤，字就叫伯鱼。

伯鱼之生也，鲁昭公以鲤赐孔子。荣君之贶。[①]

鲁昭公赐鱼，让孔子感到无上的荣耀，更让孔子对鲁昭公充满感激之情。这种感激之情，伴随了孔子一生。

但是，一个问题是：国君鲁昭公为什么要对一个刚刚20岁尚未出仕做官的年轻人如此重视，给予他这么高的礼遇和荣耀呢？要知道，就在三年之前，孔子17岁的时候，当权派季孙氏的一个小小的家臣阳货都看不起他，根本就不承认他的士的身份啊。

答案只有一个：孔子此时已经以他的学问和人品，获得了

① 《孔子家语·本姓解》。

第五章 孔子办学

国人的尊重。

那么，是什么样的学问，能让他得到社会各阶层尤其是当政者的认可呢？显然不是那些下层人的谋生之学，这是鄙事，是有权有势的贵族们所不屑放在眼中的。能够获得上层社会认可的学问，在那个时代，只能是公认的社会标准："六艺"——礼、乐、射、御、书、数。由此可见，孔子到了20岁时，已经自学成才，不仅成为了通晓"六艺"的专家，成了国家最需要的人才，而且得到了鲁国上层社会的认可。

一个人受人尊敬，一定是有原因的。

一个人受到当权者的尊敬，一定有让当权者尊敬的理由。

孔子从一无所有到获得社会各阶层的普遍认可，一定是通过自己的智慧加汗水努力获得的；一个刚刚20岁的青年，居然能进入国君的法眼，靠的是什么？靠的就是通过自己努力达到的一个常人达不到的学问水准。要知道，鲁昭公给孔子送来的，不是一条鲤鱼，而是一个士族的身份证，一个贫寒学子通过自身拼搏进入官场的通行证。"一条鲤鱼"，象征着国家、政府对孔子身份、地位的肯定。由此奠定了孔子在鲁国的地位，并为他以后的发展铺平了道路，搭起了上升的阶梯。鲁昭公送鱼这件事，标志着孔子在鲁国的政治以及其他的社会前程，已经曙光初现。

第四，孔子"三十而立"，社会认可的标志性事件除了上述之外，还有参与会见来访的近邻大国——齐国国君齐景公及其名臣晏婴。孔子27岁时，小小的郯国的国君来访，孔子还不能参与接见。所以，那时的孔子，还不能叫"立"起来。现在，在国宴上，齐景公居然请教孔子关于秦穆公的事情，并赞赏精通历史文化的布衣孔子。这是孔子成为国际文化名人的开始。

第五，孔子的"立"，还主要体现在他在30岁时辞去了在季氏家所从事的"鄙事"职务，独立创办了完全属于自己的"私学"。孔子创办私学，解决了自己与家人的经济来源，不再让自己困身于"为五斗米折腰"的尴尬境地。更重要的是，通过创立私学，孔子从此找到了一条实现自己人生理想的栖身之所，这是他之所以能实现"三十而立"的主要原因所在。

二

其实，孔子决心创办私学，很可能是出于以下几个方面因素的考虑：

首先，前面已言，他要解决了自己及家人的经济来源问题。

这不难理解。

孔子生长于贫寒家庭，从小吃过各种苦，成家立业的前提就是实现经济独立与保障。对于这一点，孔子心中应该比谁都清楚。

孔子说：

自行束脩以上，吾未尝无诲焉。[①]

凡是主动愿意学习并交纳若干学费者，孔子都给予了相应的教诲。

上述事例说明，孔子办学是有一定条件的。教学不是免费的，而是根据个人不同的实际情况收取不同的学费。"束脩"大概是最低标准，用来照顾家境贫寒的学生。至于贵族子弟，以及像子贡这样的富有之人，很可能就不是收一点学费了，孔

① 《论语·述而》。

子收的大概应是赞助费。

其次，开办私学，有孔子对自身强弱、长短等项充分考虑的因素在内。

孔子虽然说自己"吾少也贱，故多能鄙事"，但他真正的兴趣还是在对文化知识的学习与掌握上。学有所长并得到社会的认可，这个品牌效应是孔子开办私学的主要基础。

第三，在初期招徒教授过程中，孔子品尝到了人生的乐趣。

做自己喜欢做的事并能将谋生与探究学问、追求道义，相容不悖地有机结合起来，这正是孔子的智慧与聪明处。一边教书，一边读书，教学相长，弟子满堂，既可有维持自己以及家庭必要生活的经济收入，又可以大大有益于自己学问的精进。对于孔子而言，何乐而不为？

第四，创办一个属于自己的私立学校，这是孔子的一个人生理想。

"私学"是孔子精神的桃花源。

数十年来的进取与奋斗，让孔子看到了社会的复杂与多面，他也认识到了自己的短处与不足。

因为出身的贫寒，仕途之路对他似乎遥不可及。通过创办私学，孔子找到了自己独特的人生之路。通过这条道路，他可以找到自己的人生乐趣，实现自己的人生价值，用自己力所能及的方式，培养社会需要的各方面人才，充分发挥与调动他们的聪明与智慧，让他们参与政治，介入社会，进而推行自己的政治理想与人生主张。学生满天下，实际上也成为孔子与社会之间沟通的另一座桥梁，他也从中找到了自我实现的最好途径，实现了职业和事业的最佳结合。

第五，"天子失官，学在四夷"，文化下移的时代为孔子私人办学提供了客观条件。

春秋以前，学在王官。正如《礼记》所言："古之教者，家有塾，党有庠，术有序，国有学。""小学在公宫南之左，大学在郊。"①

在教育制度上，可以分为贵族、平民两类学校。文化学术皆由官办。贵族子弟学习礼、乐、射、御、书、数等课程，以备未来从政之用。平民子弟则只能接受一般文化课程与军事训练的教育。教育贵族子弟的教师由行政官员兼任。主要包括：师氏，"以三德教国子：一曰至德，以为道本；二曰敏德，以为行本；三曰孝德，以知逆恶"。保氏，"养国子以道。乃教之六艺，一曰五礼，二曰六乐，三曰五射，四曰五御，五曰六书，六曰九数"。②

周平王东迁后，"天子失官，学在四夷"，文化开始由官方垄断向民间下移。这为民间私学的兴起准备了条件。

在孔子办学前夕，有些地方已经出现私人设教的现象。据《吕氏春秋·下贤篇》记载，壶丘子林就有自己的门弟子，郑子产去看望他时，他正在与其弟子按年龄排座次。又据同书《吕氏春秋·离谓篇》的记载，郑国的邓析还办过类似今天的诉讼方面的法律培训班，凡要学打官司的，只要交纳一定衣物作报酬，就可以到他那里学习掌握诉讼方面的知识。结果，"民之献衣襦裤而学讼者，不可胜数"。稍前于孔子或约略同时的私人设教者，就有詹何、王骀、少正卯等。这些记载虽系传闻，但这类传闻如此之多则反映了一定的历史真实。孔子的私学正是在这种气候下兴办起来的。

第六，为孔子追求自由而举办。

通过创办属于自己的私人学校，孔子可以获得经济上的独

---

① 《礼记·王制》。

② 《周礼·地官司徒·师氏、保氏》。

立，可以自由决定自己的时间，可以保持人格的独立和精神上的自由，可以不再受制于人。种种因素加在一起，成为他敢于喊出"三军可夺帅也，匹夫不可夺志"[1]的主要凭借。

三

孔子办学是私人办学，所以他的学校属于私学。

在孔子前后，也有别人创办私学，但史料表明，他们的成就都远远不如孔子。

自学成才的经历与办学目标的远大，使得孔子创立的私学颇具影响力，赢得了越来越高的社会声誉。

在孔子之前，不乏有人创办私学；在孔子之后，开办私学的人更是多得如过江之鲫，多不胜举。然而，只有孔子一人被历史公认为中国民办教育者的鼻祖。

这并不奇怪。

因为，这与孔子办学的高度密切相关。

俗话说，高度决定出路，细节决定成败。而孔子恰恰将二者做到了极致。

第一，孔子创办的私学，可以说是真正的"大学"，无论是知识结构或者是铸造人灵魂的高度，在当时都罕有其匹。

"大学"这个词最早的来源，可以追溯到《礼记·大学》篇。

《大学》开篇即讲：

大学之道，在明明德，在亲民，在止于至善。

知止而后有定，定而后能静，静而后能安，安而后

---

① 《论语·子罕》。

能虑，虑而后能得。

物有本末，事有终始，知所先后，则近道矣。

古之欲明明德于天下者，先治其国，欲治其国者，先齐其家；欲齐其家者，先修其身；欲修其身者，先正其心；欲正其心者，先诚其意；欲诚其意者，先致其知，致知在格物。

物格而后知至，知至而后意诚，意诚而后心正，心正而后身修，身修而后家齐，家齐而后国治，国治而后天下平。

自天子以至于庶人，壹是皆以修身为本。其本乱而末治者，否矣。其所厚者薄，而其所薄者厚，未之有也。此谓知本，此谓知之至也。

这既是《大学》的开篇，实际上也是《大学》篇中的点睛之笔。在这里，它明确提出了大学学习的最高目标是"明明德""亲民"与"止于至善"三个方面。

《大学》一开始即开门见山地说：

大学的宗旨在于弘扬光明正大的品德，在于使人弃旧图新，勇猛精进，在于使人达到最完善的境界。

一个人只有明白自己应该达到的境界才能够志向坚定；志向坚定才能够镇静不躁；镇静不躁才能够心安理得；心安理得才能够思虑周详；思虑周详才能够有所收获。每样东西都有根本、有枝末，每件事情都有始终。明白了这本末始终的道理，就接近事物发展的规律了。

古代那些要想在天下弘扬光明正大品德的人，先要治理好自己的国家；要想治理好自己的国家，先要管理好自己的家庭和家族；要想管理好自己的家庭和家族，先要修养自身的品性；要想修养自身的品性，先要端正自己的心思；要想端正自己的心思，先要使自己的意念真诚；要想使自己的意念真诚，先要使自己获得知识；获得知识的途径在于认识、研究万事万物。通过对万事万物的认识、研究后才能获得知识；获得知识后意念才能真诚；意念真诚后心思才能端正；心思端正后才能修养品性；品性修养后才能管理好家庭和家族；管理好家庭和家族后才能治理好国家；治理好国家后天下才能太平。上自国家元首，下至平民百姓，人人都要以修养品性为根本。若这个根本被扰乱了，家庭、家族、国家、天下要想治理好是不可能的。不分轻重缓急，本末倒置却想做好事情，这也同样是不可能的！

《大学》还认为，人生来就具有高尚的"明德"，入世以后，"明德"被掩，需要经过"大学之道"的教育，重新发扬明德，革新民心，达到道德完善的境地。具体来说，就是做到"八目"：

"格物"、"致知"、"诚意"、"正心"、"修身"、"齐家"、"治国"、"平天下"

在这八目中，"修身"是根本。前四目是"修身"的方法，后三目是"修身"的目的。

《大学》宣扬修身为齐家治国平天下之本，理由如下：

首先，个人、家、国、天下是一种系列关系，个人是社会系列之始。修身和治家、治国有内在的统一性。治国是治家的扩大。其间的统一性就在于一个"孝"字。孝的基本精神是遵守列祖列宗遗志，另外，还必须坚持一整套礼仪祭祀的制度。

《大学》说：

　　所谓治国必先齐其家者，其家不可教而能教人者，无之。故君子不出家，而成教于国。孝者，所以事君也；弟者，所以事长也；慈者，所以使众也。①

　　在这种情况下，孝是维护家的思想纽带，家是国的细胞，又可转化为国。因此，修身首先要以孝为先。孝是个人、家、国、天下系列中的精神中枢。因此，百事孝为先。

　　《大学》强调维护宗法制度即"齐家"对于"治国平天下"的重要意义。在这方面，《大学》提倡孝、悌、慈。孝是协调下辈对上一辈的关系；悌，是协调同辈之间长与幼的关系；慈是协调上辈对下辈的关系。《大学》认为，协调这些关系的原则同样适用于协调国家中君与臣、君臣与庶民的关系。这样便把家族中宗法治理与国家中政治统治高度结合在了一起。

　　其次，在社会道德诸种关系中，修身是起点或中心环节。"凡为天下国家有九经，曰：修身也，尊贤也，亲亲也，敬大臣也，体（体恤、体谅）群臣也，子庶民也，来百工也，柔远人也，怀诸侯也。"九经即九项原则。在这九项原则中，修身不仅是始，而且是本。只有修身才能立道，即所谓"修身则道立"。②其他八项只解决某一方面的问题，是修身在某一个方面的展开。平天下、治国、齐家、修身、正心、诚意、致知、格物八者之间，修身处于枢纽地位。正心、诚意、致知、格物是修身的功夫和修身的方式。修身向外扩充表现为齐家、治国、平天下。只有知道怎样严格要求自己，才能知道怎样治理别人。《中庸》说："知所以修身，则知所以治人。"治人、

――――――――――

① 《大学·第九章》。

② 《中庸·第二十章》。

治物、治国、治天下是治己的外化与扩大。

　　最后，在道德与人的关系中，人是道德的体现者。只有己正而后才能正人，己不正也就不能正人。《大学》说："君子有诸己而后求诸人；无诸己而后非诸人。所藏乎身不恕，而能喻诸人者，未之有也。"①

　　这也就是说，个人有好品德才能要求别人，自己不违犯道德，才能指责别人。自己不讲恕道，而让别人通晓并遵从道德是不可能的。所以身修是对别人提出要求的资本和前提。②

　　总之，《大学》把个人的品质与修养作为个人立身进取的成败之本：

　　　一家仁，一国兴仁；一家让，一国兴让；一人贪戾，一国作乱，其机如此。此谓一言偾事，一人定国。③

　　统治者一家仁，一国跟着兴仁；一家礼让，一国跟着兴礼让；一人贪暴，那么一国跟着作乱。事情的诀窍就在于此。一句话就能坏事，一人就能使国家安定。④

　　可见，"大学"的内涵，至少不是我们今天所讲的对于技术或者某个职业的学习，而是重在提高德行，养成人格，然后成就自身，进而改造社会，这才是大学的最根本含义。

　　把政治关心视为个人品质的扩大，把政治过程看成是由己及人的过程，把国家和政治问题归结为个人的修养，这就是孔

---

① 《大学·第九章》。

② 刘俊田、林松、禹克坤译注：《四书全译》，贵州人民出版社1988年版，第3—4页。

③ 《大学·第九章》。

④ 参见刘泽华著：《中国政治思想史集·第一卷·先秦政治思想史》，人民出版社2008年版，第249—252页。

子的办学之道，这就是孔子办学最高目标之所在。

045

第五章 孔子办学

从一定意义上讲，孔子学堂不同于今天那些专门的教育机构，更不是那些以商业运转为模式的专门的教育实体，它是一种集学问探讨与修养人生为一体的圣地。

孔子办学的目的，不应当简单视之为一种谋生之学，它的最重要的出发点不是培养人的专业技能，更不是让学生学习到某种专科专业成为社会上的某种"器具"，而是要全面成就与让一个人全面地"长大"与成熟。

简言之，孔子教育是一种大成之学，是将个人学习修身与应该担当的社会责任实现了充分的结合，让人从内心滋养与社会担当等方面一并成长强大起来的一种高境界的学问。它立足于培养人的趣味高尚的价值观和价值判断能力，让学生对世界上纷纭复杂的事物具有做出正确判断与识别的能力，同时培养人的高贵品性和雍容大气、文质彬彬的气质，养成人的大眼光、大境界、大胸襟、大志向、大学问。

一句话，孔子办学的目的，不是为了简单的就业，而是为了成人；不是为了一己的谋生，而是要为天下苍生谋生，谋天下太平，为往圣继绝学，争人类福祉！

四

在孔子之前，官学的生源很单纯，就是贵族子弟。民间虽有乡校，贫寒子弟也只不过略微习得些识文断字的简单常识而已，根本无法凭此立足社会。

孔子创办的私学，生源却很复杂。《论语》里面有四个字："有教无类。"[1]

---

① 《论语·卫灵公》。

一句"有教无类"，让孔子办学成为了中国教育史上开天辟地的大事。

孔子所说的"有教无类"，简单地说，就是对接受教育的对象没有类别的限制，兼收并蓄，一视同仁地给予教育。只要受教育者愿意真心实意地"志于学"，不论贫富、贵贱、族类、国别、老少，孔子都可以做到"诲人不倦"。①

在孔子之前，非贵族子弟是没有享受高等教育权利的。由于孔子的有教无类，各个阶层的人、各种出身的人都能从此接受充分的高等教育，这就开辟了中国教育史上的新时代。

司马迁说：

孔子以诗书礼乐教，弟子盖三千焉，身通六艺者七十有二人。如颜浊邹之徒，颇受业者甚众。②

按照司马迁的说法，孔子用《诗》《书》《礼》《乐》作教材教育弟子，就学的弟子大约在3000人，其中能精通礼、乐、射、御、书、数这六种技艺的有72人。至于像颜浊邹那样的人，多方面受到孔子的教诲却没有正式入籍的弟子就更多了。由此可见，孔子凭一个人的力量，教出三千弟子，而且以一个人的力量培养出众多具有治国安邦本领的大学生。这种成功，从孔子到今天，还没有一个人能跟他相比。

生源复杂是孔子私学的一大特点。

私学打破了贵族对文化教育的垄断，大批新兴的地主、商人、平民子弟都可以通过这条途径接受到高等教育，这在当时应该说是一个革命性的飞跃。据史料记载，因为孔子学生成分

① 《论语·述而》。
② 《史记·孔子世家》。

都十分复杂，曾经引起了当时社会上一些人的困惑不解。有一个叫南郭惠子的人问子贡说："子贡先生，你老师的门下怎么那么复杂，什么人都有啊？"子贡回答道："我们老师啊，修养自身，等待求学者。想来的，不拒绝；想走的，不禁止，因而才会显得庞杂。"①

孔子门下，确实什么人都有：

从贫富贵贱上看，穷的如颜回、原宪；富的如子贡、公西华；贵族子弟有孟懿子、南宫敬叔；贫贱人家的子弟，像子张是野人，子路是野人，颜浊邹也是野人。

从国别看，孔子弟子中既有颜路、子路、宰我、曾参、澹台灭明、南宫适、有若、公西华、颜幸、冉孺、颜哙、南宫敬叔、林放等很多鲁国人，也有齐、楚、晋、秦、陈、吴等国人，几乎遍及当时主要诸侯国。

从种族看，既有周人后裔，如孟懿子等，也有殷人后裔，如孔忠等，还有夏人后裔，如颜回等。

从年龄看，老少不一。子路只比孔子小9岁，冉求小孔子29岁，闵子骞小孔子15岁，颜回小孔子30岁，子夏小孔子44岁，子游小孔子45岁，曾参小孔子46岁，子张小孔子48岁，冉孺小孔子50岁等。在孔门还出现颜路、颜回与曾点、曾参父子俩同学的有趣现象。②

从性格、志趣、品行等方面看，也各不相同。子路性鄙，好勇力；司马牛多言而噪，性格不同。子张为学喜干禄，漆雕开不仕，为学志向截然相反。众多弟子因服膺儒者之学、慕孔子之德而入学，子路原本厌恶儒业、陵暴孔子，经诱导而折节投师，情况不同。颜回闻一知十，而高柴"愚"、曾参

---

① 《荀子·法行》。

② 《史记·仲尼弟子列传》。

"鲁",资质各异。子游、子夏好文学,宰我、子贡善辩,各飞声驰誉,独放异彩。

总之,弟子情况各异,千差万别,孔子却兼收并蓄,没有什么限制。①

五

朱熹说:

> 夫子教人,各因其材。②

在办学的实践过程中,孔子能够根据学生不同的禀赋、思想、个性、特长、已有素质等具体情况,给他们制订相应的教学方案,施以不同的教法,有针对性地给予培养教育,以使他们都能得到全面健康的发展,成为德才兼备的对社会有用的人才。

孔子开办私学后,弟子陆续云集。众多学子出身、性格、年龄、志趣、特长、原有素质等方面各不相同,入学时间有先有后,在孔子身边的时间多寡不一,或始终随侍身边,或时随时离,情况很复杂,根本无法采用整齐划一的集体教学方式。具有"诲人不倦"高尚精神和抱着"忠人于事"负责态度的孔子,针对弟子各自不同的实际情况,采取了个别教学方式,做到了因人因材因时因地教学。

在实际教学中,孔子很注意考察、分析弟子们的具体情况,经常通过观察、谈话、讨论问题等各种方式和途径,探明弟子的思想、志向、意趣、水平、特长等,以掌握各个弟子的

① 《史记·仲尼弟子列传》。

② 张宗舜、李景明著:《孔子大传》,山东友谊出版社2003年版,第121—122页。

实际情况和具体特点。

对于受教育者，孔子曾说："视其所以，观其所由，察其所安。人焉廋哉？人焉廋哉？"[1]意思是说：考察一个人待人处世所依据的原则，观察他为达到一定目的所采取的方法、途径，体察他的心情，安心于什么，不安心于什么。那么，这个人怎样能有所隐藏呢？

对于身边的弟子，孔子都能很准确地道出他们各自的特点。

例如，他评论弟子说：

"由（子路）也果（果敢）"；[2]

"赐（子贡）也达（通达）"；[3]

"求（冉求）也艺（多才）"；[4]

"师（子张）也过（偏激、过分），商（子夏）也不及（做事不到火候）"；[5]

"柴（高柴）也愚（愚直），参（曾参）也鲁（迟钝），师（子张）也辟（偏激，即习于容止而少诚），由（子路）也喭（鲁莽、粗鲁）"；[6]

"回也其庶乎，屡空。赐不受命，而货殖焉，亿则屡中。"[7]（颜回的学问、道德虽然已经很好，可是他却贫穷不堪。端木赐不安本分，而去经商，却每每能发财）等等。

孟武伯打听子路等人的情况，孔子介绍说：

---

① 《论语·为政》。

② 《论语·雍也》。

③ 《论语·雍也》。

④ 《论语·雍也》。

⑤ 《论语·先进》。

⑥ 《论语·先进》。

⑦ 《论语·先进》。

由也，千乘之国，可使治其赋也；

求也，千室之邑，百乘之家，可使为之宰也；

赤也，束带立于期，可使与宾客言也。[①]

孔子对孟武伯推荐他的学生说：子路适合做主管千乘之国的军政工作；冉求可以担任千户大邑的邑宰，也可以做拥有百辆兵车的执政大夫家的总管；公西华最适合接待外宾，办理外事交涉事务的工作。

正是在深入了解弟子、掌握各自特点的基础上，孔子才能够根据培养目标、弟子实际和各自特点，给予有针对性的教育。

例如，根据各年龄段人的身心变化，孔子告诫弟子要根据不同年龄阶段生理、心理特征，注意纠正各年龄段容易产生的缺点。他提醒弟子们说：

少之时，血气未定，戒之在色；及其壮也，血气方刚，戒之在斗；及其老也，血气既衰，戒之在得。[②]

孔子说，年轻的时候，血气不足，要警戒贪恋女色；等到壮年，血气正刚，要警戒好胜喜斗；年老了，血气已经衰弱，便要警戒自满自足、停滞不前。

对于智力对教育的影响，孔子也做了认真的总结。

孔子说：

中人以上，可以语上也；中人以下，不可以语上也。[③]

① 《论语·公冶长》。

② 《论语·季氏》。

③ 《论语·雍也》。

在孔子看来，对于中等以上水平的人，才可以跟他讲论高深的学问；对于中等以下水平的人，就不可以同他讲高深的内容，只有根据受教育者的实际水平进行适当教育，才可能取得良好的效果。

弟子们经常向孔子"问仁""问礼""问政""问孝""问君子""问成人"等各类问题。孔子都是针对弟子各自的实际做出实质不变而程度有深浅或侧重点各异的不同答复，因而收到了良好的效果。

以"问孝"为例：

子游问孝。子曰："今之孝者，是谓能养。至于犬马皆能有养，不敬，何以别乎？"

孔子对子游说：孝就是不仅能养活父母，而且更要对父母存有敬意。

子夏问孝。子曰："色难。有事，弟子服其劳；有酒食，先生馔，曾是以为孝乎？"

孔子对子游说：在父母面前经常保持和颜悦色就是孝。

孟懿子问孝。子曰："无违"。"生，事之以礼；死，葬之以礼，祭之以礼。"

孔子对孟懿子说：无违父母之命，始终对父母保持礼节就是孝。

三个人提出同一个问题，但都从孔子那里得到了各自需要得到的答案。

再例如：

同一弟子在不同情况下问同一问题，孔子也常能针对不同情况给予不同的答复。

樊迟问仁。子曰："爱人。"①

樊迟问仁。子曰："居处恭，执事敬，与人忠。虽之夷狄，不可弃也。"②

樊迟问仁：子曰："仁者先难而后获，可谓仁矣。"③

樊迟三次问仁，孔子三次的答案各不相同。

对于"仁"的答案。孔子告诉樊迟说：首先，是"爱人"；其次，是要在平日容貌态度端正庄严，工作严肃认真，对别人做到忠诚；最后，付出努力，然后才谈收获。

有时候，几个弟子向孔子请教同样一个问题，孔子给予的答复也会意思相反。

子路问："闻斯行诸？"

子曰："有父兄在，如之何其闻斯行之？"

冉有问："闻斯行诸？"

子曰："闻斯行之。"

子路问：听说一个可行的好主张，是否马上就付诸行动？

---

① 《论语·颜渊》。

② 《论语·子路》。

③ 《论语·雍也》。

孔子说：家中有父亲兄长在，应该先向他们请教，然后再确定是否实行，怎么可以一听说就马上去做呢？可是冉有问同一问题时，孔子却说，听说以后就马上实行。公西华见老师对同一问题给出截然相反的答案，感到迷惑不解，就去问孔子。孔子解释说：

求也退，故进之；由也兼人，故退之。①

孔子耐心地对公西华解释说：冉有做事常常有些畏缩，所以我就鼓励他，给他壮壮胆，叫他马上去做。子路却不同，遇事好轻率处理，所以我叫他凡事缓一缓，等征求了父兄意见再去做，对他适当加以抑制。

由此可见，孔子在因材施教方面是非常灵活的。他很注意针对弟子的缺点而补偏救弊，同时又十分重视发挥弟子的特长，因势利导，使之学有所成，各得其长。孔门弟子能力各异，或长于理财，或善治军赋，或善于外交，或善于内政。同是身通六艺者，也各有特长。《论语》中说：

德行：颜渊、闵子骞、冉伯牛、仲弓；言语：宰我、子贡；政事：冉有、季路；文学：子游、子夏。②

针对不同的群体，孔子也有不同的教法。
孔子说：

---

① 《论语·先进》。
② 《论语·先进》。

中人以上，可以语上也；中人以下，不可以语上也。①

孔子在实际的教学实践中充分认识到：人的材质是有区别的，基础有好差之分，悟性有高低之别。基础好一点的人，可以多讲一点；基础差一点的人，可能就要从最基本的东西开始。悟性高的人，可以讲得深一点；悟性浅的人，就要从小事情上着手，而且不能性急。如此看来，孔子对教育的规律把握得非常到位。

另外，孔子上课，并非像我们今天这样一个班几十个人坐在教室中听老师讲授，他让学生和他聊天，大家一起讨论、切磋，很随意，有时在屋里有时在户外。人数也不会很多，随时随地教育。这种自由活泼的场景，多么令人向往！

总的来看，孔子的因材施教是卓有成效的。他培养出了大批有成就的弟子，这与他的因材施教的教育方式有着十分密切的关系。

六

从现存的史料来看，在中国的教育史上，孔子首创了启发式教学方法。在教学过程中，孔子十分重视并坚持启发式教育，这也是他创办私学所以能够脱颖而出，取得成功的一个重要因素。

孔子发明的启发诱导的教学方法，深深地影响了后世历代教育家。南宋大教育家朱熹就深受孔子启发诱导的教学方法的影响。

他说：

---

① 《论语·雍也》。

教师只是做得个引路的人，做得个证明的人，有疑难处，同商量而已。①

　　教学本来就是教师和学生双向互动的一种汲取知识与智慧的有益活动，只有教师和学生双方的积极性、主动性实现充分、有机的结合，才能取得良好的教学效果。对于教育者而言，采取何种教学方法，往往更为重要。孔子在施教过程中，很注意调动弟子们的主动性、积极性。他提倡学思结合，引导弟子在多学基础上深入思考，循循善诱弟子积极主动地思考与提出问题。在此基础上给予指点、启发，而不是采取不顾学生具体实际情况的"填鸭式"的教学法。

　　不愤不启，不悱不发。②

　　就是孔子对他的启发式教学法的高度概括与总结。
　　朱熹在其《四书集注》中对此解释说："愤者，心求通而未得之意。悱者，口欲言而未能之貌。启，为开其意。发，为达其辞。"
　　这就是说，孔子是在弟子要把问题想通却又想不通的时候才开导，想说出来而又表达不出来的时候才启发。换个表达方式也就是说，只有当学生自己进入积极思维状态，在经过独立学习与思考，却又想不通、表达不清楚时，孔子才给予启发，即"开其意""达其辞"。这种激发学生积极独立学习与思考，充分发掘学生强烈求知欲，调动学生积极主动思维状态的创造性的教育方法，自然会收到事半功倍之效。对于今天从小

---

① 　《朱子语类辑略》。
② 　《论语·述而》。

学到大学，一路走来的传统"填鸭式"教学法来说，真真到了应该借鉴和学习孔子式的启发式教学方法的时候了。

除了"不愤不启，不悱不发"，孔子还特别注意在日常教学活动中培养学生们学会类推学习法，举一反三、触类旁通。

孔子说：

举一隅，不以三隅反，则不复也。[①]

孔子的意思是，对于不能融会贯通的学生，他就暂时放慢教学的进度，等学生已经真正完全领会他的深意时，他再把教学往下进行。

朱熹在《四书集注》中对此解释说：

物之有四隅，举一隅可知其三。反者，还以相证之义。复，告也。

朱熹对此的理解是：孔子之意，譬如有四隅的东西，教给他的学生其中一隅，如果被教育者不能类推出其他三隅来，他就不再勉强将教学继续下去。即不再一隅一隅地讲，而是留给学生自己去类推。也就是说，孔子不去代替学生思考，而是让弟子们学会举一反三、闻一知多，锻炼弟子们由此及彼的推理判断能力。

由于孔子重视启发式教育，弟子在学习过程中都非常注意积极主动地思考问题，有的弟子还能反过来给予孔子以启发，从而真正达到了孔子希望的"教学相长"理想效果。

例如，有一次，子夏问《诗》中"巧笑倩兮，美目盼兮，素以为绚兮"要表达什么意思。孔子回答说："绘事后素"。子夏

① 《论语·述而》。

将此问题引申到仁与礼的先后关系上,继续问道:"礼是否产生于仁之后呢?"孔子听了,非常高兴,连连夸奖子夏说:"卜商呵,你真是能启发我的人。从此可以同你一起讨论《诗》了。"①

再例如,一次子贡问孔子:"贫而无谄,富而无骄,何如?"孔子说:"可也,未若贫而乐、富而好礼者也。"子贡说:"《诗》云:'如切如磋,如琢如磨',其斯之谓与?"孔子听后,夸奖子贡说:"端木赐呵,现在可以同你讨论《诗》了,告诉你一件,你能举一反三,有所发挥了。"②

孔子的启发式教学运用得相当成功,其弟子颜回对此体会最深。他曾赞叹说:

> 仰之弥高,钻之弥坚。瞻之在前,忽焉在后。夫子循循然善诱人,博我以文,约我以礼,欲罢不能。既竭吾才,如有所立卓尔。虽欲从之,末由也已。③

颜回认为:孔子之道,越仰望越觉得高;越用力钻研越觉得深。看看似乎在前面,忽然又到后面去了。虽然这样高深和不易琢磨,可是老师善于诱导我,用各种文献来丰富我的知识,又用礼来约束我的行为,使我想停止学习都不可能。我既用尽才力,似乎能够卓尔独立了。可是要想再前进一步,又不知怎样着手了。

七

有人说,孔子是中国历史上第一个创办私学的人,这话并

---

① 《论语·八佾》。
② 《论语·学而》。
③ 《论语·子罕》。

不完全准确，因为前文已经说过，至少在孔子的同时代，也有人在办私学，谁前谁后还有待考证。只不过可以说，孔子办出了特色、办出了成就而已。

我们可以将孔子所办的私学与当时其他人所办的私学简单比较一下。

就在孔子于鲁国创办私学相前后，邓析在郑国也创办了一所法律培训学校，兼律师速成班。按今天的话说，他本人就是对法律问题颇有研究并出版过法律学著作的一名著名律师。

据《吕氏春秋·离谓》中记载：

> （邓析）与民之有狱者约，大狱一衣（上衣），小狱襦（短衣；短袄）。民之献衣襦而学讼者不可胜数。以非为是，以是为非。是非无度，而可与不可日变。

办学越是教技术、教专业，往往来学的人就越多，因为学了马上就能用。所以邓析的学校办得很红火。邓析自己也常常帮别人打官司，他的律师培训学费收的也有意思：大的案件，收一件上衣；小的案件，收一件短袄。结果很多老百姓带着衣服到他这儿交学费，请他教大家怎么去打官司。

但是，邓析办学"以非为是，以是为非，是非无度"，不讲原则，不讲法律精神。他教学生打官司的技巧，却不教学生对法律的尊重，以及法律的精神。

《列子·力命》和现本《邓析子》中都说邓析"操两可之说，设无穷之辞"。什么叫"两可之说"呢？就是他想说这个人有罪他有办法，他想说这个人无罪他也有办法。这样，他变成一个讼棍了。更糟糕的是，他把学生也教成玩弄法律的讼棍了。

《吕氏春秋·离谓》中记载了邓析这么一件事情。

一个富人掉到水里淹死了，被某人捞了上来。捞尸人一看是个有钱的主，要的报酬特别多，想趁机敲诈一把。富人的家人觉得要价太高，就不服气。怎么办？找邓析。邓析说："他捞上来的尸体，除了卖给你又不能卖给别人，别着急，等着。"富家一听，有道理，就不着急，沉住气在家等。捞尸人一看这家人怎么不要尸体了，也着急，也来找邓析。邓析说："这具尸体他到别的地方买不到，你别急，等着。"这就叫"两可之说"。可这哪里是解决问题的办法呢？他给别人出的都是刁主意。他这种办法，最后教出来的一定是"刁民"。

据历史记载，这样一个没有原则、只有权术、玩弄聪明、操纵他人的老师，结果，最终作茧自缚，触怒郑国执政者子产，被其所杀。

（因为邓析）所欲胜因胜，所欲罪因罪。郑国大乱，民口喧哗。子产患之，于是杀邓析而戮之。[①]

这一年，是鲁定公九年，孔子51岁，从开始创办私学到现在，已经办了20多年。

为什么会有这样的区别？一个蒸蒸日上，一个身死学灭。

这可以从二者办学所传授的内容即可窥见一点玄机。

拿孔子的私学和邓析的私学作比较，孔子以培养人的全面成长为目标，邓析以培养人做律师为目标；孔子教人成为道德高尚对社会有用的人，邓析教人则仅仅满足于追名逐利，为谋取私利不惜破坏社会秩序。所以邓析被杀，他创办的学校也随他之死而烟消云散。

孔子所办的私学与邓析的诉讼训练班不同，孔子始终坚持

---

① 《吕氏春秋·离谓》。

教学内容的多样性、全面性、正面性，但并未忽视其所传授内容的实用价值。

　　子以四教：文行忠信。①

　　《论语》中说，孔子从四个方面教育学生：文化知识，社会实践，对人忠诚，信于朋友。

　　子曰："志于道，据于德，依于仁，游于艺。"②

　　在孔子看来，凡是拜他为师的学生，只要做到以大道为志向，以道德为根据，以仁为践行之本，再加上娴熟于礼、乐、射、御、书、数六门功课，就是一个十分合格的学生了。

　　在从事教学活动中，孔子非常强调道德方面的培养，他传授的知识内容，全部是充满了正能量的内容。作为一名老师，孔子本人就是一个严以律己宽以待人的道德楷模。他曾说：

　　二三子以我为隐乎？吾无隐乎尔。吾无行而不与二三子者，是丘也。③

　　孔子曾经对他的弟子说："你们这些学生以为我会隐瞒什么不教给你们吗？请你们放心，我不会对你们有所保留和隐瞒的。我没有什么不可以告诉你们的，这就是我孔丘的为人。"

　　《论语》中曾有这样一个故事：

————————

①　《论语·述而》。

②　《论语·述而》。

③　《论语·述而》。

孔鲤到了入学的年龄，孔子让他跟随大家一起学习，作为父亲，孔子并没有给他以特殊教育。后来，一个名叫陈亢的学生问孔鲤是否从孔子那里得到与众不同的传授，孔鲤回答十分明确："没有啊！"他说，"父亲曾经独自站在庭中，我快步从庭前走过。他问我学诗没有，我说没有。他说：'不学诗，就不善于说话。'我退下去学诗。过了几天，又遇见父亲独自一人站在庭中。他发现我从庭前走过，又问我学礼没有，我说没有。他说：'不学礼，就无以在社会上立足。'我退下去学礼。我只得到他这两次私下教导。"

陈亢回去十分高兴，对别人说自己一问三得：知道学诗和学礼的意义，也知道了君子不偏私自己的儿子。[①]

实际上，孔子对学生无论亲疏贵贱一视同仁的做法，不过是他深入贯彻有教无类方针的一个具体体现而已。但正因为做到了这一点，才不仅使他的学校增强了对广大平民子弟的感召力，而且为中国的平等自由的学术研讨开创了先声。

总之，孔子私学实行"有教无类"的办学方针，适应文化下移的形势和平民学习文化的要求，开创文行忠信四教，采取因材施教、启发诱导等首创的教学方法，加上孔子"诲人不倦"的高尚精神和认真负责的态度，这种种因素，使孔子创办的私学逐渐生根开花成长壮大，以致在当时的各诸侯国间都闻名遐迩。私学的红火又使学生越聚越多，规模越来越大，教学相长也反过来成就了孔子的伟大。

---

① 《论语·季氏》。

第六章
向老子求教

一

孔子的办学成就，为他赢得了极高的社会声誉，并引起鲁国贵族的重视。

最先注意到孔子的是鲁国卿大夫孟僖子。

孟僖子是鲁国三家当权者之一。三家为季孙氏、叔孙氏、孟孙氏，皆为鲁桓公之后，故又称三桓。三家的继位者皆为卿，分别任司徒、司马、司空。鲁国的实权全部操纵在三家之手，国君则无实权。

鲁昭公七年，楚灵王的章华台落成，请各国诸侯参加典礼。孟僖子随同鲁昭公前往并负责外交礼仪。可偏偏孟僖子不懂礼仪。途经郑国，郑简公在国都城门慰劳鲁昭公时，孟僖子竟不知如何答礼。到了楚国后，楚灵王在城郊举行郊劳礼欢迎鲁昭公时，孟僖子又不知如何妥善应对。在楚国，甚至遭到对方的戏弄。经过这次挫折后，孟僖子深深认识到礼仪在国家政治生活中的重要性，从此他不仅自己下决心研究礼仪，而且重视物色熟悉礼仪的人才。当时，孔子在鲁国钻研礼乐，办学已经成名，不仅讲礼，还经常带领学生相礼，这自然引起孟僖子的关注。

鲁昭公二十四年2月25日，即孔子34岁那年，孟僖子病故。

临终前，他嘱托管家把自己的两个儿子，即孟懿子（仲孙何忌）与南宫敬叔（仲孙阅），送到孔子那里学礼。下面便是他的遗嘱：

> 礼，人之干也。无礼，无以立。吾闻将有达者曰孔丘，圣人之后也，而灭于宋。其祖弗父何以有宋而授厉公。及正考父，佐戴、武、宣，三命兹益共（恭），故其鼎铭云："一命而偻，再命而伛，三命而俯，循墙而走，亦莫余致侮。馆于是；鬻于是，以糊余口。"其共（恭）也如是。臧孙纥有言曰："圣人有明德者，若不当世，其后必有达人。"今其将在孔丘乎！我若获没，必属说（仲孙阅）与何忌（仲孙何忌）于夫子（孔子），使事之，而学礼焉，以定其位。[①]

这是研究孔子家世以及孔子与鲁国贵族关系的一段很重要的资料。

孟僖子临终前讲述孔子先祖事迹，将孔子称为"达人"，这说明他事先已经做过了充分的考察，对孔子的关注已有时日。自昔日季孙氏家臣阳虎以孔子未入士林而加侮慢，到现在鲁当权贵族主动送子上门求教，整整过去了17年。在这17年中，孔子通过自己的艰苦奋斗所赢得的学问地位和声誉，更加懂得了自立、自强的重要性。孟僖子以"圣人之后必有达人"的门第观念评价孔子，并且送子学礼于民间私家之学，本身就反映了他对孔子学问以及孔子私学的高度认可。这为孔子其后教育事业的巩固发展和他以后的从政活动打开了大门。这一点，对于刚刚步入社会的孔子来说，无疑是一个很大的鼓舞。

---

① 《左传·昭公七年》。

孟僖子两个儿子的到来，给孔子带来了一次到东周洛邑问学的绝好的机会。

京城洛邑当时为周王室所在地，是周王朝的政治、经济、文化中心。这里有大量的文物瑰宝、简册档案，保留着被人们认为最完备、最典型的礼仪制度，不仅是周代文化荟萃之处，还是学习探索华夏文化特别是三代礼乐文化的理想之地。孔子曾经到宋国学习过殷商之礼，也曾经到郑国向子产学习政治，但他在鲁国学的主要是周礼，可周礼的大本营，首善之地，毕竟是在周王朝的国都洛邑。而且在那里，还有一个高人老子，这早已经让孔子神驰已久。能到京城实地考察，求学问礼，以便掌握正宗的周礼，对礼乐文化作深入了解和研究，对于热爱传统礼乐文化、"好古敏求"的孔子来说，显然是求之不得的事情。

可是，从鲁都到洛邑，千里迢迢，行程艰巨，而且需要有相当社会地位的贵族介绍引见，才能见得到一些王室官吏，查阅到王室秘藏的典册史记，一切都困难重重，难以如愿以偿。然而，上层贵族南宫敬叔来到孔子门下拜门，这给孔子带来了"西观周室"①的希望。孔子认为这位学生或许能帮助他玉成其事。

终于有一天，孔子向南宫敬叔透露出心迹：

吾闻老聃博古知今，通礼乐之原，明道德之归，则吾师也。今将往矣。②

南宫敬叔明白了老师的心意，也乐意帮助老师实现其愿望。

---

① 《史记·十二诸侯年表序》。
② 《孔子家语·观周》。

当时，孟僖子刚去世，南宫敬叔还在为父亲守丧期间。大概是趁鲁昭公因丧事而见南宫敬叔的机会，南宫敬叔便将从父亲那里听到的有关孔子的情况及老师孔子欲往京城的想法告诉了鲁昭公，并且请求道：

今孔子将适周，观先王之遗制，考礼乐之所极，斯大业也。君盍以乘资之？[①]

鲁昭公当即答应了南宫敬叔的请求。他赐给孔子一辆车、两匹马和一名僮仆，以供孔子京师求学之用。

鲁昭公的政府支持与经济上的资助，不仅为孔子远途旅行提供了诸多的便利条件，而且也提高了这次赴京的声势。对于孔子来说，自然是喜出望外。

孔子终于得到了由国君资助赴洛邑求学问礼的珍贵的机会。

二

孔子到了东周，见到了老子，并向他学礼。

司马迁说：

老子者，楚苦县厉乡曲仁里人也，姓李氏，名耳，字聃，周守藏室之史也。[②]

老子学识渊博、熟悉历史，精通古代典章礼仪制度，通上下古今之变，社会阅历丰富而又年高德劭。

① 《孔子家语·观周》。
② 《史记·老子韩非列传》。

据说，孔子见到老子，向他求教，大概是孔子先侃侃而谈，向老子展示了一下自己对于历史文化掌握的程度与见解。老子听后，不以为然地说："你所说的那些人，他们的骨头都已经腐烂了，只是他们的言论还在罢了。君子如果时运好，能得到明君的帮助，就出来做官，做成一番事业；可是如果时运不济，没有明君，那就不妨随波逐流，一切听之于命运的安排，没有必要去勉强为难自己。"①

这是老子对孔子讲的第一句话。

二人一见面就开门见山，直来直去，没有客套与常人会晤时的那些弯弯绕。

老子对孔子的直率之语，当头给兴冲冲的孔子泼了一盆冷水，这对正值年轻气盛的孔子而言，不啻于醍醐灌顶，又如同当头棒喝。要知道，此前的孔子，以孤贫之身锐意进取，不折不挠地向着既定目标前行。老子这样让他泄气的话，一定是他以前没有想到的。

老子观察到孔子脸色的变化，但他并没有打算停下话来。而是继续提醒：年轻人呀，知道进，还要学会退；知道勇，还要学会怯；知道直行，还要学会迂回；知道坚定，还要学会灵活。

我听说，善于经商的人都把货物隐藏起来，好像什么东西也没有似的；君子具有高尚的品德，他的容貌谦虚得像个愚钝的人。请戒除你自己身上的骄气、傲气，戒除你身上过多的欲望，戒除你做作的情态神色和过大的志向吧，这些对你自身都是没有好处的。我能告诉你的，也就这些了。

老子在这里不客气地教导孔子：

戒除自己身上的骄气、傲气，戒除自己身上过多的欲望、

① 《史记·老子韩非列传》。

过大的志向。欲望太多了不好，志向太大了不好。太骄傲了不好，太傲慢了不好，太锋芒毕露了不好。句句都是针对孔子当时的状态和心态。

对于老子一番狂轰滥炸式的箴言，孔子一下子还真的接受不了。

孔子从一无所有到能够有今天的名气与地位，靠的就是他那一股不屈不挠的拼搏精神。但是，老子好像根本不在乎这一点，也似乎不屑于肯定这一点。

我们可以想象，此时此地的孔子，是何等的意气风发！是何等的志向远大、理想崇高！是何等的意志坚定、自信自负。这都是年轻人的优点，没有这些，注定不会有所成就。但是，如果仅仅这样，而缺少适度的弹性、适度的退守、适度的淡泊，很可能就会陷入"小时了了，大未必佳"的循环圈，也不会最终成就大器。

中年以后，孔子骨子里的从容淡定，何尝不是受老子的启发？

当时的孔子，真想一走了之。

不过，涵养让孔子坚持了下来。他冷静下来，默默记下了老子讲给他的每一句话。

确实，在当时，孔子同老子相比，不论年龄、地位、学识、社会经验、观察社会以及对历史文化认识的角度与深度都相差很大，有些方面甚至大异其趣，截然相反。

这不难理解。

不过，孔子毕竟是一个非常聪明且富有智慧的"达人"。尽管此时此地孔子对老子的告诫还不能体悟，或者体悟不深，更难以照办，但他还是心怀敬意地牢牢记住了老子的这番忠言逆耳。随着岁月的前行、事业的挫折以及人生经验的不断积累，孔子对老子的这番刻骨铭心的教诲自然会有迥然不同于此时此地的感受。史料表明，越到后来，孔子的思想与学说中，越来越多地留下了老子言传身教的痕迹。

这些痕迹，在《论语》一书中是有体现的。

《论语·泰伯》：

子曰："天下有道则见，无道则隐。"

《论语·卫灵公》：

子曰："君子哉蘧伯玉！邦有道则仕，邦无道则可卷而怀之。"

《论语·宪问》：

子曰："邦有道，危言危行；邦无道，危行言孙。"

《论语·公冶长》：

子曰："道不行，乘桴浮于海。"

《论语·公冶长》：

子曰："宁武子，邦有道，则知；邦无道，则愚。其知可及也，其愚不可及也。"

《论语·述而》：

子谓颜渊曰："用之则行，舍之则藏，惟我与尔有是夫！"

有道则见，无道则隐，把智慧藏起来，把才华藏起来，把志向藏起来，把理想藏起来，韬光养晦，和光同尘。这不是老子的思想是什么？道家智慧，孔子也有。我们不能不说，这跟孔子观周之行向老子学习有一定的关系。

荀子在他的著作《荀子·宥坐》篇中讲述了这样一个故事：

有一天，孔子带着弟子到鲁桓公的庙里去参观，看到庙里有一个很奇怪的东西倾斜在那里。孔子就问管庙的人："这是什么？"

管庙的人告诉孔子："这是宥坐之器。"

什么叫宥坐之器？就是国君座位右边放的一个器具。我们都知道有座右铭，其实古代除了座右铭之外还有宥坐器。座右铭是通过文字来对我们进行提醒、告诫，宥坐器是通过这种器物的形象来对我们进行告诫。

当孔子得知这是宥坐之器后，就说："哦，既然是宥坐之器，那我知道，当它里面没有装水的时候，它是倾斜的；你把水装到一半，装到正中间的时候，它是端正的；装满的时候，它就倾覆了。"

孔子转身对弟子们说："来，试验一下，往里面装水。"

当水装到一半时，这个宥坐器果然端端正正地立了起来。

孔子说："再往里面装。"

水满的时候，宥坐之器果然一下子又倾倒了。

于是，孔子对弟子们说："小心啊，万物都是这样。一旦自满就一定要倾覆，一旦骄傲就一定要倒台。"

子路说："老师啊，既然这样，我们如何才能让人生完满，并保持完满而不倾覆呢？"

孔子说："你记住四句话：聪明睿智，守之以愚；功被天下，守之以让；勇力振世，守之以怯；富有四海，守之以谦。"

聪明要用愚笨来守；功劳要用谦让来守；勇敢要用畏怯来守；富有要用谦卑来守。

孔子说："这就是损之又损之道。"

什么叫损？损，就是减损。孔子实际上在告诉弟子，人生要学会做减法。我们总是想着往我们的人生中填充些什么，务求填满，做加法；实际上人生更重要的是做减法。一个完满的人生，幸福的人生，不是看你拥有了什么，更多的是看你没有了什么。

《孔子家语·三恕》中也有一个类似的故事：

孔子正在观看东流之水。子贡问道："君子每次看到大水，都要驻足观看，这是为什么呢？"孔子回答说："因为它没有停息之时，而且普遍施惠于万物却显得无所作为。水就像德一样，流动时，总是向着低洼的地方流去；即使弯弯曲曲地流动也一定遵循着向下的原则，这种品性就像'义'；浩浩荡荡没有穷尽的时候，这种品性就像'道'；即使流向百仞高的溪谷也无所畏惧，这种品性就像'勇'；盛装在器皿中的时候不需要盖也不会装得满溢出来，这种品性就像'正'；水本性柔弱，但是无论多么细微的地方它都能到达，这种品性就像'察'；从发源地开始，它一心向东流去，这种品性就像'志'一样；有出有入，万物因此得以变得干净，这就像善于教化一样。水具有如此多的德性，因此君子见到都要驻足观看啊。"

如果上述两个事例都确有其事的话，那就更证明了老子思想对孔子后来人生所能达到的高度是有一定影响的。

老子说过：

> 持而盈之，不如其已。揣而锐之，不可长保。金玉盈室，莫能守也。富贵而骄，自遗其咎。功遂身退，天之道也。①

老子显然认为：如果执着并在此基础上追求进一步的盈满，在效果上那就不如自然不求。如果持控并在此基础上进一步加以聚集，这样的行为就不可能长保。如果金玉充盈于内室房屋，那就无法对此完好守藏。富贵通向骄纵，最后必然咎由自取。功业成就而节制收敛，乃为天然的道理。

老子还说过：

> 上善若水。水善利万物而不争，处众人之所恶，故几于道。居善地，心善渊，与善仁，言善信，正善治，事善能，动善时。夫唯不争，故无尤。
> 江海所以能为百谷王者，以其善下之。②

人生要学会做减法，这就是损之又损之道。无论是老子还是孔子，他们都从水等事物中体味到了"谦受益，满招损"的道理。从先生与学生辈分而言，老先孔后。老孔之道，不是也做到了一以贯之吗？

---

① 《道德经·第九章》。
② 《道德经·第六十六章》。

三

拜访老子，确实使孔子受益不少。

通过交流与切磋，孔子从老子那里了解到了一些自己前所未知的思想观点，扩大了自己对世界的认识和看法。

除此之外，孔子还从老子那里学到了许多关于礼的学问。这也是孔子此行观周的主要目的。这主要体现在：一是使孔子有机会查阅王室所密藏的典籍档案；二是使孔子有机会向老子请教他不清楚的一些礼仪制度问题；三是使孔子接触到老子深受楚文化影响的思想、观点。

东周京师的守藏室中藏有很多的典籍文物。除了《诗》《书》等典籍以外，还有大量的各国史志以及档案文献。王室所藏的来自天下各地的古今典籍和文物，都设有专门官吏管理，一般人是难见到的。孔子拜访老子这位守藏室之史，使他有机会参阅王室所藏典籍，参观王室收藏的各种文物。司马迁说孔子"西观周室，论史旧闻"，主要就指他参阅的地域广泛、内容丰富的旧史档案。

孔子赴洛邑的一个重要目的就是向老子这位博学者问礼，因此，孔子在洛邑期间，便抓住难得的良机，向博古通今、"通礼乐之原"的老子请教礼仪制度问题。老子虽然对"礼"持批判态度，但是对孔子所提出问题，还是都给予了一一的答复。

当孔子向老子请教天子或国君丧礼中的一些问题时，老子告诉孔子说，天子或者国君去世的时候，要由太祝把各昭庙、穆庙内的神主（即牌位）都集中起来，依序陈列在始祖庙里，表示祖先们为天子或国君的丧事而聚在一起。等到安葬并举行

了卒哭之祭以后，再把各庙堂的神主放回原来所在庙中。如果
国君要出国，就由太宰聚出各庙中的神主，带着与国君同行，
表示祖先们永远和国君在一起。至于合祭时，要由太祝迎接其
他四庙（国君有五庙）的神主，聚集到太庙中陈列，在太庙中
一同祭奠。不论是迎接神主离开原在庙堂，还是送神主回庙，
都必须排列仪仗队，不允许闲人行走。

孔子还就礼制中一些变例的源起、因由一一向老子请教，
老子也都向孔子作了解释。

关于殇礼的变例，老子解释说，以前埋葬下殇：8岁至11岁
的孩子死去为下殇，12岁至15岁的小孩死去为中殇，16岁至19
岁的死去为长殇。

当孔子请教关于鲁国国君伯禽为父服丧期间却外出作战的
问题时，老子解释说，按照礼的规定，为父母服丧期间是不能
外出作战的。至于伯禽在卒哭以后，就不顾正在为父亲周公守
丧，率领军队去攻打叛乱的徐夷，则是因为客观形势紧迫，不
得不打破惯例。[1]

孔子在洛邑期间，不仅向老子请教了诸多礼仪问题，而且
还有幸同老子一起助丧相礼。当送葬的时候，途中遇上了日
食，大概孔子在前面指引灵车，他认为应该照常前进，便没有
让灵车停下来。老子便命令说："丘，止柩，就道右，止哭以
听变。"不久，日食现象消失。老子才命令大家继续前进。葬
事完毕以后，孔子向老子请教说：

夫柩不可以反（返）者也。日有食之，不知其已
（结束）之迟数（快慢），则岂如行哉？

① 张宗舜、李景明著：《孔子大传》，山东友谊出版社2003年版，第
121—122页。

老子解释说：

> 诸侯朝天子，见日而行，逮日而舍奠；大夫使，见日而行，逮日而舍。夫柩不蚤出，不幕宿。见星而行者，唯罪人与奔父母之丧者乎？日有食之，安知其不见星也？且君子行礼，不以人之亲痁患。

对于孔子的疑问，老子给予了耐心的解答。

他告诉孔子：诸侯赴京朝见天子时，一路上都是如此：太阳出来就行路，不等太阳下山就住下，同时祭奠用车载着同行的木主（先君牌位）。大夫出国也是这样。他们的行止都得在光天化日之下。送葬同样应该这样，既不可以在没出太阳时就出殡，也不可以在天黑以后才停下来住宿。披星戴月而夜行的人，恐怕只有逃亡和奔父母之丧的人才这样吧？遇到日食，见不到阳光，如果让灵车继续赶路，岂不是和夜间行路一样？有教养的君子行礼，是不应该把别人才去世的父母置于不吉利的境地的。老子的一番议论，使孔子十分敬服。后来，当他的弟子问及这类问题时，孔子便能很详细地向弟子介绍上述情况和老子对此的观点。

在洛邑期间，孔子肯定向老子请教了不少关于礼仪方面的问题，从《礼记》中的记载来看，孔子向弟子解答礼仪问题时，明确告诉弟子是"闻诸老聃"的就有多处。当然，孔老所谈论的主要是上层贵族特别是周王室或国君的一些丧祭礼仪制度，而这些则正是老子这位王官熟悉而年轻的孔子生疏或不了解的。通过向老子请教，使孔子了解和掌握了许多从前所不知的礼仪知识，这为孔子成为当时的国际礼乐大师奠定了重要基础，提供了重要的知识。

四

　　孔子要回鲁国了，临走之前去向老子辞别，老子给孔子送行，虽然自谦但仍告诫孔子说："我听说有钱的人送别时给别人送财产，仁德的人送别时给别人送箴言。我没钱，就冒充一下仁德的人，送你几句话吧。"

　　第一句话是：

　　聪明深察而近于死者，好议人者也。[①]

　　一个人很聪明，能明察秋毫，很好。可是，聪明深察的人，往往比那些笨人更容易招来杀身之祸。为什么？因为他喜欢议论别人。为什么聪明人好议论人呢？因为他聪明，他明察秋毫，别人一点毛病，他就看见了，看见了就忍不住要说，说了就得罪人，这不就很危险吗？

　　第二句话是：

　　博辩广大危其身者，发人之恶者也。[②]

　　一个人知识广博，能言善辩，胸襟开阔，知识丰富，很好。可是老子又说这样会"危其身"。为什么呢？因为这样的人，喜欢揭发别人的隐私，爱揭露别人的丑恶。

　　紧接着，老子又对孔子讲了第三句话：

---

① 《史记·孔子世家》。

② 《史记·孔子世家》。

为人子者毋以有己，为人臣者毋以有己。[①]

　　不要太坚持自己的主张。做儿子，要学会听父亲的；做臣子，要学会听国君的。固执往往不讨人喜欢，甚而会给自己的前途带来麻烦。

　　老子对孔子的这些教诲，孔子后来也传授给了他的弟子。

　　孔子的弟子子贡，特别聪明，特别善辩，有"聪明深察好议人"的毛病。

　　《论语》中说：

　　子贡方人。子曰："赐也贤乎哉？夫我则不暇。"[②]

　　子贡喜欢批评别人。孔子说："你端木赐天天说这个人不好，那个人不好，你就那么好？我可没有时间盯住别人的弱点，我自己改正自己的弱点还来不及呢。"从孔子对子贡的教诲里，我们是不是看到了老子的影子？

　　由此可见，孔子后来常常强调"三省吾身"，强调"忠恕"，强调"既往不咎"，强调"见贤思齐焉，见不贤而内自省也"[③]等的修身功夫，很多都是来自老子对他的教诲。

　　孔子离开老子，在回乡的路上，学生问他："老师，您这次见了老子，觉得老子到底是个什么样的人啊？"

　　孔子一下子陷入了沉思之中。老子高深的学问，古怪的性格，不同常人的思维方式，遗世独立的卓然人格等，都让孔子觉得神秘、亲切而又玄远。好一会儿，孔子才自言自语道：

① 《史记·孔子世家》。

② 《论语·宪问》。

③ 《论语·里仁》。

"天上的鸟会飞，地上的兽会跑，水中的鱼会游。飞的鸟，我知道怎么办，用箭射；游的鱼，我知道怎么办，用钩钓；跑的野兽，我也知道怎么办，用网抓。可是对老子，我真的没有办法，因为他既不是天上的飞鸟，又不是地上的走兽，还不是水中的游鱼。他深不可测，我无法看透他的心思。他是什么呢？他大概是一条龙啊。"[1]

这，就是孔子对老子的评价。

孔子从洛邑观周归来后，他的学堂有什么样的变化呢？

司马迁总结说：

孔子自周反于鲁，弟子稍益进焉。[2]

这就是说：通过东周观学，孔子的学问又提高了，境界又提升了，孔子的私学办得更好了，来求学的人也更多了，名声更响亮了，办学的规模更大了。

---

①　《史记·老子韩非列传》。

②　《史记·孔子世家》。

第七章
在齐国的遭遇

一

孔子从洛邑回到鲁国的时候，鲁国正面临着鲁昭公同季氏等当权派贵族间的关系濒临破裂。

导致这场政治危机的直接原因，是君臣之间的权力与力量对比严重不平衡而引发的，而这种不平衡又与当时的社会变革形势息息相关。

始于西周晚期而流行于春秋战国时期的社会改革，主要表现为土地和赋税政策调整上所引起的一系列变化。在此基础上，又引发了各诸侯国公室与卿大夫之间权力关系以及利益分配上的重新调整。

鲁宣公十五年推行的"初税亩"，使鲁国成为春秋时期较早实行田税改革的国家之一。当时，鲁国最早热衷于改革的当权派贵族季孙氏、孟孙氏、叔孙氏，都是鲁桓公的后代，时人称之为"三桓"。"三桓"自鲁宣公九年开始，他们便一直轮流担任执政，其中以季氏执政最久，权力也最大。

鲁国"初税亩"是季文子执政时颁布的。鲁襄公十一年，在季氏要求下，鲁国改编军队，把属于国家的军队一分为三，相应成立上、中、下三军，由"三桓"各领一军。昭公五年，又取消中军，把本应由国君亲自掌握的军队亦划归三桓之手。

这样，鲁国的军队就形成了季氏占其半，孟孙氏、叔孙氏各占四分之一的局面。同时，三桓借军事改革之机，将田赋收入的管理权也从公室夺归到他们的手中。

季氏等人把军权、财权从国君的手中攫取到他们手中，严重削弱了公室的权力，使鲁君实际上成为了一个虚设之主。鲁昭公忍受不了这种局面。他同三家的矛盾，特别是同季氏的矛盾不断激化。

鲁昭公二十五年，内轻外重的矛盾终于发展到了一个总爆发的程度。斗争的导火索是季平子在礼仪问题上的严重僭越。

这一年，鲁昭公准备祭祀先君襄公，要举行万舞，但公室由六佾（一佾为一列八人）组成的舞队只剩下了二佾，其余的人都被季氏调到他家跳万舞去了。

季平子把从公室调来的乐队和自家的乐队合在一起，组成八佾，演出只有天子才能享用的"八佾舞于庭"的宏伟场面。不仅如此，三家祭祖撤奠时，还唱起周天子用的《雍》歌，声势十分气派。反观公室的祭祀活动，不仅规格低于三家，而且由于舞队被季氏调走三分之二，连万舞也不能正常举行。这使鲁昭公非常难堪。在臧昭伯、季公亥等朝臣的支持下，鲁昭公决心要把季平子除掉。

夏历七月十六日（9月16日），鲁昭公兴师讨伐，杀死季平子的兄弟公之，攻入季氏家大门。季平子逃上观台，再三降低条件，请求宽恕，均被昭公拒绝。此时，叔孙氏、孟孙氏的家臣率领家兵赶来救援季氏，杀死臧昭伯，把昭公的部队击溃，鲁昭公和随从人员逃到齐国，后来又逃到晋国，过了七年流亡生活，最后死在晋国乾侯。

孔子从洛邑归来后，耳闻目睹了鲁国君臣之间、各当权贵族之间的这场权力争夺战。孔子痛切地感到，周公留下的礼乐制度在此时已经礼崩乐坏，传统的贵族共和政体所要求的君臣协调关系已经破坏殆尽。这使得孔子更加感到了"克己复礼"对于重建社会秩序的重要性。既然赏识自己的鲁昭公成为了流亡之君，孔子也感到在鲁国不能实现自己的人生价值，于是，他决定到邻国齐国，用自己的学识与智慧，为社会打造出一片蓝天来。

二

孔子到齐国都城临淄，首先拜访齐卿高昭子（高张），做了他的家臣。

司马迁说：

孔子适齐，为高昭子家臣，欲以通乎景公。①

高氏自齐襄公时起，与国氏并为国卿，是齐国最有影响的贵族巨室。孔子希望通过这条渠道，达到他通君干政的目的。

春秋战国时期，士人干进，往往要有个合适的门第以为进身之托。羁旅之士，借助于卿士大夫的介绍以涉足政界的做法，在春秋战国时期十分普遍。

孟子说："观远臣，以其所宝。"②

大意是说，观察一个从异国来求官的人的情况，看看他所寄附的主人怎么样就可以看清楚了。

---

① 《史记·孔子世家》。
② 《孟子·万章上》。

高氏是齐惠公的后裔，从齐襄公时期就开始与国氏同为上卿，是齐国最有影响的执政贵族之一。虽然高氏在与其他执政大夫、公室后裔的派系斗争中经常遭受损伤，但是直到齐景公晚年，仍是齐国最有权势的大家族之一。高张是齐景公身边的重臣。尽管这时田氏（陈氏）成为宠臣，势力日大，但高氏仍大权在握，得到景公的信任。

孔子得到高昭子的信任，有高氏家臣的身份，便利于他熟悉齐国政坛上的情况，为他以高张作媒介、"通乎景公"铺垫好了基础。

果然，经过高张的举荐和介绍，齐景公不久便接见了孔子。

当时的齐国，陈（田）氏强大，以大斗出、小斗入这种经济小惠收买人心，与公室争夺社会影响；齐景公耽于游乐，疏于朝政，使大权已经旁落的公室更加衰弱，情形类似鲁国。

面对这种实际情况，当齐景公请教政治问题时，孔子马上回答：

"君君，臣臣，父父，子子。"

《论语·颜渊》篇中详细地记录了这件事情：

齐景公问政于孔子。孔子对曰：君君，臣臣，父父，子子。公曰：善哉！信如君不君，臣不臣，父不父，子不子，虽有粟，吾得而食诸？

齐景公问孔子如何治理国家。孔子回答：君臣父子各尽其职，各行其道。

这位已经上了年纪的齐景公，对孔子这段话所暗含的对齐国君臣的批评似乎没有完全听懂，就连忙称赞道："您说得好啊！如果真是君不像君样，臣不像臣样，父不像父样，子不像子样，即使有粮食，我能吃得到吗？"

孔子的主张是针对齐国现实状况而发。齐国自桓公之后，内乱相继，大夫专权，公室卑弱，君权衰落，不仅使齐国的霸业衰败，而且给齐国民众带来痛苦灾难，因此，主张强公室而振君权的孔子显然希望齐景公能够励精图治，刷新政治，重振朝纲。对于齐景公而言，他生活奢侈，耽于游乐，疏于朝政，亲近谗佞小人，不关心民众疾苦，所有这些都不符合"为君之道"。因此孔子用"君君臣臣"提醒他：当先尽君道。然后再改变齐国"臣不臣"的现象。

过了些时日，齐景公又向孔子请教政治问题，孔子这次的答案是：

政在节财。①

节财，即压缩政府开支，以避免挥霍消费。这也是针对齐国当时存在的问题而言。齐人有尚侈之习。相传齐桓公给自己的七百名宫妃修建七百所住房，开设七个宫内市场供其消费。齐景公日度饮酒作乐，养马四千。与此相对照的是："坏室，乡有数十；饥民，里有数家。"② "殚财不足以奉敛，尽力不能周役。民氓饥寒冻馁，死瘠相望。"③ 孔子提出"节财"，就是希望齐景公能带头去奢去侈，减轻税敛，施惠于民，重拾民心。

孔子的主张受到齐景公的赏识。为了表示对孔子的信任

---

① 《史记·孔子世家》。
② 《晏子春秋·内篇谏上第四》。
③ 《晏子春秋·内篇谏上第十九》。

和优待，齐景公准备把尼谿这地方的土地分封给孔子作为食邑。①另外，他还私下透露说，将以鲁国对待季氏那样待孔子，"以季孟之间待之"。②

三

然而，齐景公"欲以尼谿田封孔子"的消息传出以后，立刻引起了外界不同的反应。

首先，是孔子及其弟子们的反应。

一旦齐景公重用孔子，孔子便可将自己的德化礼治学说付诸实践，从而影响天下各国。同时，在推行孔子学说主张的过程中，孔子弟子们亦将大有用武之地。可以设想，孔子及其弟子们一定感到高兴。

同时，孔子得到齐景公赏识，将被任用，作为推荐人的高昭子自然也会高兴。

然而，齐国当权者却不同，有的加以阻挠，反对齐景公对孔子的重用，有的甚至准备杀害孔子。

齐国大夫晏婴首先站出来反对。

据《墨·非儒》中记载，晏婴听到齐景公将要重用孔子的消息后，不以为然。他找到齐景公，在景公面前批评孔子学说，指责孔子宣扬的那一套礼乐，使人"累寿不能尽其学，当年不能行其礼"，"其道不可以期众，其学不可以导众"等。

据《史记·孔子世家》中记载，晏子批评说：

夫儒者滑稽而不可轨法；倨傲自顺，不可以为下；

① 《史记·孔子世家》。
② 《论语·微子》。

崇丧遂哀，破产厚葬，不可以为俗；游说乞贷，不可以为国。自大贤之息，周室既衰，礼乐缺有间。今孔子盛容饰，繁登降之礼，趋详之节，累世不能殚其学，当年不能穷其礼。君欲用之以移齐俗，非所以先细民也。

与此同时，与高昭子有隙的陈（田）氏等当权派也出来反对。

结果，"后，景公敬见孔子，不问其礼"。[①]

当齐景公再见到孔子时，便说："吾老矣，不能用也。"[②]

这是在下逐客令了。

于是，"孔子遂行，反乎鲁"。[③]

孟子说：

孔子之去齐，接淅而行。[④]

这即是说，孔子师徒是在十分紧张的氛围中离开齐都临淄的。当齐国大夫中有人要加害孔子的消息传来时，弟子们都为孔子的安危担心。当时他们正在淘米做饭，听到消息，慌忙捞出淘着的米就催促孔子赶路，匆匆离开了齐国的都城。

孔子离开齐国的时间约在鲁昭公二十七年、齐景公三十三年（公元前515年）春天，在齐国度过了一年半左右的光景。

这一年，孔子37岁。

此后，他再也没有到过齐国。

---

① 《史记·孔子世家》。

② 《论语·微子》。

③ 《史记·孔子世家》。

④ 《孟子·万章下》。

孔子适齐是他一生从事政治活动的一次预演。用自己的政治智慧干政，孔子对此是充满信心的。但是，理想很丰满，现实却很骨感。充满希望，却到处不见用，到处碰壁。这就是孔子在政治上的一生。命也？运也？谁也说不清楚。

今天回过头来看，孔子在齐国政治上的失败，是有其一定原因的。

首先，孔子当初选择投奔高昭子做依靠未必就是明智之举。

孔子投奔高昭子虽然给他在齐国立足、尝试从政提供了便利条件，却也使孔子一到齐国就陷入派系倾轧之中。在齐国卿大夫专权形势下，公室内部各派系、同姓异姓执政大夫等派别矛盾错综复杂，明争暗斗。齐桓公死后，他的几个儿子因争夺君位而引起宫廷内乱长达14年之久。五子争位不但使齐国霸业遭受很大破坏，而且导致公室渐卑。齐惠公即位以后，崔杼获宠，开始崔氏专政。惠公死后，国氏、高氏恐受崔氏逼迫，驱逐崔杼，崔杼逃往卫国。灵公八年，内讧又起，灵公又以崔杼为大夫，主持齐国国政。后来灵公病重，崔杼废太子公子牙而立公子光，是为齐庄公，并且杀死高厚等人，籍没高氏全部财产，独揽齐国国政。六年后，因庄公与崔杼妻子棠姜私通等原因，崔杼杀死庄公，立庄公异母弟杵臼为君，史称齐景公。崔杼自任国相，由庆封任左相。庆封借崔杼之子间发生争夺嫡长子继承权斗争的时机，消灭崔氏，独揽国政。庆封的行为引起公族、国人的不满，栾氏、高氏及陈须无、鲍国等起而策划消灭庆氏集团，庆封失败，逃亡国外。齐景公十六年，陈桓子利用栾氏、高氏和陈氏、鲍氏之间的矛盾，挟制景公，掀起驱逐栾氏、高氏的政变。陈桓子利用谣言煽动对栾、高的仇恨，采取突然袭击的办法攻伐栾氏、高氏，栾氏、高氏逃亡鲁国，陈氏、鲍氏瓜分了栾、高二家的财产。此后陈氏、高氏、国氏等派系仍然钩心斗角，互相倾轧。在齐国各派系相互倾轧的形势下，孔子投奔高昭子，并且做了高昭子的家臣，便不可避免地被裹挟到派系斗争之中，不论孔子是有意还是无意，都无法超脱出来。因此，后来有齐国大夫要加害孔子的事发生，使孔子"接淅而行"，慌忙逃离齐国便不难理解。

其次，正受齐景公信任的晏婴与孔子的政见有所分歧。

据《晏子春秋·外篇》中记载，孔子到齐国，拜见齐景公却不造访晏婴。子贡提醒他说："拜见君主，却不去见他的从政大夫，可以吗？"孔子说："我听说晏婴侍奉过三位国君，都很顺利，我怀疑他的为人是否正派。"晏婴得知此事后，当然很不高兴。他说："开始我见儒者便尊敬他们。今天我见到儒者就怀疑他们。"

不仅晏婴和孔子两人存有隔阂，在治国理政上，二人也存在不一致的地方。晏婴和孔子都重礼尚文，但是，晏婴是从齐国政治形势的现实需要出发，为了限制崔氏等大夫势力的膨胀，为了限制诸如陈氏等一些大夫与国君争民而发，而孔子则是出于对恢复传统礼乐的理想，出于儒者的职责。二者对礼重视的出发点、目的不同，对礼的不同层面与体用有不同的理解和态度，对礼的重视程度更是有别。此外，晏婴和孔子虽然都主张节财尚俭，但是二人的目的不同。当晏婴正劝谏齐景公厚施薄敛以争取民心的时候，孔子却提出了"政在节财"，旨在警示齐景公奢侈浪费的施政主张。政见差别本身就是矛盾，当然会引起晏婴的批评与自责。

晏婴是这样劝阻齐景公不要重用孔子的。

晏婴认为："像孔子这样的儒家，能言善辩，不是法律能管得住的。他们高傲任性、自以为是，也不符合做一个称职下属的标准。他们讲究厚葬，靡费钱财，不能让这种做法在齐国形成风气；他们周游列国，追求官禄，这样的人也不大靠得住。"我们从晏婴的反对意见中可以看到儒家学说的某种不足之处了。晏婴的意见，也许代表了春秋战国时期不少贵族的意见。从孔子在齐两年而终不被重用这件事上，也就可以预见到他的未来的处境了。

最后，齐鲁两国在政治文化上的差异，决定了孔子在齐只能是无为而归。

在春秋时期，齐国与鲁国，分别代表了两种不同理想、不同追求因而也有着不同境况的诸侯国家。鲁国是周公的封地，延续着周的礼乐制度与文献，其治国方略，也就让礼乐占了很大的比重。而齐国则是姜尚的封地，从姜尚起便采用随事而化、重视实际的治国方针，提倡发展工商经济，奖励军功，把富国强兵作为治国方略。在当时"春秋无义战"的天下，当然崇尚尔虞我诈，你吞我并。如此，言必称周礼、处处教导诸侯国君实施仁政的孔子，在齐国的碰壁也就成为必然。①

① 李木生著：《布衣孔子》，人民出版社 2013 年版，第 184 页。

第八章
在音乐陶冶中升华

一

孔子，是中华民族思想文化的代表性符号。

人们称他为"至圣先师"。

但是，你可曾知道，孔子不仅是一个很有学问的政治思想家、成功的教育家，他还是一位爱唱歌、善鼓琴、会弹瑟、能作曲、精娴于欣赏多种艺术美的大音乐家呢。

孔子喜欢乐器，不管是琴、瑟、钟、磬，还是箫、管、笙、竽等，他大多能够即兴演奏。对于这些，孔子并不满足，在他50多岁时，还曾特地向当时的著名音乐家师襄学习弹琴。

据《史记·孔子世家》记载：

孔子学鼓琴师襄子，十日不进。师襄子曰："可以益矣。"孔子曰："丘已习其曲矣，未得其数也。"有间，曰："已习其数，可以益矣。"孔子曰："丘未得其志也。"有间，曰："已习其志，可以益矣。"孔子曰："丘未得其为人也。"有间，有所穆然深思焉，有所怡然高望而远志焉。曰："丘得其为人，黯然而黑，几然而长，眼如望羊，如王四国，非文王其谁能为此也!"师襄子辟席再拜，曰："师盖云《文王操》也。"

一天，孔子向师襄学得一首琴曲，规定练习十天后再学新曲。十天过去后，师襄见孔子没有来找他，还以为他忘记了学习新曲的事呢。因此来到孔子练琴的地方，提醒孔子说："这首曲子已经弹熟，可以学新曲了。"

孔子忙站起来，认真地说："我刚学会了曲调，但演奏的技法还很生疏呢！"说完继续练习下去。

过了几天，在听了孔子演奏后，师襄对孔子说："你的技法已经熟练，可以弹新曲了。"

孔子却说："不行，我还没明白它的内容呢！没有搞清楚琴曲所表达的内容，不能算是真会。"于是又埋头练起来。

再过几天，师襄说："你不仅熟悉了曲调、技法，也明白了琴曲表达的内容，可以弹新曲了！"

这次孔子却说："我尽管熟悉了曲调和技法，也知道了其中的内容，但我却不知道这首琴曲的作者是个什么样的人，不知道作者的为人，这怎能表现琴曲的思想和感情呢！"

师襄觉得有理，从此就不再催孔子学新曲了。

时间又一天一天地过去了。这一天，师襄来到孔子练琴的地方，坐在孔子身边，闭目静心聆听孔子弹琴。琴曲结束，只见孔子站起来对师襄说："我已经知道琴曲作者是怎样一个人了！他身躯魁梧，脸膛黝黑，两眼炯炯有神，直射远方，是个具有王者风范的人。他不是周文王又能是谁呢？"

师襄不禁大惊，感叹道："我的天啊！我的老师就是这样告诉我的，这首琴曲就叫《文王操》，作者正是周文王。"

师襄对孔子精益求精的精神佩服不已，接连躬身几拜。孔子赶忙回礼，说道："我可以学新曲了！"

这，就是孔子在学琴时对自己的要求。

从孔子学琴的经历看，他对音乐的要求相当高，先技后道，不急不躁，步步深入，逐渐升华。

他没有停留在琴曲的演奏阶段，而是通过这首琴曲，不断发掘音乐艺术领域的至大、至善、至真，通过一叶而知秋，通过一水而知海，最终达到通悟宇宙大道的目的。

二

孔子喜欢唱歌，歌声伴随着他的生活。如果哪天听不到他的歌声，一定会让人感到奇怪。孔子的学生如果听不到老师唱歌，那就要把他这天不唱歌的事记录下来。

《论语》是记录孔子及其门徒言行的书籍，里面就有这么一段话：

> 子于是日哭，则不歌。①

说的是邻居家死了人，这个人平时与孔子关系很好，常有往来，感情很深。这个人死了，孔子感到非常难过，吃不下饭。这天他哭了，没有唱歌。

在平日里，孔子不但自己喜欢唱歌，还喜欢和别人一起唱。如果听到自己不会唱的新歌，他就一定要别人教会他，再和别人一起唱。孔子这种"不耻下问"的求学精神，在他周游列国时，更是表现得淋漓尽致。他走一处，学一处，日积月累，学到了不少民歌。这为他后来编辑整理《诗经》，积累了丰富的知识，做好了充分的准备。

鲁哀公十六年（公元前479年）四月，孔子的学生子贡去探望他。这时的孔子已经是七十三岁高龄，重病缠身，身体很虚

---

① 《论语·述而》。

弱，但他仍然扶着拐杖到门口高声放歌：

　　泰山其颓乎！
　　梁木其摧乎！
　　哲人其萎乎！①

　　孔子唱完，黯然至于涕下。
　　子贡也十分难过。他把孔子扶进屋躺下后，一直陪伴在老师身边。
　　七天后，孔子告别了他的学生和人世，伴随着他的歌声走了。

三

　　鲁国虽然是周公的封地，保留着相当丰富的周代乐舞，但不知是出于什么原因，孔子在鲁国一直没有听到过《韶》的音乐。直到孔子30多岁时，他到齐国，才有幸在一次宫廷演出中，观赏到这部闻名遐迩的古代乐舞。
　　《韶》，相传是远古时舜帝为祭天大典创作的大型乐舞。到了周朝，被用来祭祀四方的星、海、山、河等，后来又被用来祭祀王的祖宗，本是虞舜后代陈国的传统节目。齐桓公时，陈公子完逃亡到齐国，为齐桓公所重。后来，陈氏势力逐渐强大，《韶》便在齐国宫廷盛行起来。孔子由于受到齐景公的接见款待，故有机会看到它的演出。
　　《韶》的演出规模盛大，它把音乐、舞蹈和诗歌紧密地结合在一起。它主要是用排箫、三孔埙来演奏，乐曲庄严肃穆，

① 《孔子家语·终记解》。

九次变队形和动作的舞蹈，插入九段变换情绪的歌唱，把《箫韶》的乐、舞、歌结合得浑然天成，表演得相得益彰。

孔子听到这优美的音乐、歌声，看着这富有层次的舞蹈，就好像看到他认为最理想、最美好的社会，让他感动，使他陶醉。

　子在齐闻《韶》，三月不知肉味，曰："不图为乐之至于斯也。"①

观赏过乐舞《韶》后，孔子心中久久不能平静，那优美的乐声时时在他的耳边萦绕回荡。多么伟大啊！多么美妙啊！他不止一次地对人们反复地说："《韶》真是尽善尽美啊！"

在以后整整三个月里，孔子一直如痴如醉地沉浸在《韶》的美妙意境之中，甚至连吃肉时也感觉不到美食的滋味了。他忍不住地感叹说："真没有想到，真没有想到，音乐还有这样大的魅力，能让人快乐发狂到这般的田地！"

口腹之欲不如精神上的愉悦来得满足，由此可以得到一例证明。

四

孔子不但喜欢唱歌、弹琴，而且自己还颇能作曲。

通过音乐这个媒介，孔子不但找到了认识世界的方法，也找到了抚平自己心灵伤口的最好疗伤的药物。

孔子周游列国，一直未能得到所到国国君的赏识和重用，他十分失望，抱着生不逢时、怀才不遇的情绪，先后作有《猗

───────────────
① 《论语·述而》。

兰操》《将归操》《龟山操》等古曲。

　　关于孔子鼓琴，《论语》及其他文献多有记录，如《史记·孔子世家》言"诗三百，孔子皆弦歌之"，可见孔子是弦歌之高手。关于孔子弦歌古琴，《庄子·渔父》中也有相关记载：

　　孔子游乎缁帷之林，休坐乎杏坛之上。弟子读书，孔子弦歌鼓琴。

　　关于孔子擅长弦歌的创作，我们不必再做更多的说明，但有一点必须明确，当时的弦歌不止于琴，瑟也是常用的乐器，孔子也擅长瑟的演奏，《韩诗外传·卷七》中有如下记载：

　　昔者，孔子鼓瑟，曾子、子贡侧门而听。曲终，曾子曰："嗟乎，夫子瑟声，殆有贪狼之志，邪僻之行，何其不仁，趋利之甚。"子贡以为然，不对而入。夫子望见子贡有谏过之色、应难之状，释瑟而待之。子贡以曾子之言告。子曰："嗟乎，夫参，天下贤人也，其习知音矣。向者丘鼓瑟，有鼠出游，狸见于屋，循梁微行，造焉而避，厌目曲脊，求而不得，丘以瑟淫其音，参以丘为贪狼邪僻，不亦宜乎？"

　　至于孔子以瑟弦歌，也可以从《论语》中找到根据：

　　孺悲欲见孔子，孔子辞以疾，将命者出户，取瑟而歌，使之闻之。[①]

————————
① 《论语·阳货》。

关于孔子创作的《猗兰操》，《乐府诗集》中说：

> 孔子自卫反鲁，见香兰而作此歌。《琴操》曰：
> 《猗兰操》，孔子所作。孔子历聘诸侯，诸侯莫能任，自
> 卫反鲁，隐谷之中，见香兰独茂，喟然叹曰：兰当为王者
> 香，今乃独茂，与众草为伍。乃止车，援琴鼓之。自伤不
> 逢时，托辞于香兰云。《琴集》曰：《幽兰操》，孔子所
> 作也。①

孔子生不逢时，作为伟大的思想家、教育家，他的政治思
想始终未能在当时得到重视，更未能得以实施，是其终生大
憾。故见幽兰独茂，乃生遇非明主之慨叹。

其词曰：

> 习习谷风，以阴以雨。之子于归，远送于野。何彼
> 苍天，不得其所。逍遥九州，无所定处。时人暗蔽，不知
> 贤者。年纪逝迈，一身将老。②

再看《将归操》，一名《息陬操》，是操在古曲12操中名
列第一，《乐府诗集》中说：

一曰《息陬操》，《琴操》曰：《将归操》，孔子所作
也。《孔丛子》曰：赵使聘夫子，夫子闻鸣犊与窦犨之见杀
也，回舆而旋，为操曰《将归》。《史记·孔子世家》曰：
孔子既不得用于卫，将西见赵简子，至于河，而闻窦鸣犊、舜
华之死，临河而叹曰：美哉，水洋洋乎，丘之不济此，命也

---

① 《四库全书》集部，总集类，《乐府诗集》，卷五十八。
② 同上。

夫。子贡曰：何谓也？孔子曰：窦鸣犊、舜华，晋国之贤大夫也，赵简子未得志之时，须此两人而后从政，及其已得志，杀之乃从政。夫鸟兽之不义也，尚知辟之，况乎丘哉！乃还，息乎陬乡，作为《陬操》以哀之。徐广曰：窦鸣犊、舜华，或作"鸣"铎、窦犨。王肃曰：陬操，琴曲名也。①

这里将《将归操》的写作背景记录得颇为详细，孔子感叹自己命运不济，赵简子卸磨杀驴，都是其趋义避祸、归忍陬乡的根由。其词曰：

翱翔于卫，复我旧居。从我所好，其乐只且。②

关于《龟山操》，朱长文《琴史》记录得较为详细：

孔子生周之季，逢鲁之乱，辙环天下而不遇于世。当定公十四年，孔子年五十六，由大司寇摄相事。齐人闻而惧，谋间鲁以疏孔子，于是盛饰女乐，以遗鲁君。时季桓子专政，亦不悦孔子之用也，乃受女乐，君臣游观，三日不朝。孔子以谓鲁君臣之志荒，不在于治，不足与有为，遂去之他邦。歌曰："彼妇之口，可以出走。彼妇之谒，可以死败。盖悠哉游哉，聊以卒岁。"然犹徘徊不忍去，复回望鲁国，而龟山蔽之，乃叹曰："季氏之蔽吾君，犹龟山之蔽鲁也。"故作《龟山操》，其词有云："手无斧柯，奈龟山何？"斧以喻断，柯以喻柄。无断割之柄，则不能去季氏也。③

《琴操》中所记录的歌词如下：

---

① 《四库全书》集部，总集类，《乐府诗集》，卷五十八。
② 同上。
③ 《四库全书》子部，艺术类，琴谱之属，琴史，卷一。

余欲望鲁兮，龟山蔽之。手无斧柯，奈龟山何？①

像上面这样的音乐创作，孔子一生中还有不少。

《诗经》是由孔子所编纂的我国第一部诗歌总集。它包括了从西周初年到春秋中期上下几百年有代表性的诗歌。仅仅"风"就收集了十五国的民歌，这些歌的"流域"，东到今天的山东省，北到今天河北省的南部，西至今天甘肃省的东部，南至今天湖北省的长江沿岸。要完成这些诗歌的审核编辑，其工作量是浩大而艰巨的。

为了编辑诗歌集，孔子根据周朝收集流传下来的三千多首诗歌，进行实地采访和核对，认真仔细地分析和比较，遵循去粗取精、去伪存真的原则，从中选出了三百零五篇，按"风""雅""颂"的次序进行编排，汇集成我国第一部诗歌总集，这就是今天的流传本《诗经》。

孔子喜欢民歌，他认为民歌来自民间，反映了人民群众的生活，内容丰富多彩又健康活泼。音乐悦耳动听，有群众基础。所以他在编辑诗歌集时，特别偏重将民歌收集入册。翻开《诗经》目录，总共只有三百零五篇的诗歌集，其中的"风"就占了一半以上，共一百六十篇。

孔子在编辑《诗经》时，十分注重它们的音乐价值。他选编的标准，除了看内容好不好，还要听音调美不美。

子曰："吾自卫反鲁，然后乐正，雅颂各得其所。"②

孔子在自卫返鲁后，对有关乐章按内容整理，归并到风、

---

① 《四库全书》子部，类书类，北堂书钞，卷一百九。
② 《论语·子罕》。

雅、颂三类中，把入选的三百零五篇诗歌，用琴一首一首地弹奏，并且一遍一遍地反复吟唱，直到认为可靠、满意为止。这一点，也可从司马迁那里得到证明：

> 三百五篇，孔子皆弦歌之，以求合《韶》《武》《雅》《颂》之音。礼乐自此可得而述，以备王道，成六艺。①

在孔子晚年时，这本中国现存最古老的诗歌曲集终于在公元前484年编辑而成。尽管由于历史的局限，后世没有留下孔子的曲谱和音乐，但就是这本没有乐谱的歌词总集，为我们中华民族，乃至世界的音乐文化宝库，留下了一份极其珍贵的文化遗产。

五

孔子把音乐看得十分重要。他认为礼乐对国家，是治国平天下的法宝；对个人，是修身立业的根本。他在教学中所开设的六艺——礼、乐、射、御、书、数中，把音乐摆在了第二位。

孔子将音乐提高到治理国家的重要高度。他认为：

> 乐云乐云，钟鼓云乎哉？②

在孔子的眼中，乐，并非仅指钟鼓乐器而言，而是应该上升到治理国家移风易俗的层面加以对待。

---

① 《史记·孔子世家》。
② 《论语·阳货》。

有一天，颜渊向孔子请教如何治理国家，孔子说："用夏代的历法，坐殷朝的车子，戴周朝的礼帽，音乐演奏《韶》《舞》，舍弃郑声，远离谄媚的小人。郑国的音乐淫荡，谄媚的小人危险。"①

又有一天，子路问孔子："老师，学生怎样才能成为一个完人？"

孔子回答说："要有臧武仲的智慧，公绰的廉洁，卞庄子的勇敢，冉求的才艺；在这些之上，再加上礼和乐的修养，也就可以称为完人了。"②

孔子认为一个人的修养的步骤，应该是："兴于诗，立于礼，成于乐。"③音乐可以陶冶人的性情，让人的心灵得到升华。因此，在音乐学习方面，他对学生的要求十分严格。

有一次，孔子让子路把所学的瑟演奏一遍。子路赶忙摆好瑟，为老师奏起了瑟曲。因为紧张，乐曲演奏得不够流畅，更谈不上充分表现乐曲的思想感情。孔子很不满意，他严肃地批评道："子路呀！难道老师是这样教你的吗？这样浅薄的演奏，简直没有入门。"子路惭愧极了，连忙承认了错误，并表示今后一定加倍努力。这时，孔子才把这首乐曲的指法和技巧耐心地为子路讲解了一遍，并帮助子路仔细地分析了乐曲各段的思想感情以及其中的内涵。

由于遭到孔子的批评，"门人不敬子路"。为了替子路挽回面子，孔子不得不耐心告诉学生们：

---

① 《论语·卫灵公》。
② 《论语·宪问》。
③ 《论语·泰伯》。

由也升堂矣，未入于室也。^①

　　因为学生们瞧不起子路，孔子替子路说道："其实仲由的学问已经不错了，只是还没有学到家而已。"

　　在音乐课上，孔子在为学生讲授《关雎》这首民歌时，他认为《关雎》内容的质量极高："《诗》三百，一言以蔽之，曰：思无邪。"^②在讲解歌词时，孔子说这首诗"乐而不淫，哀而不伤"。^③认为这首诗歌表现了快乐的情绪，但并不下流；表现了悲哀的感情，但一点儿也不颓丧。在分析乐曲时，孔子指出：

　　《关雎》之乱，洋洋乎盈耳哉！^④

　　称赞整首歌曲和谐、鲜明，有条理，真是动听得很。

　　听了孔子的讲授，学生们再来演唱《关雎》时，感觉就完全不一样了，更能把握其内涵，全方位迅速地掌握这首歌曲的全部内容。

　　总的看来，孔子的音乐教育是成功的。

　　他有个学生叫子游，在武城做地方官，管理地方之事，实行老师所教的主张。当孔子带着学生游历到武城时，听到传来的阵阵琴声，孔子会心地笑了。^⑤

---

① 《论语·先进》。
② 《论语·为政》。
③ 《论语·八佾》。
④ 《论语·泰伯》。
⑤ 《论语·阳货》。

第九章
与阳虎的恩怨

一

周王朝的历史到了春秋时期便开始急转直下，西周封建制度开始遭遇严峻的考验，周天子再也无法像往日那样号令天下了。各国诸侯之间相互征伐，大欺小，强压弱，大鱼吃小鱼，小鱼吃虾米，乱局已成，这是当时的国际形势。具体到各个诸侯国内，主政的卿大夫侵凌公室，渐渐执掌权柄，诸侯国君大权旁落，太阿倒持，也使内乱四起，生民涂炭。

在这个时代，礼崩乐坏已成大势所趋。"犯上"似乎成为了一种潮流。鲁国，也不能例外。从鲁文公开始，鲁国的政坛就开始被三桓主宰。截至孔子时代，这种局面已经持续了五世（宣公、成公、襄公、昭公、定公）。鲁国人已经习惯听从卿大夫之命，国君大权旁落，处在一个尴尬的境地。

从另一方面看，这个时代，倒也是一个英雄辈出的时代。激烈的社会动荡，权力场上你死我活的尖锐斗争，把一批具有真才实学，或者具有应变能力者推上了历史的前台。时代需要强者，需要开创者，需要做事者，也需要理论创新者。

阳虎与孔子两人，都算得上是这个时代的弄潮儿。

在这个时期，季孙氏家臣阳虎脱颖而出，控制了主人家中的实权，进而干预鲁国的政治。家臣地位的骤然上升，导致鲁国的权力格局进一步复杂化。从阳虎开始，大夫的家臣开始代替大夫，渐渐掌控国家实权。鲁国的政坛，出现了国君、卿大夫与家臣三方共同博弈权力的新格局。

鲁国的春秋史上，从此形成了"陪臣执国命"的极不正常的局面。

对于这种时运的变化，手无寸铁的孔子感到困惑，更感到力不从心。他只能凭借自己的一腔热血，发出愤怒但无力的呐喊：

天下有道，则礼乐征伐自天子出；天下无道，则礼乐征伐自诸侯出。自诸侯出，盖十世希不失矣；自大夫出，五世希不失矣；陪臣执国命，三世希不失矣。天下有道，则政不在大夫；天下有道，则庶人不议。①

这个论断表明，孔子虽然无力改变现状，但他对当时的乱世情形却有着清醒的判断，有着不同于常人的十分明确的认识。

孔子认为，大夫执掌国柄及家臣从主人手中夺权，这都是以下乱上的极不正常的现象。这种情况，不应该成为常态，也不能够长久存在下去。因而，他才会说："世道清明，制作礼乐和发令征伐的权力都出自天子。世道混乱，那么制作礼乐和发令征伐的权力都出自诸侯。出自诸侯，大约传至十代很少有不失去的；出自大夫，传至五代很少有不失去的；大夫的家臣操纵了国家的政令，传至三代很少有不失去的。世道清明，政令就不会出自大夫。世道清明，民众就不会议论政治。"

孔子感叹世运的糟糕。

关心国家政治命运的孔子，从历史与现实两个角度求证，

① 《论语·季氏》。

进而得出了自己的结论。

所谓"十世""五世""三世",是孔子大体根据齐、晋、鲁三国的历史和现实情况推而言之。齐自桓公称霸至孔子此时,历无亏、孝公、昭公、君舍、懿公、惠公、顷公、灵公、庄公、景公十君而陈氏渐大,民心归陈。晋自文公称霸至孔子此时,历襄公、灵公、成公、景公、厉公、悼公、平公、昭公、顷公、定公十君,政权完全落到六卿尤其是智氏、韩、赵、魏四家的手中。鲁自大夫季友专国至季桓子,前后五代而出现陪臣阳虎执国命的情况,孔子预测,这种政权最多三代也要垮台。

如此,孔子提出了自己的政治观点:政权越是下移,政治危机就来得越快。为避免社会动乱,政治秩序应恢复到"礼乐征伐自天子出"的格局,即收归军政权力于天子,建立以周天子为首的权力相对集中的统一国家。就各个封国来说,也要加强国君的权威,消除大夫专国、政出多门、争乱不已的局面,以实现社会的安定与统一。孔子这种在政治上要求集中统一的主张,是他为解决当时政治问题所开出的药方。

《论语·颜渊》中说:

颜渊问仁。子曰:"克己复礼,为仁。一日克己复礼,天下归仁焉。为仁由己,而由人乎哉?"颜渊曰:"请问其目。"子曰:"非礼勿视,非礼勿听,非礼勿言,非礼勿动。"颜渊曰:"回虽不敏,请事斯语矣。"

在孔子看来,春秋是一个无道的时代,要想建立一个有道的天下,就必须实行中央集权,重建周王的权威,重新建立"君君臣臣父父子子"一套有秩序的政治与社会模式。而要实现这个目标，首要的办法就是从周天子、诸侯、卿大夫到士农工商各阶层人等，都需要"克己复礼"，以共同实现"天下归仁"的远大目标。

二

阳虎，字货，鲁国季孙氏的家臣，《论语》称他为阳货。

阳虎是一个十分能干且颇有野心的人物。季氏数代把持鲁国朝政，到了孔子办学成名之时，阳虎也把持了季氏家族的权柄。阳虎与孔子年纪相仿，可能略大于孔子。

据司马迁在《史记》中记载，孔子与阳虎相识得很早。

鲁昭公七年，孔子17岁时，母亲过世，孔子为母守孝在家。就在这时，季孙氏设宴招待"士"。孔子听说后，涉世未深的他，立刻兴冲冲地腰扎孝带前往参加。但在季氏家的大门口，被季氏家一个家臣拦在了门外。此人叉着腰说："季氏宴请士，不是招待你。"把孔子晾在了门外。

这个刻薄的家臣正是阳虎。

孔子贸然赴宴而被拒，这给孔子一个不小的刺激。这使孔子意识到，上层社会并没有把他放进士林，要想在社会上安身立命，得到各阶层的普遍尊重，取得一定的社会地位，重返贵族的行列，只有靠自己的努力，做生活的强者。

阳虎为何如此不给少年孔子面子，我们不得而知。我们只知道，在任何时代，底层的政治生态都是十分现实和残酷的。在春秋时期，高层官员都是世袭的贵族。官一代的儿子就是"官二代"。那时没有科举，没有高考。寒士要想跻身政坛，除了先到权贵人家担任家臣寻找机会外别无出路。家臣地位虽低，但也有一定的实权，负责大夫家的私人事务，容易接近执掌权柄者并得到他们的信任。

孔子的家庭，不属于社会最底层。孔子的祖先是殷朝的王者，先祖是宋国的贵族，因为政治迫害避难到了鲁国。孔子的父亲叔梁纥是鲁国小城邹邑的大夫，在孔子三岁时就去世了。从幼年起，孔子家境已经和普通的老百姓没有任何区别。阳虎不认可孔子士的身份，拦他也不能说不对。

就在被阳虎拦住后不久，孔子也进入了季孙氏家，与阳虎一样，做起了季孙氏的家臣。

孔子在季孙家的具体情形，史书记载很少，今天已经很难说得清楚了。

司马迁只是说：

孔子贫且贱。及长，尝为季氏史，料量平；尝为司职吏而畜蕃息。①

从上述有限的史料来看，孔子曾在季氏家做过管理仓库、放牧牛羊的工作。

孟子说：

孔子尝为委吏矣，曰："会计当而已矣。"尝为乘田矣，曰："牛羊茁壮长而已矣。"②

从孔子在季氏家所做的工作种类，如"乘田"，如"委吏"，也可看出，都是些低级层面属于技术性的具体且卑贱的工作。对于季孙氏而言，身边不缺乏阿谀奉承之辈，多的

---

① 《史记·孔子世家》。
② 《孟子·万章下》。

是谄媚与溜须者，然孔子不屑于做这些。因此，在季氏家，孔子很可能因为他孤直的性格，不太可能接近到季孙家的权力中枢，从而对他的仕途与前景产生影响。虽然孔子在工作中勤勤恳恳、十分地认真，但他并不快乐。30岁前，孔子就辞了季孙氏家的工作，从此开始他收徒办学，确立自己人生目标的大事业。

与孔子的不得意正好相反，在季孙家，阳虎的政治人生却发挥得异常精彩。随着主人季平子对他的不断宠信和重用，阳虎在季氏家的地位与权势不断地上升，最后甚至发展到一介家臣成为鲁国权力中心的主宰的地步。孔子将这种现象称为"陪臣执国命"。

陪臣是指臣的臣。季桓子是鲁国国君的臣下，阳虎则是季桓子的家臣，对于国君来说，阳虎就是臣的臣，所以称为陪臣。家臣阳虎掌握了鲁国政治大权，孔子就被称其为"陪臣执国命"。

据司马迁记载：

桓子嬖臣曰仲梁怀，与阳虎有隙。阳虎欲逐怀，公山不狃止之。其秋，怀益骄，阳虎执怀。桓子怒，阳虎因囚桓子，与盟而醳之。阳虎由此益轻季氏。季氏亦僭于公室，陪臣执国政，是以鲁自大夫以下皆僭离于正道。故孔子不仕，退而修诗书礼乐，弟子弥众，至自远方，莫不受业焉。①

孔子47岁时，鲁国执政季平子去世。在葬礼如何安排的问题上，阳虎和季孙家另一位家臣仲梁怀发生了争执。阳虎说，

---

① 《史记·孔子世家》。

主公生前实际权力等同诸侯，主公死后就应当按照诸侯之礼下葬。仲梁怀拍桌子反对，因为季桓子对仲梁怀的支持，最后，葬礼没能按照阳虎的意愿进行。阳虎对此十分生气，后来借故把仲梁怀赶出了鲁国。尽管史书没有明确记载阳虎此时在季孙家的实际职务，但可想而知他已经绝非一个等闲之辈。

季平子葬礼事件接下来的事态发展，更证明了阳虎的实力。阳虎驱逐仲梁怀，惹怒了季平子的接班人季桓子。季桓子要给阳虎一点儿厉害。不料，还没等季桓子动手，阳虎就已经察觉。他先下手为强，带着一帮人将季桓子绑了起来，同时将季桓子的同党全部清除。进而，他全面左右季氏家务，挟制季桓子执掌国政。从此，阳虎连季桓子也不放在眼里。

司马迁说"阳虎由此益轻季氏"。

孔子48岁时，阳虎的权力达到了巅峰。《左传》记载，这一年鲁国侵犯郑国。战斗中，"阳虎使季、孟自南门入，出自东门"。同年，季桓子到晋国向晋君献礼，阳虎则强迫孟懿子到晋国问候晋君夫人。季孙、孟孙作为鲁国上卿，却要听从家臣阳虎的命令，可见阳虎的权力在当时已经有多么的嚣张。

不仅如此，阳虎在这一年，"又盟公及三桓于周社，盟国人于亳社，诅于五父之衢"。历史表明，阳虎权势鼎盛之际，在鲁国，不仅三家大夫，就连国君和国人都要和阳虎盟誓，才能换得安宁。此时，阳虎已经俨然成为实际执掌鲁国权力的第一人，以此为标志，阳虎取得了"陪臣执国命"的合法地位。这位出身微贱的季氏家臣，凭借自己的智慧与权谋，一时成为鲁国权力中心的主宰。

对于阳虎炙手可热、飞扬跋扈、不可一世的权势，孔子遵循天下有道则现无道则隐的做人原则，潜心办学与对古典文献的整理与学习，拒绝出仕，远离政治是非之地，不与阳虎之流同流合污。这一时期，孔子的办学事业突飞猛进，他的学生越来越多，"弟子弥众，至自远方，莫不受业焉"。

三

阳虎执掌国命以后，为了巩固自己的地位，积极笼络人才，培植势力。在鲁国文化界早已经声名鹊起的孔子，此时自然就成为阳虎争取的对象。

尽管30多年前，阳虎以孔子不入士林而将他拒之门外，但现在双方的身份和地位都已经今非昔比，孔子的道德学问人品均已为世人所公认，争取孔子的合作，显然能扩大他的影响，有利于巩固他的政治地位。

另外，或许阳虎认为，在强公室、不满季氏专权等方面，他与孔子有着一致的地方。因此，只要他主动抛出橄榄枝，孔子是会积极配合他的。

孔子则秉执"道不同不相为谋"的理念，不仅看不惯季氏违礼行为，也同样不愿意与阳虎合作。不过，孔子不愿意得罪阳虎，因此，他采取了躲避的办法，避免和阳虎见面。

阳虎是个富有政治经验和心计的人。当他觉察孔子不愿相见的态度，就设计出一个法子迫使孔子出来相见。他趁孔子不在家的时候，派人将一只蒸熟的乳猪送到孔子家中。

按照当时的礼节，大夫对士人有所赏赐时，如果士人没能在家拜受，就要亲自到大夫府上答谢，否则便是失礼。阳虎虽然是个家臣，但是当时执掌鲁国大权，地位相当于大夫，孔子应该依礼到阳虎家中道谢。面对阳虎的行为，孔子以其人之道还治其人之身，他决定选择阳虎不在家的时候前往拜谢，这样既不失礼，又可避免与阳虎见面。

谁知事情偏偏凑巧，在孔子回家的路上，正好与乘车而来的阳虎撞个对面。既然无法躲避，只好硬着头皮上前施礼，与阳虎相见。

《论语·阳货》篇留下了二人一段相当精彩的场景和对话：

阳货欲见孔子，孔子不见，归孔子豚。孔子时其亡也，而往拜之。遇诸涂。谓孔子曰："来！予与尔言。"曰："怀其宝而迷其邦，可谓仁乎？"曰："不可！"好从事而亟失时，可谓知乎？曰："不可！""日月逝矣，岁不我与。"孔子曰："诺，吾将仕矣。"

阳虎却叫住孔子说："来！我有话对你说。"

孔子只好礼节性地走近一些，硬着头皮去听阳虎讲话。

阳虎问道："自己空有一身本领，却听任国家混乱不管，这称得上仁吗？"

孔子没有回答。

阳虎自答："这不能称为仁！"接着又问："一个人喜欢做官，却屡屡错过机会，这能叫聪明吗？"

孔子仍未回答。"称不上智！"阳虎仍自己答道。然后话锋一转，劝诫说："日月逝矣，岁不我与。"

孔子虽对阳虎没有好感，但这突如其来的见面以及阳虎近乎粗鲁的坦率却让孔子措手不及。尤其是"日月逝矣，岁不我与"这句话，激起了孔子心中的波澜。孔子突然感到，他的十余年清净自适般的隐士生活不能再继续下去了。

于是，处变不惊的孔子道出了这样一句话："好吧，我愿意出来从政。"

不过，孔子只说他愿意出来做官，却并没有答应做阳货所给的官。

阳虎和孔子，一个是史书中的大奸大慝，一个是人们心目中的至圣先师，二人就这样在《论语》中展开了对白。让人感到意外的是，阳虎的表现可圈可点，而孔子却显得多少有点手足无措。阳虎层层设问，步步紧逼。孔子在阳虎面前，似乎并没有多少发言机会。就像少年时期一样，阳虎一句"季氏没请你"，就把孔子打发了走了一样。而这次，阳虎同样没用几句话，就逼得孔子不得不道出"我将出仕"的心里话来。

《论语》是一本语录体的言论集，主要记载的是孔子和别人的对话或言谈。我们可以看到，孔子无论和弟子对话，还是和国君、贵族对话，都始终不慌不忙，掌握着气场和谈话节奏。唯独和阳虎的相逢，孔子似乎被阳虎的气场镇住了。一个唯唯诺诺，一个霸气十足。《论语》的此段文字，格外着实让我们吃惊。孔子与阳虎这次戏剧性的对话就这样很快结束了。然而，阳虎最后一句颇富哲理意味的话，就像一枚石子投进孔子风平浪静的心海，激起了万丈波涛，孔子再也不能像往日那样平静如初。

聪明而又善窥人心思的子贡看出了老师的心思，就转弯抹角地问老师：

有美玉于斯，韫匮而藏诸？求善贾而沽诸？

我有一块美玉，是把它放在柜子里收藏起来，还是找一位识货的商人把它出手卖掉呢？

孔子回答说："卖掉它，卖掉它，我正等待识货的贾者呢！"[1]

---

[1] 《论语·子罕》。

可是，从孔子三十而立直到五十不惑，这样的贾者一直没有出现。阳虎算不上识货的贾者。在阳虎执政的情况下能做些什么呢？孔子只能坚持"有道则见，无道则隐"①的信条，耐得寂寞，继续等待时机。

四

孔子与阳货有很多相似或者说是相同的地方。

孔子少年贫寒，阳货亦如此；

阳货从季氏家臣起家，孔子也曾有着过这样的经历与梦想；

少年当自强。

无论是孔子，或者是阳货，二人都不甘心平庸终生，都有理想与雄心壮志，都想成为他们那个时代的弄潮儿。

然而，二人也有不同的地方。

孔子虽然出身贫寒，但毕竟是宋国贵族的后裔，祖先尊贵的血统，使得他很容易就能找到文化上的自信；阳货则无法选择出身，他出身于一个庶民的家庭，少年因生计而到季孙氏家中谋生，这使他一生虽然胆大无边，但内心深处却一直处在自卑的状态。

阳虎有术无学，机警过人，足智多谋，胆大包天，肆意妄为，直率粗鲁；孔子则有学乏术，勤奋好学，温文尔雅，仁慈宽厚，通贯古今，迂执而乏应变的能力。

阳虎做事果断有力，不计后果，擅长于以暴制暴，不按规矩出牌；孔子则试图用温良恭俭让，来对抗无处不在的政治险恶。他处处循规蹈矩，固守君子"固穷"信念。

阳虎因做事能力强而一度技压鲁国的政坛群贤；孔子则因学

① 《论语·泰伯》。

习能力强而探索出一条适合自己生存与发展的创办私学之路。

阳虎因权谋兴，亦因权谋亡；孔子则靠治国平天下的理想和信念，不断升华自己，最终成为一代学人的大宗师。

史书上说：在政坛上，阳虎唯一欠缺的，就是一个耀眼的贵族头衔。为此，他利用三家当权派之间的矛盾，成功鼓动起了三家中郁郁不得志的力量。季孙家的季寤，觊觎兄长季桓子的位置已久。叔孙氏家族的庶出子弟叔孙辄，也一直想当上叔孙家的"一把手"。阳虎大胆计划，血洗鲁国高层。事成之后，扶植季寤、叔孙辄两人登上季孙和叔孙族长之位，而自己则取代孟孙，彻底漂红自己的微贱出身。

孔子和阳虎谈话后不久，阳虎就发动了消灭三桓的政变。三家被阳虎逼到墙角，却爆发出了惊人的力量。三桓联合发兵攻打阳虎，阳虎军队终于被打败。阳虎败后，并没有低下头想着逃走。他脱掉铠甲，闯进鲁王宫内，取走了鲁国两件宝贝——宝玉和大弓。王宫之人眼睁睁看着阳虎潇洒地进入王宫，潇洒地走出王宫，没有一个人上前阻拦。阳虎从王宫出来后，在五父之衢美美睡了一夜，随从劝道："快跑吧，三家的追兵到了。"阳虎轻蔑地笑了笑说："鲁国人听说我走，都庆幸自己可以晚死几天，如何还会有时间来追我？"事情的发展，还真如阳虎所料，鲁国没人敢来追赶。于是，阳虎悠哉游哉地溜进了齐鲁边境的阳关，然后奔齐，投宋，最后逃往晋国，成为晋国正卿赵简子的家臣。

而唯唯诺诺的孔子承诺出仕后，并没有立即出山，选择了继续等待。但孔子和阳虎的缘分，并没有随阳虎的落败而告终。孔子和阳虎长得十分相似。孔子周游期间，一次路过匡地，匡人听说后，以为鲁国的阳虎又来骚扰。以前，阳虎曾经暴打过匡人。匡人就将孔子拘留了起来。五天后，在众弟子的帮助下才得以脱险。因为阳虎，孔子躺着也中枪。这段经历，历史上称为"匡地之围"。

总而言之，阳虎和孔子的一生，年龄相似，出身相似，相貌相似，智商相似，年少时工作单位也相似。一个潇潇洒洒，敢作敢为，在权力的角逐场上极尽无限风光；一个本本分分，不断从心灵上解放与提升自己，虽在现实中处处碰壁，然九死而不悔，"路漫漫其修远兮，吾将上下而求索"。一个生前登上权力之巅，生命怒放，死后跌入深渊；一个生前理想挫折，唯唯诺诺，死后却极尽荣光。哪一种方式，更值得向往？在混浊的波涛中，随波逐流，像阳虎一样，做一时风光的弄潮儿？还是像孔子一样，在茫茫的雪野上，耐得住寂寞，做独钓寒江雪的孤独者？这本身就是个无解的问题。①

一切都似有定数。

一切却都又无常！

人生的命运，谁又能说得清呢？

① 李中华著：《孔二先生》，社会科学文献出版社2013年版，第41、42页。

第十章
仕鲁数事

一

阳虎事变后，鲁国政府为形势所迫，曾在世卿世禄制之外，一度打破任人唯亲的传统，到贵族之外去选择贤能的人充任公职。这为德才兼备而又出身寒门的孔子，提供了出仕的机缘。

阳虎失败逃离鲁国，使鲁国政局渐趋平稳。然而，现实中诸多政治问题仍然是矛盾重重。鲁定公希望借此机会加强中央集权，重建公室权威。各家大夫则企图趁机攫取更多权力和利益。高层之间的权益再分配继续成为突出的现实问题。如何调控鲁定公与三桓、三桓与其他贵族之间的冲突，避免因权益分配严重失衡而再横生祸乱，这都需要上层统治者拿出切实可行的措施。

阳虎事件是春秋时期家臣势力膨胀遗祸的典型缩影，是对三桓、鲁定公等上层执政贵族的严重挑战。阳虎在鲁都发动军事政变，以消灭三家大夫为目的，危害性极大。阳虎虽然失败逃走，但是他的同党公山不狃、叔孙辄等人依然占据费邑，窥测时机，发动叛乱。占据着叔孙氏、孟孙氏等贵族采邑的家臣侯犯、公若藐之流，也可能会步阳虎后尘。对他们既要利用，又须防范，弄不好就会发生祸乱。如何处理好执政贵族与家臣势力的关系，同样也是鲁国面临的严重政治问题。

不仅如此，在国际上，如何处理好与邻国特别是齐、晋等大国的关系，为鲁国争取一个安全有利的国际环境，同样是个难题。鲁定公七年、八年，齐国两次征伐鲁国西鄙；阳虎失败以后，以汶阳之田奔齐，汶阳之田遂为齐国占有。

诸如此类的种种棘手问题表明，鲁国的现实政治格局亟须调整，而上层贵族却显然缺乏合适人选，严峻的现实迫使统治者必须选拔贤能人物参政，以帮助他们渡过难关。

此时的孔子，品学兼优，弟子环集，受人尊敬，声誉甚高。他的一批学生多富有才干，可以担任各种官职。孔子反对家臣背叛邑主和陪臣执国命，在阳虎专鲁期间隐居不仕。阳虎事件中，孔子师生都保持清醒头脑，没有卷入。孔子与季氏早年有交往，叔孙氏对他没有恶感，孟孙氏的宗子孟懿子是他的学生。执政者各方都对孔子表示了较多的信赖，这为孔子出仕行道、施展才学提供了一个多年不遇的良机。

二

鲁定公九年，孔子出任中都宰，这一年，他已经51岁，过了天命之年的门槛。

中都是鲁国国君的采邑，位于鲁国西北部，位置大约在今山东汶上县次邱乡朱庄、湖口一带。中都宰略似后世的县令、县长，为当时地方行政长官。据有学者考证：中都自然条件相当不错，东部是平坦沃野，有汶水、泉水可溉，宜于农桑；西部属水草、鱼鳖、苇蒲富饶的大野泽，并有梁山等环护，利于渔牧。大野泽连接河道、沟渠颇多。其大者北可经汶水、济水、黄河而入海或抵燕赵；南可顺济水、泗水而达江淮或赴吴越；东可沿洙水、泗水和陆路进鲁都、至齐国；西可由古沁水、五丈河等旅秦、晋，交通便利，具有重要的战略地位。①

上任以后，孔子对中都精心进行了治理整顿。

关于孔子治理中都的情况，据《礼记·檀弓》中记载：

有子曰："夫子制于中都，四寸之棺，五寸之椁。"

《史记·孔子世家》也说：

定公以孔子为中都宰，一年，四方皆则之。

《礼记》《史记》对此记载，大多太过简略，语焉不详。《孔子家语·相鲁》对此记载得则稍微详细一些：

孔子初仕，为中都宰。制为养生送死之节：长幼异食，强弱异任，男女别涂，路无拾遗，器不雕伪；为四寸之棺，五寸之椁，因丘陵为坟，不封不树。行之一年，而四方之诸侯则焉。

根据上述资料，可以推想，孔子到任以后，一定是根据他长期总结形成的儒家政治理想的社会治理模式，结合中都的实际情况，主要在养生和送死两个方面进行规范与改革，重视礼治教化，重视经济发展。

经过孔子的努力，治理中都的时间虽然不长，但已经取得了明显的效果。"四方则之"，周边地方和邻国都来学习与

① 张宗舜、李景明著：《孔子大传》，山东友谊出版社2003年版，第244页。

效法。

鲁定公因此召见了孔子。他问道：

　学子此法，以治鲁国，何如？

孔子本来就对自己的政治主张充满信心，牛刀初试便获得成功更使他信心倍增。因此，他很自信地回答：

　虽天下可乎，何但鲁国而已哉！①

三

孔子治理中都仅一年就政绩斐然，誉名远播，显示出他具有卓越的行政管理才能。在这种情况下，鲁定公又提拔他为鲁国的司空的副手。

司空是管理国家最高工程建筑事务的长官。鲁国当时的司空是孟孙氏，小司空即司空的副职。

任小司空期间，孔子把工作管理得井井有条，并有较多机会与鲁定公、三桓等当权者接触。这既使孔子对鲁国上层社会内部情况有了较多的了解，也加深了他与鲁国执政者之间的信任关系。因此，不久，他就又被擢任为大司寇。

司寇是国家最高司法长官，掌管刑狱、纠察等事务。

短短时间里，孔子就多次获得提升。从升迁之速中可看出鲁定公、季氏欲重用孔子的迫切心情。孔子一介布衣，且人品正直，重用孔子暂时为当时执政者所一致同意。

孔子出任司寇的消息传出以后，立即在社会上引起一些

① 《孔子家语·相鲁》。

不法者听到孔子担任司寇的消息以后，感到恐慌。

据说，有个羊贩子，名叫沈犹氏，总是把买来的羊喂饱水，增加重量，然后才赶到市场上去卖掉。有个叫公慎氏的人，他对妻子淫乱之事不管不问。有个叫慎溃氏的人，平时为非作歹，扰乱社会秩序。有些牛贩子、马贩子，随意抬高市场价格。这些人知道孔子担任最高司法长官后十分惶恐。他们马上收敛，不敢再像从前那样作奸犯科。沈犹氏不敢再把羊饮足水去出售，公慎氏休了妻子，牲口贩子们也不敢乱涨价。至于慎溃氏，则赶紧逃离鲁国，跑到外地去了。[①]

当有人问孔子在审理诉讼案件中最理想的政策是什么时，孔子如实回答说：

必也使无讼乎？[②]

在孔子看来，要搞好司法工作，最重要的是预防为主，使各类诉讼案件不致发生。他因此提出：

不教而杀谓之虐。[③]

据史料记载，鲁国发生一起父子两人互相控告案，季桓子认为儿子控告父亲为不孝，主张把他杀掉。孔子没有采纳季氏的意见，只是把父子俩都拘留起来，三个月不做处理，直到父亲完全冷静下来，主动要求撤销自己对儿子的诉讼，孔子才

---

① 《荀子·儒效》。

② 《论语·颜渊》。

③ 《论语·尧曰》。

把父子俩同时释放。季桓子不满意这样的处理办法，认为这不合"以孝治民"的原则。孔子听说后，向自己的学生再有解释说：

　　未可杀也。夫民不知子父讼之不善者久矣，是则上过也。上有道，是人亡矣。

　　不教而诛之，是虐杀不辜也。三军大败，不可诛也；狱讼不治，不可刑也。上陈之教而先服之，则百姓从风矣，躬行不从而后俟之以刑，则民知罪矣。夫一仞之墙，民不能逾，百仞之山，童子升而游焉，陵迟故也！今世仁义之陵持久矣，能谓民弗逾乎？①

　　因为多年处在下层社会，孔子对官府不教而诛的现象有深刻的认识。孔子认为，之所以出现这种父子相互诉讼的问题，责任在政府教化不力。如果因为不孝就处死他们，岂不是滥杀无辜？为政者乱其教，繁其刑，使民众不辨是非，误入歧途，而又施之刑罚。其结果只能是刑法越来越繁乱，社会犯罪行为反而不能得到有效的制止。

　　司马迁说：

　　（孔子）与闻国政三月，粥羔豚者弗饰贾；男女行者别于涂；涂不拾遗；四方之客至乎邑者不求有司，皆予之以归。②

　　由于孔子在治理工作中注重以礼治国，强化道德教化，因

---

① 《荀子·宥坐》，《说苑·政理》。
② 《史记·孔子世家》。

此出任司寇几个月后，鲁国的社会风气就开始明显改观。人们丢失的东西，无人拾来据为己有；市场上的商人不再投机垄断或随意涨落市场价格，不再出售劣质商品；尊敬长者，赡养老人，讲究谦让风气得到弘扬。因此，诉讼案件大量减少，几乎到了刑措不用的地步。

四

孔子仕鲁期间，因他在齐鲁夹谷之会上的成功外交，进一步为鲁国执政者所重用。

孔子做大司寇不久，便遇到"夹谷之会"这样的外交挑战。夹谷之会是齐、鲁两国改善关系而又斗争激烈的一次重要会议。

当时，齐强鲁弱，为有利于同晋国以及楚国抗衡，齐国急于得到中小国家的支持。齐鲁媾和，有利于两国的利益。鲁国与晋国都是姬姓国家，自从齐国霸业衰落以后，鲁国便转而事晋，一直是霸主国晋国的同盟。如今晋国霸业衰落，齐国重新出来争霸，楚国也虎视眈眈。虽然晋国仍为霸主，但是几个大国的势力均衡。国际形势的变化，要求鲁国对其外交策略加以调整。在当时情况下，利用齐晋抗衡的有利时机，与齐媾和，收回齐国侵占的汶阳之田，不失为一个好的策略。

鲁定公十年，两国君主在边界夹谷相会。

夹谷，山谷名，又名祝其，在今山东莱芜县境内，为当时齐鲁边境之地。

钱穆在其所著的《孔子传》第五章第三节中说：

殆是孔子力主和解，献谋与齐相会。三家惧齐强，恐遭挫辱，不敢行，乃以孔子当其冲。

为了赢得这次外交的胜利，两国在会盟之前都做了认真的准备。

夹谷之会，孔子担任鲁国相礼。

相礼，即礼仪总指挥，也就是在礼仪方面做辅助的副使。在会盟中，尤其是在国君会盟活动中，相礼的作用非常重要。相礼不仅要熟悉会盟过程中的各种礼仪，熟悉国际间的交往惯例，还要胆识兼备，智勇双全，能够有礼有理有节地为本国利益抗争。

春秋时期，国君出国，相君而行者非卿大夫莫属。鲁国也是如此。自从"三桓"专国政以来，国君之相礼都出自三家大夫，皆属卿职。如鲁昭公至楚国，就是由孟僖子担任相礼。孔子自幼习礼，又为相礼之儒，熟悉各种礼仪，曾经在齐国居留，与齐国君臣有过交往，比较了解齐国的情况，而且已经居大夫之位，显然是十分合适的出使人选，经过商讨，鲁执政者决定破格起用孔子担任相礼，这是对孔子莫大的信任。

对自己能被确定为相礼，孔子感到由衷高兴。同时，也感到责任重大。接受任务以后，孔子为这次会盟做了认真的准备。

赴会前，孔子建议鲁定公采取必要的军事防范措施。

他说：

臣闻有文事者必有武备，有武事者必有文备。古者诸侯出疆，必具官以从。请具左右司马。[1]

鲁定公听从了孔子的意见，带足了必要的军事力量。

___

[1] 《史记·孔子世家》。

会盟在一片乐声中开始，鲁定公和齐景公行简略的见面礼。礼毕，两国君主同时登上盟坛，举行正式仪式，拜祭天地，饮订盟的血酒，相互赠送象征和平的玉、帛等礼品，最后相互祝贺。

谁知仪式刚结束，附近一群莱人，手持旗旄，以及剑戟矛盾鼓噪而至。孔子见状，立刻明白了齐人想借莱人劫持鲁君的企图。于是他快步登上盟坛，两眼直逼齐景公，大声谴责齐国违背礼节，要求齐国撤退莱人。

孔子不惧不畏，凛然说道：

士兵之！两君合好，而裔夷之俘以兵乱之，非齐君所以命诸侯也。裔不谋夏，夷不乱华，俘不干盟，兵不逼好。于神为不祥，于德为愆义，于人为失礼，君必不然。①

齐景公见鲁国有所准备，只好挥手，让莱人撤离。

齐相礼黎弥见劫持鲁君的阴谋不能得逞，岂肯善罢甘休，于是又心生一计，请求演奏齐国宫中乐舞来侮辱鲁君，结果又被孔子有礼有节地破解。

最后，双方在盟约上又发生争执。

将要盟誓时，齐国不经鲁国同意，就单方面在盟约上加上一段话："齐师出境而不以甲车三百乘从我者，有如此盟。"意思是说，如果齐军出国征伐时，鲁国不派出三百辆兵车相随，就会像盟书所说的那样受到惩罚。齐国是根据当时小国服侍大国的惯例向鲁国提出要求。如果鲁国拒绝，则不仅会盟不成，鲁国还要承担失礼之过。在这关键时刻，孔子针锋相对。他临机应变提出反条件，要求齐国归还因阳虎奔齐而占领的

① 《左传·定公十年》。

汶阳之田。他立即命令鲁国随从官员也在盟书上加进一段话：

"而不反我汶阳之田，吾以共命者，亦如之。"①即如果齐国不归还我鲁国汶水之阳的土地，同样将会像盟约中所说的那样受到惩罚。

汶阳之田本属鲁国，阳虎失败，以之奔齐，遂为齐国占领，两国既然言归于好，便无理由继续占领。如果不归还鲁国的此地，不仅要担违礼之名，而且鲁国也肯定不会从命。于是齐国只好答应归还汶阳之田。而如果齐国归还了三处土地，其田赋也足以抵兵车三百乘之费用。孔子为鲁国争得了利益。

夹谷之会上孔子有胆有识、淋漓尽致的外交表现，给齐景公留下了深刻的印象。回国后，他还不满地责备群臣说：

　鲁以君子之道辅其君，而子独以夷狄之道教寡人，使得罪鲁君。为之奈何？②

夹谷之会外交上的胜利，显示了孔子的外交才干，大大提高了他的声望，也更增强了他在政治上大展宏图的信心。大约在这次外交成功的第二年，鲁定公与季孙氏又进一步提升孔子的官职，让他"行摄相事"。

五

孔子任大司寇兼"行摄相事"期间，做了一件令后世对之褒贬不一的事情。

这件事情，就是他诛杀了少正卯。

---

① 　《左传·定公十年》。

② 　《史记·孔子世家》。

定公十四年，孔子年五十六，由大司寇行摄相事，有喜色。门人曰："闻君子祸至不惧，福至不喜。"孔子曰："有是言也。'不曰乐其以贵下人'乎？"。于是诛鲁大夫乱政者少正卯。[①]

对于孔子诛杀少正卯的原因，《荀子·宽宥》中有这样的记载：

孔子为鲁摄相，朝七日而诛少正卯。门人进问曰："夫少正卯，鲁之闻人也，夫子为政而始诛之，得无失乎？"孔子曰："居，吾语女其故。人有恶者五，而盗窃不与焉。一曰心达而险，二曰行僻而坚，三曰言伪而辩，四曰记丑而博，五曰顺非而泽。此五者有一于人，则不得免于君子之诛，而少正卯兼有之。故，居处足以聚徒成群，言谈足以饰邪营众，强足以反是独立。此小人之桀雄也，不可不诛也。是以，汤诛尹谐，文王诛潘止，周公诛管叔，太公诛华仕，管仲诛付里乙，子产诛邓析、史付。此七子者，皆异世同心，不可不诛也。《诗》曰：'忧心悄悄，愠于群小'。小人成群，斯足忧矣。"

《孔子家语·始诛》也与《荀子·宽宥》中的记载大同小异：

孔子为鲁司寇，摄行相事，有喜色。仲由问曰："由闻君子祸至不惧，福至不喜，今夫子得位而喜，何也？"孔子曰："然，有是言也。不曰'乐以贵下人'

① 《史记·孔子世家》。

乎?"于是朝政,七日而诛乱政大夫少正卯,戮之于两观之下,尸于朝三日。

子贡进曰:"夫少正卯,鲁之闻人也,今夫子为政而始诛之,或者为失乎?"

孔子曰:"居,吾语汝以其故。天下有大恶者五,而窃盗不与焉。一曰心逆而险,二曰行僻而坚,三曰言伪而辩,四曰记丑而博,五曰顺非而泽。此五者有一于人,则不免君子之诛,而少正卯皆兼有之。其居处足以撮徒成党,其谈说足以饰褒荣众,其强御足以反是独立,此乃人之奸雄者也,不可以不除!夫殷汤诛尹谐,文王诛潘正,周公诛管蔡,太公诛华士,管仲诛付乙,子产诛史何,是此七子皆异世而同诛者,以七子异世而同恶,故不可赦也。诗云:'忧心悄悄,愠于群小。'小人成群,斯足忧矣。"

少正卯的问题《论语》中没有,门徒们也不说,不能排除孔子弟子有为其师尊者讳的意思在内。荀子记载此事,太史公也有此一说,从它的内容看来的确像是孔子学说中那种容不得异端思想的作风。也许这只是孔子为相事的一个小插曲。但自称尊礼的孔子如何可以以少正卯是邪门左道,就以大夫的身份而诛另一个大夫,而且罪名还是毫无根据的"莫须有"?要知道,少正卯并未放火、杀人、贪污、欺君、罔上、里通外国,他没有任何真正能够成立的罪名。要说他"乱政",但首先乱政、真正乱政的是三家大夫。诸侯失政,大夫当权,霸道愈远,何言王道?孔子如果真的要复礼,首先是要诛三桓,但那时候鲁侯已无大权,政出三家,何言王道?"朝闻道,夕死可矣"只是说说而已,天下大势已定,政在诸侯和大夫,王室卑微,已无望恢复。而孔子"行摄相事,有喜色",道是道,权是权，两码事。少正卯之被诛其实并不是乱政，而是在三家执政基础的稳定上起了"颠覆"的作用，但少正卯并未有推翻三家执政的阴谋，或是私结将军，或是弄权，他唯一的罪名是"思想问题"。[①]

"心达而险"：是说少正卯心思乖违，为人险恶。

"行僻而坚"：是说少正卯行为古怪，阴险固执。

"言伪而辩"：是说少正卯言论不实，但又头头是道。

"记丑而博"：是说少正卯装神弄鬼，精通于怪异之事。

"顺非而泽"：是说少正卯顺从不端的言行，且又能广施恩惠。

由上述内容看来，孔子认为少正卯该杀的原因主要是他思想有问题，即所谓"心诛"是也。至少看来，孔子诛杀少正卯，不能排除其有攻乎异端、消除异己的嫌疑。

六

夹谷之会的胜利，提高了孔子的声誉和地位，增强了鲁定公和执政大夫对孔子的信赖；代理相事又使孔子得以进入国家政治核心，手中掌握了相当权力。

夹谷之会的胜利，也为鲁国暂时赢得了比较安全的国际环境，这使孔子得以集中精力治理内政。孔子决定抛开一切干扰，全身心地推行他期待已久的政治理想，使"鲁一变，至于道"。

然而，这一切又谈何容易？

摆在孔子面前的现实情况与其他诸侯国家的现状大同小异：

第一，公室衰弱；

① 刘烈著：《重构孔子——历史中的孔子与孔子心理初探》，中国国际广播出版社 2011 年版，第 164—165 页。

第二，卿大夫掌政；

第三，陪臣执国命。

其时，定公虚位、三卿擅权、家臣控主的局面已成。要想改变鲁国的政治格局，强化君权，唯一的复兴之路就是强公室，抑大夫，贬家臣，达成权力的重新调整，彻底实现中央集权——鲁国国君集权。

强公室，即加强公室的权势，提高国君的实际统治权力，使国君真正成为国家的最高主宰。抑大夫，就是削弱执政大夫、特别是以季氏为首的三家大夫的实力和权势，使他们尊君、守臣道，不得僭越。贬家臣，即使大夫的家臣老老实实地效忠于主人，不得拥权跋扈，更不能干预国家的政治。

在孔子看来，治国理政首要就是治上。让当权者认真扮演好自己的角色，做好自己该做好的事情，"不在其位，不谋其政"，"君子思不出其位"[1]，严格遵守礼的等级规定，依礼行事，以身作则，做出表率。鲁国如能如此，就会影响天下，逐渐使各诸侯国"克己复礼"，达到尊天子，服诸侯，稳定统一的目的。这就是孔子关于家国天下的光荣与梦想。

正像孔子对春秋时代权力下移而引起天下混乱不满一样，孔子对鲁国国君虚位、三桓（特别是季氏）擅权以至家臣执国命的混乱状况非常不满。他提出的解决办法是"堕三都"，也就是先把三家的军事要塞拆除，进而将三家手中的军事力量收归国君所有。

孔子是如何与三桓周旋，又是如何根据鲁国的现实情况，从哪里作为突破口来推行自己的强公室主张的呢？

正当孔子谋划怎样着手的时候，侯犯据郈邑叛乱事件发生，为孔子实施他的计划提供了方便。

---

[1]　《论语·宪问》。

侯犯，叔孙氏的家臣，负责掌管郈邑马匹的马正，郈邑，叔孙氏的采邑，位于鲁国北部边境，在今山东汶上北。当时的邑宰是公若藐。

原来，叔孙氏的宗主叔孙成子想确定叔孙武叔为继承人，公若藐坚决不同意，劝叔孙成子改立别人，于是公若藐和叔孙武叔结下怨恨，后来叔孙武叔最终还是被确定为继承人，叔孙成子去世以后，他就继承叔孙成子做了叔孙氏的宗主。叔孙武叔等到他的地位稳固以后，就派遣郈邑马正侯犯去杀害公若藐，以消心头之恨。侯犯采纳手下一位管马人的主意，刺杀了公若藐。

侯犯奉命杀死公若藐以后，又转而反对叔孙武叔，据郈叛鲁。郈邑城防坚固，粮草充足，叔孙武叔两度率兵攻打都无法攻克。后来，求援郈邑工师（管理工匠）驷赤。驷赤施展计谋，先劝侯犯投靠齐国，又劝侯犯用郈邑和齐国交换一块土地。等齐国派人前来接受时，驷赤鼓动民变，围攻侯犯，逼其出国逃亡，事件才得以平息。

三都，是指季孙氏的费邑、叔孙氏的郈邑、孟孙氏的成邑。周朝时，各国分封大夫的领地上都有自己的城邑。因为大夫们都居住在国都，所以那些城邑一般都是委派家臣去管理。城邑中设有办事机构，长官为邑宰。邑宰下还设有各种官吏。有的城邑中还设有宗庙。大夫们不仅在那里发展经济，还发展武装，兴修军事设施，以壮大自己的实力，巩固其统治。在天子、国君权势强大时，对这类城邑的规格规模都有规定，不得超越。后来，随着天子、国君权势式微，有关规定被大夫们打破。有些城邑发展成规模较大、防御坚固的军事堡垒。三桓所建的三都，就是这种城堡。

三桓经营这些城邑的目的，本来是为了加强其家族实力，巩固其统治，可是后来反为他人作嫁衣，自受其害。一些有野心的家臣、邑宰盘踞其中，兴风作浪，把这些城邑作为反叛主子甚至攫取国家大权的根据地，威胁邑主或国家安全。先后发生了南蒯、阳虎和侯犯等人据邑叛乱的事件。

家臣、邑宰连续叛乱，不仅使季孙氏、叔孙氏等大夫深受其苦，而且干扰了国家的社会政治秩序，引起举国上下的普遍忧虑，都希望限制、打击家臣势力。孔子决定顺从众意，利用矛盾，打击家臣、拆毁三都。

鲁定公十二年夏，孔子提出了拆毁三都城墙的计划，得到了鲁定公的坚决支持。接着，孔子又去拜见三桓，得到了三家大夫的暂时支持，当时，子路正担任季氏家的总管，堕都计划就由子路代表季氏安排具体实施。

堕郈、堕费均在当年夏秋之际进行。堕郈进行得比较顺利，那里的叛党侯犯已于两年前逃亡，故公孙武叔帅师堕郈城时没有遭到抵抗。但叔孙氏作为邑主，拆除本邑城堡还要帅师前往，如临大敌，则说明堕三都一开始就有对抗性质。堕郈的举动惊动了盘据在费邑的公山不狃、叔孙辄等人，他们意识到费邑也会遭到同样对待。于是先发制人，在堕费之前，抢先带领费人偷袭鲁都。鲁定公和季桓子、武叔懿子、孟懿子等人没有防备，匆匆逃到季氏家中，登上武子台，试图凭借高台深榭进行抵抗。费人追至台下强攻，有的箭射到鲁定公身边，情况十分危急。孔子得到消息，立刻命鲁大夫申句须、乐欣率部反攻，将费人打退；城内居民也迅速拿起武器，乘势追击，在姑蔑（鲁城以东约90里）打败费人。公山不狃、公叔辄逃到齐国。事平，季桓子、孟懿子帅师堕费，子路荐举孔子的学生子高担任费宰。[1]

堕成安排在最后。成邑位于鲁国北境（今山东省宁阳县

① 《左传·定公十二年》。

北），距齐国边境不远。堕成这件事遭到成邑宰公敛处父的反对。此人头脑机敏，在阳虎事件中戡乱有功，深受孟氏器重。他对孟懿子说："毁掉成邑，齐人就可以无阻挡地直抵鲁国北门；成邑又是孟氏的保障，没有成邑，也就没有孟氏。您就假装不知道。我将不去毁它。"

公敛处父这席话道破了堕三都的要害，即抑三家以强公室的政治目的。如果说堕郈、堕费由于侯犯、公山不狃等人作乱，而使这一目的性受到掩盖，那么，当公山不狃等人被清除之后，再去堕毁成邑必然会使公室与三桓之间的矛盾凸显出来。因此，问题一经公敛处父指出，孟懿子便立即领悟过来。孟氏少时学礼于孔子，但事关切身利害，也只好不顾尊师旨意，于是对堕成佯装不知，按兵不动。

堕三都的深意大概也被季孙、叔孙觉察，故他们对孟孙的消极态度不作干预。堕成邑的计划就这样拖到这年12月，最后只好由鲁定公单方面行动，结果围成不克，失败而归。

堕三都是孔子在公室微弱、权力下移、政局动荡不休的形势下，试图利用家臣与大夫家之间的矛盾，以加强公室权力、实行国家统一的重要一环。堕成的失败，说明强公室的任务不能依靠三桓去实行，而鲁侯也无力实现它，这使孔子陷入极度的苦闷之中。

形势急转直下。

堕三都引起孟孙的反对和季孙、叔孙疑虑，这说明孔子已失去鲁当权贵族的信赖与支持。

孔子"行摄相事"之初，与季桓子关系尚好。史籍称孔子"行乎季孙，三月不违"。[①]这说明他们合作得不坏。但季桓子一旦觉察堕三都有损于己而利于公室时，便立即警惕起来。

---

① 《公羊传·定公十年》。

他回想鲁昭公时公室与先父季平子之间的那场拼斗，其情景犹历历在目。鲁昭公死后，季平子出于旧怨，把这位国君的坟墓葬在鲁公墓区道南，同道北的鲁先君墓隔开。孔子任司寇不久，在昭公墓外挖一条界沟，使其墓与鲁先君墓同在界沟以内的墓区合为一体。此时，季桓子想起这件事，联系到孔子堕三都的举动，因而对孔子失去了信任，以致孔子因为公务几次去见他时，他都表现得相当冷淡。

堕三都也引起孔子个别学生的反对。

除孟懿子或明或暗地站在反对立场上外，还有一个名叫公伯寮的学生趁机到季桓子那里说子路的坏话，①结果使子路无法继续担任季氏总管职务。这就使孔子在鲁政府中已经十分微弱的地位进一步受到挫折。

命运的转折来得如此突然，眼下发生的事态就像不久前擢任司寇和行摄相事来得那样急促。尽管孔子鉴于国内的复杂环境而对可能产生的各种后果有所准备，但当厄运突然出现时，仍不免为自己无力改变现状而沮丧。

大概就在堕成失败不久，孔子大病一场。他意识到，自己的政治生涯就要终结了。他大声质问苍天：

"我的主张能实行吗？这是命运，不能实现吗？"②

与三桓贵族关系的破裂，不但结束了孔子的政治生涯，接下来更严重的是，他在鲁国已无容身之地。

政治上失败的孔子，从此被迫踏上了长达14年的国外流亡之路。

---

① 《论语·宪问》。
② 《论语·宪问》。

第十一章
子见南子

一

卫国是孔子离开鲁国后所去的第一站。卫灵公漂亮的夫人南子，注定要成为生前帮助孔子、死后却要为孔子招惹来无穷麻烦的一个神奇女子。就是这位南子夫人，为孔子"丧家狗"式的苦难流亡之旅，抹上了一缕淡淡的暖色。

卫灵公对孔子来卫相当重视，在与孔子初次相见之时，就询问孔子在鲁国的待遇，孔子说"俸粟六万"，是指六万小斗，也就是领取实物薪水粮约合二千石。卫灵公听完后二话没说，立刻就答应也给孔子二千石的待遇。行道先得谋生，二千石对于孔子和他的随从学生来说，也就意味着解决了他们流亡异国他乡所面临的生活上的基本问题。

孔子一行人的生活问题是解决了。但在政治上的前途却没有他们预想的好。只有俸粟，没有谈到安排什么具体的职务。即使史书上也没有记载孔子在卫任任何职务的事，孔子完全成了一位寄人篱下的客卿。

孔子到卫国之初，是抱着大干一场的想法和信心的。

子适卫，冉有仆。子曰"庶矣哉!"冉有曰："既庶矣，又何加焉?"曰："富之。"曰："既富矣，又何加焉？"曰："教之。"①

让卫国民众富裕而又有教养，也就是建设卫国的物质文明与精神文明，这是孔子师生到卫最初时的梦想。但他们很快就失望了。

失望的主要原因，显然是因为没有得到卫国当权者的重用。

据《孟子·万章上》中记载，孔子一行到达卫国时。弥子瑕对子路说："如果孔子寄住在我家里，卫国的卿位一定可以得到。"子路把这话告诉了孔子，孔子却说："一切由命吧。"言外之意是，弥子瑕名声太坏，孔子不愿投靠他。

弥子瑕是卫灵公的宠臣，和子路是连襟，传说他与卫灵公的夫人南子之间关系暧昧。既然孔子拒绝了弥子瑕的拉拢，弥子瑕就一定能够阻止孔子在卫国得到重用。小人的特点是什么？成事不足，败事有余。就这样，孔子在卫国的政治前途，在刚刚到达卫国时就被阻断了。

当然，孔子得不到重用的主要原因还在于卫灵公本人。

孔子和卫灵公，二人政见不同。卫灵公其时，正奉行一边倒的政策，彻底倒向齐国，背离晋国，跟着齐景公，常年在外征战。他希望孔子能助他一臂之力，但是，孔子哪里会赞成诸侯之间的"春秋无义战"呢？

有一天，卫灵公向孔子询问军队列阵之事。这既是向孔子讨教军事，也是对孔子的试探。结果，不会察言观色的孔子回答得让卫灵公非常失望：

"礼节仪式方面的事，我曾听说一些；军队作战方面的事，我没学过。"②

① 《论语·子路》。
② 《史记·孔子世家》。

卫灵公明白了，孔子这是不赞成他的政策。于是，卫灵公就把孔子晾在了一边。待遇照给，但重用就免了吧。

失落的孔子有一天在寓所击磬发泄心中的郁闷。门口正好有个挑草筐的人经过，听到里边传出击磬声，这人就站着听了一会儿，道："这个击磬的人啊，不是个平常人。他的心里面有痛苦，有不平啊！"随后他再听了一会儿，又言道："这个击磬人，心里装着多少事情啊？遗世独立却牢骚满腹，慨叹无人能了解他。"接着，他边听边又自言自语责怪道："太执拗了！太执拗了！没人了解你，你就坚持自己的主张，想怎么干就怎么干不就行了，为什么还要发牢骚呢？"然后这个挑草筐的卫国人吟唱起《诗经·邶风·匏有苦叶》："深则厉，浅则揭。"意思是说：假如河水很浅，可以把裤脚卷起来蹚过去，衣服可以不湿；如果水很深，卷起裤脚来也没有用，就干脆穿着衣服游过去。为什么还要有那么多的牢骚呢？

这个卫国人的言外之意是：这个世道已经糟糕透顶，不可救药，你既然回天乏术，何不就干脆听之任之，或者做个隐士，何必为难自己呢？

显然，这个高人认为世道已经不可救药了，所以暗示孔子不要一条道走到黑，不要继续固执地坚持他那一套"知其不可而为之"的逻辑，与世同沉浮，冷眼观天下。

孔子听到了，知道这是位世外高人。不过他又说道："他真是一位决然忘怀世事的人啊！如果不能决然忘怀世事，要有他那样心境也很困难啊！"①

意思很明显，尽管满腹牢骚，但仍然不改初衷。

---

① 《论语·宪问》。

子曰："果哉！末之难矣！"①

是啊！不去做怎么会知道结果呢？他仍旧信念不改。

二

在卫不能有所作为的孔子，却因"子见南子"一事，让他在14年流亡苦旅中，留下了浪漫而又有些暖色的一笔。

后来的历史表明，比卫灵公的脸色更让孔子难堪的，应该是卫灵公那位年轻、漂亮、活泼、风情万种，尤其是行事不拘一格的夫人南子的"美色"。

卫灵公夫人南子在当时的诸侯国中以桃色绯闻而著名。她的绯闻出现得很早，在没有嫁到卫国之前，在宋国做姑娘时，就和宋国一个叫公子朝的美男有染。《左传》中对此的记载，语焉不详，但是有一条记载很难听，说是有一天，南子跟卫灵公说："我想公子朝了。"卫灵公竟然把公子朝从宋国召来，让他和南子相会。

"卫侯为夫人南子召宋朝，会于洮。"②

南子的淫乱，卫灵公不介意，可太子蒯聩却受不了。

卫灵公的太子蒯聩，有事到齐国去，中途经过宋国，宋国的老百姓看到卫国的太子经过，他们就故意唱一首讽刺的歌："你们的小母猪，我们已满足她。我们的小金猪，何时能归还？"蒯聩听了以后，觉得非常羞耻，回国后，就想把南子杀了。但因用人不当，事情败露逃出卫国，党羽被悉数剪除。

---

① 《论语·宪问》。
② 《左传·定公十四年》。

南子听说孔子来卫，很兴奋，很好奇，一定要见他。于是放出风声说："凡是到我们国家来跟国君做兄弟的，我都要见一见。"逼着孔子去见他。

司马迁在《史记·孔子世家》中这样记载：

> 灵公夫人有南子者，使人谓孔子曰："四方之君子不辱，欲与寡君为兄弟者，必见寡小君。寡小君愿见。"

灵公夫人南子不仅想见孔子，还很迫切。

司马迁不愧为写史的圣手，将南子想见孔子的口气写得栩栩如生：南子让人带话给孔子：我们的南子夫人说了，她也愿意见见您。各国的君子（请注意，人家南子要见的是"各国的君子"，并不是乌七八糟的人），凡是看得起我们国君，愿意与我们的国君建立像兄弟一样交情的，必定会来见见我们这位国君夫人。

南子是个名声不好的美女，为了避嫌，孔子不能见她，也不敢见她。但是南子一定要见孔子。国君夫人召见，孔子公然拒绝，显得不合情理。

结果，孔子虽然推辞，但最后还是硬着头皮去见了。

显然，孔子对南子这样的女人期望值不是太高，觉得她就是个任性的、我行我素的、不大会照顾别人感受的人。去就去吧，应付一下。谁想见面以后，竟然感觉还不错。

《史记》对孔子见南子的过程描写得绘声绘色。

两人会见的场景是：

> 夫人在缔帷中。孔子入门，北面稽首。夫人自帷中再

拜，环佩玉声璆然。①

　　南子站在挂帘的后面，孔子也不可能直盯着她看，进门就给她行礼。两人相见，自始至终没有人说话。在这个令人既暧昧又尴尬的过程中，孔子感觉到南子跟他还礼了。因为他听到对面传来叮叮当当的玉石首饰发出的清脆悦耳的声响，而且响了两次。孔子心里一下子对南子产生了好感，感觉她还是挺懂事的，知道还礼，而且还了两次礼。

　　这件事让孔子感到兴奋。所以回来以后，孔子就跟他的弟子们讲："我是不得已而见之，但是见了以后，她还挺懂礼节的。"言外之意，南子不像外界传说的那样糟糕。言语里既是为南子说好话，也有为自己辩护的意思在内。

　　子路对老师去见南子，非常不高兴。孔子回来还说南子的好话，他更是不高兴。他就把脸拉得老长。孔子看了卫灵公的脸色，看了南子的美色，现在，他还要看子路的脸色。孔子本来心就虚，一看到大弟子脸拉这么长，就急了，赶紧对天发誓赌咒：

　　予所否者，天厌之，天厌之！②

　　意思是说，如果我孔丘做了什么不该做的事情，就让上天来惩罚我，就遭电劈五雷轰！

　　对于拜见南子这件事，子路认真了，孔子也认真了。实际上，这种事，就怕认真。不认真，不是个事。一认真，就是个事，还是跳进黄河也洗不清的那种事。结果只能越描越黑。学生脸拉得老长，逼得老师发誓赌咒。这个场景令人忍俊不禁！

① 《史记·孔子世家》。
② 《论语·雍也》。

三

其实，细细想来，孔子见南子，见见又有什么关系？

第一，合乎礼。按照《论语》的说法，国君的妻子，国君称她为"夫人"，夫人自称为"小童"；国内的人称她为"君夫人"，在对其他国家的人说到时就称她为"寡小君"；其他国家的人也称呼她为"君夫人"。外国客人拜见"君夫人"，合情合理。

第二，拒绝不见倒是违背礼节。君夫人一定要见孔子，国君也不反对，一个外来客人，哪有拒绝不见之礼？

第三，见了又能怎样？见一个有绯闻的女人，又不是和她去搞绯闻。这是孔子的思路。但是，孔子可能不明白：绯闻不是搞出来的，而是传出来的。绯闻绯闻，不闻不绯闻，一闻就绯闻。反正孔子的这件绯闻，传了两千多年，是旷古及今第一大绯闻。

其实，南子见孔子，不过是出于好奇心与想表示一下对这位文化名人的敬意而已。

孔子学识渊博，声名远播，各种传说的版本都有，这对事事都充满好奇心的南子夫人而言，想见识一下此人是可以理解的。

如果说，女人的魅力来自于美丽单纯和天真烂漫，男人的吸引力则往往来自于饱经风霜的磨炼与成熟旷达的魅力。此时，孔子已经56岁，他对南子，除了尊敬，绝无他意；南子见孔子，也就是想满足一下好奇心而已。如此而已，岂有他哉？

不过，据各种史料的推测，南子对孔子的这份好感，倒让孔子感到困惑，并让他倍感挫折。

一个多月后的一天，卫灵公和南子坐在马车上，旁边还站着卫灵公的男宠雍渠。这三个人坐在第一辆车上，招摇过市，而让孔子坐在第二辆车上，一同出行。孔子大概觉得自己太没面子了，一不小心道出了一句流传千载的酸溜溜的话：

　　吾未见好德如好色者也。①

要面子的孔子感到确实不能再在卫国待下去了，只好选择离开。但是，普天之下，诸侯虽多，又有几个脸色是好看的？又有谁不贪恋美色？又有谁不是齐景公、鲁定公、卫灵公之流既贪色又短见的君主？而诸侯身边的权臣们，又有多少人不是季桓子、弥子瑕之类的弄权耍坏之辈？孔子又能去哪里呢？哪里又能找到实现他治国平天下的理想之所呢？其实，孔子离卫，与南子并没有多大关系，主要还是卫灵公不能重用孔子所致。

四

对比起来，孔子见南子这件事，无法与孔子见老子情况相比，二者有着迥然不同的意义。尽管事后孔子好似"后悔"得不轻，在子路等人的面前又赌咒又发誓，但是南子在他心中留下的愉悦是肯定的。因为南子不是个普通的女人，她是国君的夫人，不仅妖艳美丽，而且地位高贵，能够直接对孔子的政治前途产生影响。即使君子儒如孔子者，也难免会心存杂念，进退失据。

历史事实就摆在那里，不由你不信。南子的好是明摆着的。且不说卫灵公十分迷恋她，就是查查卫国的历史，她也没

---

① 《论语·子罕》。

有什么明显的劣迹。当时卫国的政治，在列国之间还算是好的，不然孔子也就不会让自己14年流亡岁月中的将近十年都在卫国度过。卫灵公敬重孔子，南子也敬重孔子，这是不言而喻的。难道一个国君敬重一位贤者是美德，而一位女性敬重一位贤者就成了一桩罪状？

就因为孔子见了这样一个女子，这段公案就要没完没了地纠缠下去。直到五四运动开始十年之后的1928年，林语堂因为编写了一出历史独幕剧《子见南子》，并发表于11月30日的《奔流》杂志一卷六期上，还因此酿出了一场轰动全国的"子见南子事件"。

事情发生在这个剧本发表之后的1929年，孔子的故乡曲阜第二师范学校的师生，将其改编成讽刺喜剧，并在当年6月8日晚的家长游艺会上公演。

此事引起孔氏家族的强烈不满。

孔传堉等人以"孔氏六十族人"名义控告曲阜第二师范师生"侮辱宗祖孔子"。后经国民政府派员调查处理，结果将校长宋还吾撤职，并开除了两个在剧中担任男女主角的学生与教师。

孔传堉等在控告书中写道：

学生扮作孔子，丑末角色，女教员装成南子，冶艳出神，其扮子路者，具有绿林气概。而南子所唱歌词，则《诗经·国风·桑中》篇也，丑态百出，亵渎备至，虽旧剧中之《大锯缸》《小寡妇上坟》，亦不是过。

校长宋还吾在答辩书中说：

本校所以排演此剧者，在使观众明了礼教与艺术之冲突，在艺术之中，认取人生真义。演时务求逼真，扮孔子者衣深衣，冠冕旒，貌极庄严。扮南子者，古装秀雅，举止大方。扮子路者，雄冠剑佩，颇有好勇之致……则各本《诗经》，均存而不废，能受于庭下，吟于堂上，独不得高歌于大庭广众之中乎……总观原告，满纸谎言，毫无实据。谓为"侮辱孔子"，欲加之罪，何患无辞。纵使所控属实，亦不出言论思想之范围，尽可以公开讨论，无须小题大做。

教育部朱参事及山东省教育厅的"会衔呈文"称：

"孔子见南子"一剧，确曾表演，唯查该剧本，并非该校自撰，完全根据《奔流》月刊第一卷第六号内林语堂所编成本，至扮演孔子角色，衣冠端正，确非丑末。又查学生演此剧时，该校校长宋还吾正因公在省。

8月16日《新闻报》报道说："十一日孔祥熙随蒋主席过济南时，对此事仍主严究。教长蒋梦麟、监察院长蔡元培日前过济赴青岛时，曾有非正式表示，排演新剧，并尤侮辱孔子情事，孔氏族人，不应小题大做。"

鲁迅也发表《关于"子见南子"》一文，他在该文的结语中评论说：

以上十一篇公私文字，已经可无须说明，明白山东曲阜第二师范学校演《子见南子》一案的表里。前几篇呈文（二至三），可借以见"圣裔"告状的手段和他们在圣地的威严；中间的会呈（四），是证明控告的说谎；其次的两段记事（五至六），则揭发此案的内幕和记载要人的主张的。待到教育部训令（九）一下，表面上似乎已经无事，而宋校长偏还强项，提出种种问题（十），于是只得调厅，另有任用（十一），其实就是"撤差"也矣。这即所谓"息事宁人"之举，也还是"强宗大姓"的完全胜利也。①

明末清初的文学家李笠翁说过，人生是台戏，历史也是台戏，而且演戏的只有两个人：男人与女人。只可惜，我们中国让男人唱独角戏的时间太过长久了。一个子见南子，刚出来了一个女角，又被我们丑化了。好在孔子在，记载孔子思想与生活行状的《论语》也在。历史事实总是抹杀不了的，早晚能够恢复出它的本来面目。

_____

① 李木生著：《布衣孔子》，人民出版社 2013 年版，第 229—230 页。

第十二章
佛肸的召唤

一

子在川上曰："逝者如斯夫！不舍昼夜。"①

一转眼，孔子就到了五十岁知天命的人生关口。

在这个敏感的生命关节点，孔子内心陡然生出诸多的焦灼。

从35岁出奔齐国到50岁，十多年的光阴又匆匆而逝。虽然孔子坚持"无道则隐"，然"对酒当歌，人生几何，譬如朝露，去日苦多"。青年时期的同在季氏家担任家臣的阳虎，此时已经攀登到了人生权力的巅峰，而自己却仍然默默无闻。孔子内心再也平静不下去了。

据《论语·子罕》篇记载，一下没忍住，孔子对他学生吐露了心思：

后生可畏，焉知来者之不如今也？四十、五十而无闻焉，斯亦不足畏也已。

是啊！后生可畏，怎么知道后来者不如今人厉害呢？青春是一种资本，年轻人就像早晨七八点钟的太阳，代表着希望，

① 《论语·子罕》。

代表着未来。一个人四五十岁，还没有做出成绩，这辈子也就
如此了。

可见，在孔子的内心深处，五十岁代表人生的临界点。再
不争取出仕的机会，这辈子就过去了。

五十岁前后，孔子判若两人。

五十岁之前，子路、颜回等诸多弟子从游孔子。孔子坐于
杏坛之上，教大家读书，和大家谈理想论人生，弦歌不断，生
活、教学过得平平静静、有滋有味。

五十岁之前，孔子自我感觉良好。达巷人评价说："孔子
学问很大，不过没有成名的专长。"认为这是孔子不能出仕的
原因。门人将这句话转告孔子，当时的孔子，尚甚不以为然，
并不认可达巷人的看法："达巷人说得对啊。我擅长哪一行
呢？赶车呢还是射箭呢？我还是擅长赶车啊。"言外之意，他
很自负，也很自信，认为君子不器，前方有更远大的事业正在
等待他呢！

五十岁之前，有人劝孔子不要总是做个隐士，应该出来从
政做点事情，充分施展自己的才华，参与到改革鲁国政治的伟
大事业中去。孔子不急不忙，耐得住寂寞，心境仍然稳如磐石。

有人问孔子：

　子奚不为政？

孔子回答说：

　《书》云："孝乎为孝，友于兄弟，施于有政。"
是亦为政，奚其为为政？[1]

---

① 《论语·为政》。

即使是在这个时候，孔子对出仕仍然表现得不急不火，言谈举止中仍是洒脱满满，言语中很是自负：

不患无位，患所以立。[①]

"《尚书》不是说，遵守孝道，友爱兄弟，便会对从政产生影响。孝悌就是最大的政治，何必非要做官才算从政呢？"

然而，五十岁之后，孔子的心境，却悄然发生了变化。孔子不再认同他昔日那一套"隐居"是很好的进攻方式之类的理论了。政治舞台上，同事阳虎，长袖善舞，已经做成了很多大事，权倾朝野，名震诸侯。而他虽然饱读诗书，胸怀天下，却还一事无成。

孔子坐不住了。

细读《论语》，或许你会发现，五十岁后，面对岁月蹉跎，孔子再也不能保持往日那平静如水的心境，常常表现出心浮气躁的举动。

坐在河边看着东逝的流水，孔子会生出无限的感慨，时间像流水，逝者如斯夫。他感叹，再好的演员，没有舞台，也是枉然。孔子盼望从政行道的时机，可是那机会却迟迟不来。15年过去了，鲁国还是那个鲁国，君弱臣强，权臣当道。天下还是那个天下，礼崩乐坏，战争汹汹。

时光如梭，冬去春来，望着北飞的雁阵，孔子也会发起呆来。"没有人会了解我了！""下学人事，上达天理，看来知道我的只有天了！"

听着子路在学堂外唱歌，孔子忽然心中泛起苍凉："凤凰

---

① 《论语·里仁》。

不来，黄河不见祥瑞图景，恐怕我这辈子就这样了。"①

这些自负而又信心不足、自相矛盾的话语，放在以前，根本不可能想象是出自一向谦逊而又自负的孔子之口。

子路是个粗人，不会觉察到老师更年期的来临。孔子学堂中，却有一位弟子敏锐地感受到了乃师的心理变化。这个人就是子贡。他看见孔子反常的表现，就知道老师心里一定有事。他找个合适的时间，小心翼翼地试探孔子："如果我有块美玉，是放在柜子里藏着好呢，还是找个识货的买家卖掉呢？"孔子明白子贡的弦外之音。他看了子贡一眼，长叹一声说："卖掉吧，卖掉吧。我还等着买主哩。"②

随着年轮的飞转，对于一心欲"货卖帝王家"的孔子，变得越来越急躁，越来越没有信心了。

二

其实，在孔子的人生中，"买主"也有几个。

据《论语》中记载，阳虎、公山弗扰以及在孔子的流亡途中为他抛出橄榄枝的佛肸等人，都曾经力图成为孔子的"买主"。只不过，这些"买主"多少都有不中孔子意的地方，很有点"鸡肋骨"的味道，弃之可惜，食之无味。犹豫再三，孔子还是一一都把他们拒绝了。

就拿阳虎而言，前面已经讲过，为了"买"孔子出山辅佐他，不惜和孔子玩起了猫捉老鼠的游戏。可能是因为对阳虎太过熟悉的缘故，孔子知道这人不好打交道，就对他"好心"的邀请，迟迟不给予答案。不久，阳虎失败出走，这桩买卖也就

① 《论语·子罕》。
② 《论语·子罕》。

自然无疾而终。

不久，又有买家找上了门来。这次，买家是季氏家私邑费市长官公山弗扰。

公山弗扰，字子泄，也称公山不狃，季孙氏的家臣。他和阳虎是好友。在重大问题上，阳虎对他言听计从，这在季平子下葬一事上表现得最明显。据《左传》记载，鲁定公五年六月，季平子病逝。阳虎准备用贵重的玙璠陪葬这位季孙家的老族长，仲梁怀不同意。阳虎震怒，想把仲梁怀逐出鲁国。公山不狃劝阳虎，阳虎才作罢。季平子下葬后，季孙接班人季桓子巡行到费城。季桓子很尊敬费城长官公山弗扰，而仲梁怀却很傲慢。公山弗扰大怒，就对阳虎说："您还是把他赶走吧。"阳虎二话没说，就把仲梁怀逐出了国门。

司马迁说：

孔子寻道弥久，温温无所试，莫能己用。[1]

阳虎逼孔子出仕，孔子被迫答应了。然而，阳虎未等孔子加入到他的阵营，就开始了企图消灭三桓的政变，失败后出奔齐国。

公山弗扰请孔子出山，正是阳虎等人作乱的这一年。

《史记·孔子世家》中很详细地记载了这件事情的始末。

公山不狃以费畔季氏，使人召孔子。孔子循道弥久，温温无所试，莫能己用，曰："盖周文武起丰镐而王，今费虽小，傥庶几乎！"欲往。子路不说，止孔子。孔子曰："夫召我者岂徒哉？如用我，其为东周

[1] 《史记·孔子世家》。

乎！"然亦卒不行。

关于这件事情，《论语·阳货》篇也有记载：

公山弗扰以费畔，召，子欲往。子路不说，曰："末之也已，何必公山氏之之也？"子曰："夫召我者，而岂徒哉？如有用我者，吾其为东周乎!"

根据上述两种史料中的记载，对于公山弗扰的邀请，孔子确实心动了。据《史记》与《论语·阳货》记载，公山弗扰请孔子，也是因为反叛。公山弗扰反叛主公季孙，也想拉孔子进入自己的集团，以扩大声势。这一次召孔子，孔子打算出山。阳虎请孔子出山，《论语》详细地记载了阳虎对孔子的说服；而公山弗扰请孔子，《论语》只用了四个字："召，子欲往"。"召"，不像是公山弗扰亲自上门邀请，更像是派人传话。公山弗扰告诉孔子，我这里有个岗位空缺，你可以来试一试。而"子欲往"，则说明孔子接到邀请后就打算赴邀，并没有表现出多少矜持的姿态。

孔子这种急于仕进的心态，颇让人费解。因为在大家的印象里，孔子看不起鲁国的执政官员。孔子如此评价过鲁国公卿："噫！斗筲之人何足算哉？"①意思是说，这般气量狭小的人算得了什么。言语中，对谋食者充满了不屑。

然而，面对公山弗扰的邀请，孔子却并没有拿出不与执政者同流合污的气概。对孔子的这种反差，子路表达了强烈的反对。子路说："老师没有地方去也就算了，何必一定要到公山弗扰那里呢？"孔子对此的解释是："那个召我去的人，难道

① 《论语·子路》。

会让我白跑一趟吗？如果有人用我，我就要在鲁国复兴周礼，在东方建立一个像周那样的国家啊!"

孔子虽然一度彷徨，但是最终还是采纳了子路的意见，没有前去参加公山弗扰集团。

后来发生的事件表明，子路的劝说是英明的。没有几年，公山弗扰带领费人叛鲁，失败后逃亡齐国，后又奔吴。

三

孔子58岁那年，也就在他流亡生涯的第四个年头，在他的仕途命运中，又出现了一个新的"买主"，这就是正在中牟（今河南鹤壁市西）任最高行政长官的佛肸。

佛肸为晋国大夫赵简子的家臣，时任中牟宰，在晋国贵族内乱时，他宣布独立。赵简子以晋侯的名义攻打范氏、中行氏，佛肸便以中牟为据点率师反叛。赵简子讨伐，佛肸固守对抗，赵简子久攻不克。

此时，佛肸亟须笼络人才，借以巩固自己的势力。他听说孔子有治国之才而不得卫灵公重用，身边还有些德才出众、文武兼通的弟子，心中就腾升起牢笼孔子的念头。佛肸心想，孔子师徒若能为己所用，则不仅可以壮大声威，更能借他们的才华而成就大业。于是，他便派人前往邀请孔子。盛请之下，孔子又心动了。

孔子意欲应邀赴中牟。

在孔子看来，赵简子如果灭掉范、中行两氏，就会形成晋国的分裂，因此，他意欲帮助佛肸对抗赵简子。孔子以为，如果他与众弟子齐心合力，中牟地方虽小，也能干出一番事业。但子路直摇头，他不同意孔子应邀前去中牟做事。

　　佛肸召，子欲往。子路曰："昔者，由也闻诸夫子曰：'亲于其身为不善者，君子不入也。'佛肸以中牟畔，子之往也，如之何？"子曰："然，有是言也。不曰坚乎？磨而不磷；不曰白乎？涅而不缁。吾岂匏瓜也哉？焉能系而不食？"

　　子路直言劝谏说：

　　"从前我听老师讲过：'亲自干坏事的人那里，有道德的君子不去做事。'现在佛肸踞中牟反叛，老师却想到那里去，怎么能这样呢？"

　　孔子解释说："是的，我说过这话。可你不知道吗？最坚硬的东西，磨也磨不薄；最洁白的东西，染也染不黑。我难道是匏瓜吗？哪能只是悬挂着，却不给人食用呢？"

　　子路知道，孔子为推行其政治主张在积极创造条件，利用各种时机，而且在具体行动中会有主见，坚定不移，不因外在条件而改变初衷。但晋国情况混乱复杂，孔子又主张"危邦不入，乱邦不居"[①]，而今要去那既危且乱之地，岂不自相矛盾？故无论孔子怎样解释，都无力使子路心服。在子路看来，第一，佛肸是个叛臣，道德人品不好，不是个可以托付前途大业的人物；第二，晋国正是内乱不断的时期，六大贵族之间斗争激烈，关系错综复杂，一旦陷进宗派斗争泥坑，便难于自拔。最后，孔子思虑再三，接受了子路的劝告，取消了去中牟的打算，终未成行。

　　在应不应佛肸中牟之邀这个问题上，应该说，子路是清醒

———————————
① 《论语·泰伯》。

的，而且是正确的。

孔子既不得用于卫，也不应邀到中牟去，便准备西渡黄河去见赵简子，打算到晋国去试一试运气。

春秋晚期，晋国是当时诸侯国中最有影响的大国之一。土地辽阔，农牧发达，早在献公（公元前676年—公元前651年）之时，就形成了政权比较集中的强国。晋文公重耳继位后，重用随他在外多年的文武功臣，上下一心，整顿国政，挫败楚军，成为华夏霸主。后经韩、赵、魏三分公室，霸主地位不复存在，但仍不失为泱泱大国。此时掌握晋国大权的是中军元帅赵简子（晋国一向以中军元帅执掌国政）。孔子听说他乐意招纳各国贤能之士，认为是个良好机会，若得到重用，在晋国能从政行道，其影响所及当远非他国所可比拟。于是孔子便带领随从弟子们驱车西进，准备从棘津渡河前往。当他们满怀希望来到黄河岸边时，从晋国传来一个意外的消息，赵简子杀害了窦鸣犊和舜华两位贤人。孔子震惊之下，决定不再前行。

孔子伫立黄河岸边，面对苍茫大地、滔滔河水，沉默无语，任凭寒风吹拂着自己斑白的须发。心绪万端，无限感慨：

"美哉水，洋洋乎！丘之不济此，命也夫！"[①]意思是，多么壮美啊，浩渺的黄河之水！可惜我不能渡河西去了，这或许是命运决定的吧！

子贡快步走到孔子面前，问道：

"老师，敢问您的话是什么意思呢？"

孔子转回头来，向大家解释说：

"窦鸣犊、舜华都是晋国的贤大夫。赵简子未得志之时，靠他们二人出力才得以从政；等他得志掌权之后，竟把他们杀害了！我曾听说，残害动物胎儿，麒麟就不到郊外来；竭泽而

① 《史记·孔子世家》。

渔，蛟龙就不会给那里兴云降水；捣毁鸟巢打破鸟卵，凤凰就不肯来飞翔。这是为什么呢？是因为君子忌讳同类被伤害啊！连鸟兽对于不义之事尚且知道避开，何况是我孔丘呢！"

孔子说罢便命车回辕，停息于卫之陬乡。兔死狐悲，物伤其类。孔子为晋国二贤惨遭杀害而深感悲哀，激情之下，一首千古绝唱《陬操》应运而生。

其词曰：

周道衰微，礼乐陵迟；文武既坠，吾将焉归？周游天下，靡邦可依。凤鸟不识珍宝，枭鸱眷然顾之。惨然心悲，巾车命驾，将适唐都；黄河洋洋，悠悠之渔；临津不济，还辕息陬。伤予道穷，哀彼无辜。翱翔于卫，复我旧庐。从吾所好，其乐只且。[1]

琴曲大意是：

周朝已走向了衰弱，天子再不能制礼作乐；文王和武王既然死去，我将到何处才是归所？在天下各地游访诸侯，没有哪个邦国能依托。凤凰不被认为是珍宝，鸥枭却受到殷切关怀，我心里该是多么悲哀！让弟子驾着我的巾车，就要过黄河驶向晋国；黄河之水浩渺无穷尽，悠悠的群鱼十分快活。来到渡口却不能前行，转辕回车停息在陬城。我为道不得实行而悲伤，为无辜贤良受害而哀痛！像无巢之鸟盘旋于卫，哪如回到我的旧庐中。从事我所爱好的事情，那欢乐倒也真是无穷。

歌罢《陬操》，孔子的悒郁并未得到多少舒缓。他隐约地感到，他这一生用仕行道这条路没有多少指望了。

---

[1] 《孔丛子·记问》。

四

《论语》中诸多处的记述表明，孔子的言行之间有很多不一致的地方，这些看似矛盾不一致的地方，恰恰是孔子真实人生的自然表露。

《论语》是一部记载孔子及其若干弟子言行的重要文集。这部书是在孔子死后，由他的弟子以及再传弟子陆续辑录而成。内容广泛，比较系统地记述了孔子关于政治、哲学、文学艺术、教育和道德修养等方面的言论。从总体而言，这部书可以作为孔子言行的信史，是研究孔子思想的重要史料。

孔子一生，向我们谱写了一曲他不向命运屈服，敢于拼搏，敢于通过自我奋斗来改变人生命运的赞歌。但在不可知的命运之神操纵之下，我们每个人的人生未必都能随心称意。一部《论语》，多次向我们展现了孔子的自我征服历程。孔子说过，不要发愁没有职位，该愁的是如何不断提高自己的心性。孔子多次在不同场合向世人倡言："不义而富且贵，于我如浮云。"①然而，《论语》却又不只一次地告诉我们，面对公山弗扰、佛肸等人的邀请，孔子当时所表现出的言行与他平时在课堂上传授给学生的做人标准，似乎存在一定的距离。

若翻开《论语》《左传》《史记》《孔子家语》《孔丛子》以及先秦时期诸子著作等，明显可以感到，孔子言行不一致的地方很多；孔子的出仕，也远比不上那些贤相名臣来得风光。

在中国历史上，大凡开国的大臣，都很有些骄傲和矜持。比如，殷商的伊尹，原本只是一名厨师，在遇到商汤后，他以做饭来比喻，劝谏商汤治国平天下。商汤看出，这个人不是等

_____
① 《论语·述而》。

闲之辈，就想聘请他为国相。然而，前后一共五顾茅庐，伊尹才答应出山辅佐商汤。周朝开国功臣姜太公，文王为了请他出山，甚至赤背拉着他的船，在河滩上走了八百步。姜尚心受感动，才答应辅佐文王八百年的江山。相比较之下，这些光荣的传说，孔子一件也没赶上。非但如此，孔子还以一种近乎丢面子的方式，不断表达着要和当权者合作的渴望与迫切，甚至不管这些当权者的操守与品行如何。

后世的很多学者受不了这种反差，他们就千方百计地寻找理由，力图论证《论语》中孔子打算到公山弗扰、佛肸等人那里"出仕"章节，系人为捏造。比如，清代学者崔述在《洙泗考信录》中就说，依据《左传》，公山弗扰在费地叛乱，孔子54岁。当时，孔子已经身为鲁国大司寇，公山弗扰不可能召孔子，孔子也没有理由离开首都到一个边远的"费"的地方去从政。崔述为圣人讳，遭到了不少人的质疑。

实际上，《论语》的记载，在事实上应该不会有太大的问题。孔子意图向公山弗扰、佛肸等人靠拢，并非出自人为的杜撰。孔子虽被后世神话为圣人，但孔子本人从来就不承认他是圣人。他只是一直用有道德、有修养、有学问、有理想的所谓君子的标准来要求自己做有目标的追求者而已。他也活在具体的时代，他有普通人的感情，也有普通人的无奈。不得志时，青春年华尚能等待。但韶华不再，夕阳速驰，一旦感到岁近迟暮，时不我待时，即使他自己也清楚知道是在一个十字路口，但只要有一点点希望，他都不愿意放弃。对于一些地方军阀的召唤，他明知去不去结果都一样，但他还是徘徊、犹豫、彷徨。他太希望用世了。

《论语》很诚实，它没有像后世数不清的儒书一样，一味闭上眼睛为孔子唱颂歌。它用极其写实的风格，真实再现了孔子在人生十字路口的艰难抉择。通过这种抉择过程，我们看到的不是一个充满高度、永远正确的圣人，而是一个满含温度的也会在错误面前不断徘徊的常人。

对自己急于出仕的不当行为，孔子做了这样一个极其无力的辩解：

"如果有人召唤我，难道只是召唤而已吗？如果有人用我，我岂不是可以复兴一个东周吗？"

对孔子来说，出山是为了实现他的一个渐行渐远的周公梦。在这个光荣梦想中，人人甘其食、美其服，老人得到尊重，儿童得到爱护，社会长幼有序，讲信修睦，道不拾遗，夜不闭户。只要有实现这个梦想的机会，孔子都愿意前去试一试。至于后来证实，这种机会来自乌何有之乡。他也"虽九死其犹未悔"，从来不否定梦想本身的合理价值。

"人生不满百，常怀千岁忧。"人生不过百年。时光匆匆。在这短暂的苦旅中，有理想如孔子者，实在不甘心就这样默默无闻，辜负了这段不可重来的珍贵的韶光。在孔子看来，五十岁再不出仕，或许就真的再没有实现平生抱负的机会了。所以，孔子听到公山弗扰、佛肸等人的召唤，便会一腔热血迸发，理智也会为感情所战胜，他毅然决定不计后果，出发找自己的用武之地。尽管，他的每次错误之念，都幸运地为他身边敢于说真话并且执拗无比的子路所破灭。终于，理智战胜激情，冷静下来的孔子都听从了子路的劝诫。就此而言，孔子确实兑现了他常挂在嘴边的"知错能改"以及"言必行，行必果"的主张。

对于孔子而言，家国何在？谁给他驰骋的疆场，哪里就是他的家国。忠孝何在？父母在他成年之前就已经离世，他也没有尽孝的时间和机会；至于"忠"字，也不过是一个理论上的概念。"君使臣以礼，臣事君以忠。"国君待臣以礼，充分发挥臣的能力，臣才有条件对君忠诚。从30多岁开始，孔子的人生字典里就没有愚忠愚孝的字眼。"用之则行，舍之则藏。"[①]孔子眼中所谓的"忠"，也显然与后世统治者有意利用所表述的意思有不同。鲁国没有他实现治国平天下的阵地，他就到异国他乡寻找机会。到齐国、到卫国、到宋国、到陈国、到郑国甚至差一点去到晋国。哪里有机会，能够实现他的人生理想，哪里就是他人生的大舞台。谁那里有复兴东周的希望，谁就是那缕透过密林夹缝照射过来的温暖阳光。哪怕即使是一点点光，孔子也要想办法紧紧地抓住。正因为如此，我们对孔子晚年的急于仕进，不应持责备贤者的态度，反倒应该充满敬意和同情。

---

① 《论语·述而》。

第十三章
匡蒲之困与陈蔡之难

一

鲁定公十三年（公元前497年）底，孔子及其弟子一行离开了卫都帝丘，取道向南进发。

这次随同南行的，又多了一名新收弟子公良孺。

公良孺是陈国一位贵族青年，久慕孔子的道德学问，他得知孔子居卫的消息，便以私车五乘前来拜孔子为师。大概由于公良孺的劝说鼓动，再加上卫君的不信任，孔子才决定离开卫国前往陈国试试运气的。

陈国，虽然是个小国，但他的祖先帝舜却是孔子崇拜的对象。

武王伐纣胜利后，最早分封的一批诸侯国家中就有陈国。

据《史记·周本纪》记载：

武王追思先圣王，乃褒封神农之后于焦，黄帝之后于祝，帝尧之后于蓟，帝舜之后于陈，大禹之后于杞。

陈是舜之后裔，姓妫氏，都宛丘（今河南淮阳县），距卫不算太远。传说那是太皞之墟，保存着许多古文化遗迹和传说，这对"好古，敏以求之"的孔子来说，当然是神往已久。

非但如此，公良孺家在陈，也颇有些财势和声望，关键时刻或可能助孔子一臂之力，出于种种考虑，孔子命弟子打理行装，准备南渡濮水，前往陈国寻找出仕的机会。

孔子一行渡过濮水，来到一处名叫匡的城邑，忽然一大群匡人手持兵器，蜂拥而至，将他们团团包围起来。孔子与诸弟子面面相觑，不知所以然！

原来，匡邑位于濮水之南，距卫都帝丘有百余里左右，平丘之北，离蒲邑约二十里，原属卫地，后为郑国侵占。鲁定公六年（公元前504年），鲁国季氏家臣阳虎曾经率军侵袭匡邑，作恶多端，百姓大受其害，因而匡人对阳虎极端厌恶。孔子师徒经过匡时，为孔子驾车的弟子颜刻，因旧地重游而忆起往事，望着城墙一处豁口，用马鞭指着说，他以前随军攻打匡邑，就从那里破城而入。言者无意，听者有心。这话为恰巧路边匡邑的百姓听见，立即想起当年阳虎率军攻城的惨状，又看到坐在车上的孔子很像阳虎，于是他们立即把阳虎又来匡的消息报告给邑宰匡简子。匡简子马上带领甲士进行追捕。

混乱中，孔子师徒一行被冲散，孔子和一部分学生被解押往城中，拘禁起来。

被冲散的学生得知老师被匡人拘押，也都相继回到孔子的身旁。颜回最后一个回来，这可把孔子急坏了，生怕他出意外。当颜回回来时，孔子惊喜地对颜回说：

吾以女为死矣。

颜回意味深长地说：

子在，回何敢死！①

颜回之言，让心情正郁郁的孔子大感其快。

拘禁期间，匡人对孔子施加的压力越来越大。弟子们都非常恐惧，不仅担忧自己生死未卜，更怕老师遭遇不测。孔子见学生们烦躁不安，担心他们再惹出事端，便时而弹琴歌诗，时而和弟子讨论礼乐知识，以稳定弟子情绪，缓和气氛。他充满信心地宽慰大家说：

文王既没，文不在兹乎？天之将丧斯文也，后死者不得与于斯文也；天之未丧斯文也，匡人其如予何？②

用今天的话说就是：

周文王死后，古代的文化遗产不是全被我们继承，都还保存在我们这里吗？上天如果要消灭这种文化，那就不会让我们掌握这些文化了；上天若是不想消灭这种文化，那匡人又能把我们怎么样呢？

文，指礼乐制度、典章文物等文武之道。此处所谓"后死者"是孔子自称之词。

为往圣继绝学，这是孔子心灵追求的高度，也正是孔子在任何苦难面前从不退缩、从不害怕的原动力。

孔子的话果然有效，大家都安定下来了。

据《孔子家语·困誓》记载：

孔子之宋（应该是陈），匡人简子以甲士围之。子

---

① 《论语·先进》。
② 《论语·子罕》。

路怒，奋戟将与战。孔子止之曰："恶有修仁义而不免世俗之恶者乎？夫《诗》《书》之不讲，礼、乐之不习，是丘之过也。若以述先王，好古法而为咎者，则非丘之罪也，命之夫。由，歌，予和汝。"子路弹琴而歌，孔子和之，曲三终，匡人解甲而罢。

上述史料记载有错误的地方，但子路脾气急躁，好勇善武也是出了名的。用诗书礼乐压住一些学生的好斗之气，缓和学生们的紧张与不满的情绪，让大家平心静气，这件事情倒应该是真的。在孔子看来，自己"述先王，好古法"而获"咎"，这显然不是他的错。

在被匡人拘押的日子里，孔子处乱不惊，照旧像昔日那样带领大家读书弹琴，和学生们讨论礼乐知识，困而不馁，充分显露了他的修为至深的内在功夫。

很有可能，在被拘押的日子里，孔子和学生一起习诵过《诗经》中的《郑风·风雨》这首诗。因为这首诗是郑国的民歌，匡地当时已属郑国所有，诵习这首诗不失为沟通双方、消除误会的一种绝好的办法。诗中云：

风雨凄凄，鸡鸣喈喈；既见君子，云胡不夷？
风雨潇潇，鸡鸣胶胶；既见君子，云胡不瘳？
风雨如晦，鸡鸣不已；既见君子，云胡不喜？

果然，孔子那和谐优雅的声音溢出房舍，让匡人听得出神。这种平静文雅之举，使匡人相信孔子并非阳虎，于是便将他们放行。

孔子师徒仓促上路，不料行至蒲邑时，又遇到了蒲人劫驾的厄运。

蒲邑位于匡邑东北，两地相距不远，原是卫国贤臣公叔文子的封邑。文子死后，其子公叔戍继承官职和封邑。公叔戍被卫灵公逐出卫都之后，便盘踞蒲地谋划反叛。公叔戍对孔子师徒十分了解，很想迫使他们参加到自己的行列，利用孔子的名望，壮大自己的声势。

这时，追随孔子游学的公良孺，挺身而出。他本是一位贤达而勇武的青年，听到这无理的要求，无限愤慨地说：

"我们刚摆脱匡人的危害，却又在这里遭难，这是命吗？与其同老师一起遭难，还不如战斗而死。"说罢便与蒲人展开激烈搏斗。子路等人也都早已按捺不住，大吼一声，挥舞着长剑，也出来奋力参战。

经过一番较量，蒲人感到留住这些人反而会增加麻烦，但又怕他们回卫都通报情况，于是便提议停战和谈，条件是：

"只要你们不回帝丘，我们就放行。"

孔子答应了这个条件。

双方举行了盟誓。

之后，孔子一行便驶离了蒲城。孔子命弟子继续向北进发，返回帝丘。子贡疑惑不解地问道：

"老师，刚订的盟誓怎能违背？"

孔子说：

"那是蒲人强迫我们订的，是不义之举，神灵主持公道和正义，绝不会听的。"

回卫途中，孔子教育学生们说：

不观高崖，何以知颠坠之患？不临深泉，何以知没溺之患？不观巨海，何以知风波之患？失之者其不在此

乎？士慎此三者，则无累于身矣。^①

孔子认为："不登上高山悬崖往下观望，怎知颠坠的祸患？不靠近观看深渊险滩，怎知落水溺死的祸患？不去观看大海，怎知大风大浪的灾难！造成过失的原因不就在这些方面吗？士人谨慎地对待这三点，便不会有灾祸降临到自己的身上了。"

匡蒲之难，给予了孔子很多的启示。

二

流亡异乡他国的孔子师徒，注定前途坎坷、命运多蹇。

在卫多年，"灵公老，怠于政，不用孔子。孔子喟然叹曰：'苟有用我者，期月而已，三年有成。'孔子行。"^②

鲁哀公三年（公元前492年），孔子已经60岁，正好是他的耳顺之年。

就在这一年，不被卫灵公重用的孔子师徒，怀着郁郁不悦的心情再次离开卫都帝丘。准备经过曹国、宋国、郑国之地，继续前往陈国。

在曹国都城陶丘，没有人接待他们。路过宋国，非但没有人接待他们，相反，还遭到宋国司马桓魋的威胁与恐吓。

就在孔子及其弟子于一棵大树下演习礼仪的时候，司马桓魋指使人前来伐倒大树，向孔子师徒示威寻衅。原因是因为孔子曾经给过司马桓魋以严厉的批评。就是这个司马桓魋，当时正担任宋国的最高军事长官。为自己造了一口石椁，花了三年

---

① 《孔子家语·困誓》。

② 《史记·孔子世家》。

时间还没完工。孔子对此劳民伤财之举不满，随口批评了一句："与其这样浪费，不如死后倒快些让他烂掉。"[①]不料这话传到司马桓魋那里，结果惹出了这场麻烦。

面对司马桓魋的威胁挑衅，无能为力的孔子师徒决定赶快离开宋国。为了安全，他们脱下了习礼的服装，换上不引人注意的便装，匆匆离开了宋国。

对于此事，司马迁曾经这样记载：

"孔子过宋，宋司马桓魋恶之，欲杀孔子，孔子微服去。"

"微服去"，也就是化了装逃走，尴尬而狼狈。

在此期间，可能有的弟子因为害怕而过于紧张，还惹出了孔老夫子的又一次感慨："天生德于予，桓魋其如予何？"

孔子给他的追随者输血打气：上天将传播历史与文化的责任放到我的身上，桓魋又能奈我何？你们不要怕。

虽然孔子沉着而自信，毕竟形势紧张而险恶。司马桓魋不仅派人将孔子师徒习礼的大树伐掉，还在打算对他们下毒手。说是说，做是做。孔子一行还是急急乔装离开宋国。等逃到距离宋国都城三百余里的郑国都城新郑，落魄的孔子已经与他的所有的学生失散，一个人孤零零地站在郑国都城的东门处，东张西望地寻找着他的弟子。

这时的孔子，心情一定糟糕到了极点。

郑国有人看见了孔子，就对他的学生子贡说："东门有个人，他的额头像唐尧，脖子像皋陶，肩膀像郑子产，可是从腰部以下比禹又短了三寸，一副狼狈不堪、无精打采的样子，像一条丧了家的狗。"当子贡将此话原封不动地告诉老师的时候，孔子出人意料地欣然笑曰："说我像只丧家狗，太对了！太对了！"

---

① 《礼记·檀弓上》。

孔子适郑，与弟子相失，孔子独立东郭门外。或人谓子贡曰："东门外有一人焉，其长九尺有六寸，河目隆颡，其头似尧，其颈似皋繇，其肩似子产，然自腰以下，不及禹者三寸。累累若丧家之狗。"子贡以告，孔子欣然而叹曰："形状，末也，如丧家之狗，然乎哉！然乎哉！"

在这样的情景之下，一个已经走投无路的60岁老人，还能抱着"欣然"的心情，幽默地笑着自嘲，连连夸奖别人说得对，这表明，进入耳顺之年的孔子，已经彻底完成了人生必经的成熟的心路历程。

这种乐观是一种自信，蕴藏着无穷无尽的力量。

这种乐观还是一种胸怀，一种"登泰山而小天下"的胸怀。

危难之中最见人的胸怀。胸怀大志者，胸怀他人者，无论面对任何困境，都能从长远处着眼从容应对之。至于心地促狭、阴私自图的人，在此时此刻，往往就会惊慌失措，丑态尽露。

这种乐观更是一种情怀。拥有这种情怀的人，一定是心怀慈悲、胸装天下、永远对自己的人生事业充满信心的人物。

在郑国，孔子师徒照样遭到冷遇。不仅无人接待这群流亡者，而且这个国家的世风颓废，也让孔子不能做久留之念。

孔子曾言：放郑声，远佞人。郑声淫，佞人殆。[①]

还说过：恶郑声之乱雅乐也；恶利口之覆邦

---

① 《论语·卫灵公》。

家者。"①

于是，孔子又带领弟子们继续直奔陈国。

三

鲁哀公三年5月，孔子一行抵达陈国。到陈后，他们先投奔陈大夫司城贞子，住在司城贞子的家里。通过司城贞子，不久，孔子见到了陈湣公。

司城，是一种官职的名称，主要是主管城市土木建筑的长官，贞子是他的谥号，有这样的谥号，当然可以认定他是陈国一位有名的贤大夫了。一路遭受冷遇的孔子师徒，骤然受到司城贞子的尊重与热情接待，一定会有一种宾至如归的感觉。况且，陈湣公对孔子的到来，也持欢迎的态度，时常向他请教政治问题，这也让孔子师徒决定在陈国留下来。

孔子师徒在陈大约住了三年，即从公元前492年（鲁哀公三年）到公元前489年（鲁哀公六年）。三年时间里，陈湣公如卫灵公一样，还是仅仅把孔子当作一个他"礼贤"的摆设，孔子仍然无所作为。在陈，历史上只留下了"肃慎之箭"的故事，证明着孔子的博学。

据《史记·孔子世家》记载，孔子在陈期间，有一次他正与陈湣公讨论问题。这时，突然有一只鹰从天上急速地落于庭院中的大树上，一会儿工夫又跌地而死。大家都很惊奇，围观的时候，发现这只鹰身上带了一支箭，箭头是由磐石制成，箭杆则是用楛荆木做成，箭长一尺八寸。这种箭的来历，不要说陈湣公身边无人知晓，就是天下知道的人也凤毛麟角了。

① 《论语·阳货》。

孔子给了陈湣公一个详细确切的答案。孔子告诉陈湣公，这种箭产生于北方的肃慎国。那是在周武王平定天下之后，各国都把自己特殊的物品拿来进贡。肃慎国就是将这样的箭进贡给周武王。周武王很欣赏，便命人在箭上刻下"肃慎氏贡楛矢"六个字，并将此箭分赏给了大姬武王长女，配虞胡公而封于陈。这也是古代的礼制，分封给同姓的是珠玉，用来表示亲近；分封给异姓的是贡品，以志远服。说完，孔子还请陈湣公派人到国库找找，看看是否还能找到这样的遗物。让陈湣公惊奇不已的是，他的仓库中，真还找到了这样的箭，楛荆木的箭杆上，正镌刻着"肃慎氏贡楛矢"六个字。

尽管孔子通经博学，但陈湣公并无采用他政治主张之意。

陈为弱小之国，陈湣公得过且过，也无振兴之念。孔子在陈三年，陈湣公只是以上宾之礼对待他，衣食无忧而已，孔子并未得到重用。这一切决定了孔子也没有机会施展抱负，恰遇吴国侵略陈国，陈国政局混乱，为了躲避战祸，孔子师徒又离开了宛丘。

这一年，是公元前489年（鲁哀公六年），孔子63岁。

四

离开陈都到何处去？

在仕途上屡屡碰壁的孔子，这时想到了楚国。

也许孔子早就想到了这个国家。

楚国幅员辽阔，兵强马壮，多次问鼎中原，政治舞台也足够大。但在当时，楚国毕竟还是一个被中原国家视为"蛮夷之地"的南方国家，风俗与语言都与中原之地存在着巨大的差异。因为在中原各国到处碰壁，雄心未已的孔子不得不将目光投向楚国。而在这时，孔子的巨大声誉正好引起了楚昭王的关注。楚昭王准备聘请孔子，这让孔子一行又看到了希望，于是，孔子决定南赴楚国。

楚昭王礼聘孔子的消息一经传出，立刻引起了陈蔡当权者的不安。基于同一个理由，当孔子要前往楚国拜见楚昭王并接受聘用的时候，陈国和蔡国的大夫们却害怕了。他们的理由很龌龊："孔子是位有才德的贤人，他所指责讽刺的都切中诸侯的弊病。如今长久地停留在我们陈国和蔡国，大夫们的施政措施、所作所为都不合孔子的意思。如今的楚国是个大国，却来聘请孔子。如果他真的在楚国被重用，那么我们在陈、蔡两国掌权的大夫可就危险了。"正是在这种我不用也不能让别人得到的狭隘观念促使下，两国共同派人把孔子师徒围困在荒郊旷野，让他们进退不得，意在困死他们。

与此同时，楚昭王封赏重用孔子的想法也遭到了楚令尹子西的反对。子西向楚昭王发问："大王派往各诸侯国的使臣，有像子贡这样优秀的吗？""大王左右的辅佐大臣，有像颜回这样学问渊博的吗？""大王的将帅，有像子路这样勇敢无畏的吗？""大王的各部主事官员，有像宰予这样行政管理才能的吗？"当楚昭王全部给予"无有"的回答时，子西接着又步步提出了他反对重用孔子师徒的意见。理由很充足：政见不合，孔子的一套不适用于楚国。

子西讲道："我们楚国的祖先在受到周天子分封的时候，封号是子爵，土地跟男爵相等，方圆不过五十里。现在孔丘讲述三皇五帝的治国方法，申明周公旦、召公奭辅佐周天子的事业，大王如果用了他，那么楚国还能世世代代保有方圆几千里的土地吗？想当年文王在丰邑、武王在镐京，作为只有百里之地的君主，最终能统治天下。现在如果让孔丘拥有七百里的土地，再加上他的那些有才能的徒弟辅佐，这可不是楚国的福分啊。"这些理由是充分的，楚昭王经过权衡，也就打消了重用孔子的念头。

志在安天下却无人重用，流亡前途又步步荆棘，这或许就是"天将降大任于斯人也"所给予孔子的必要礼物吧。

在陈、蔡之间，孔子师徒遇到了粮食断绝、没有食物的重大困难。

断粮不是一天两天，而是连续七天。七天没有吃的，这会危及到生命的。跟从的弟子有的饿病了，有的饿得已经站不起来了。当然，还有一种不安的情绪正在弟子们中间蔓延。原先碰壁也好，艰苦也罢，总是在坚信着老师、跟随着老师。可是如今死亡的威胁正在慢慢逼来，而前面又没有一丝光亮的希望。许多学生的信念，在慢慢地发生着动摇。

不安之中，孔子越发地镇静与安详了。

同是忍受饥饿相煎的孔子，不停地给他的学生们讲课，不停地给他的学生们朗诵诗歌、唱歌、弹琴。这需要更大的消耗、更多的体力，对一个60多岁的老人来说，这一切都需要有着巨大的精神力量做支撑才成为可能。

大家被老师感染着，在饥饿中度过一个又一个时辰。

直性的子路忍不住了。

在陈绝粮，从者病，莫能兴。子路愠见曰："君子亦有穷乎？"

子路满脸的不高兴，走过来质问孔子道："老师你天天讲道德讲学问，结果怎么样？现在同学们都快饿死了。还君子君子的，君子就该又饥又饿去倒霉？"

这是一个教育弟子的最好的机会，孔子立刻作答：

君子固穷，小人穷斯滥矣！ [①]

答案只有短短的十个字，然而却蕴藏着历史与人生的丰富的内涵。

是的，只有君子才能够不怕穷与饥饿，因为他们虽然在这样的困境中，也会坚守自己的信仰毫不动摇，甚至会将这种困境当作磨砺自己提高自己的机会。小人却正好相反，一穷一饥饿，什么样的坏事都可以做得出来。

对于这件事，《荀子·宥坐》中有这样一段重要的记载：

"孔子南适楚，厄于陈、蔡之间，七日不火食，藜羹不糁，弟子皆有饥色。子路进而问之曰：'由闻之：为善者天报之以福，为不善者天报之以祸，今夫子累德、积义、怀美行之日久矣，奚居之隐（穷困）也？'孔子曰：'由不识，吾语女。女以知者为必用邪？王子比干不见剖心乎！女以忠者为必用邪？关龙逄不见刑乎！女以谏者为必用邪？伍子胥不磔姑苏东门外乎！夫遇不遇者，时也；贤不肖者，材也；君子博学深谋不遇时者多矣！由是观之，不遇世者众矣，何独丘也哉！'"

遇到这样的困难，连子贡的脸色也有些变了。孔子看在眼里，就问子贡："赐啊，你认为我是博学强记的人吗？"子贡回答说："是的，难道不对吗？"孔子说："不是的，我是用一种基本原则贯穿于全部知识之中的。" [②]

孔子在这里特别提出"一以贯之"，就是希望弟子们对理想信念始终坚持如一，始终坚持不渝，不能因为遇到困难如断粮之

① 《论语·卫灵公》。
② 《史记·孔子世家》。

类，就让自己的"仁""礼""君子"等理念主张发生改变。

孔子知道弟子们因为连日的断粮，已经在心里产生了不满，也感受到一种比绝粮更严重的思想危机正在动摇着自己的后继者。于是，他把学生们召集起来，提出下面的问题，请他们讨论：

首先，孔子问子路："《诗经》上说：'不是老虎，也不是犀牛，徘徊旷野，是何缘由？'难道是我的学说有什么不对吗？我们为什么会落到这种地步呢？"

直率的子路说着直率的话："大概是我们的仁德还不够吧？所以人家不信任我们；或者是我们的智谋还不够吧？所以人家不放我们通行。"

孔子知道这是大是大非的问题，不能有半点客气，于是对子路说："怎么能这样理解呢？仲由啊，假使有仁德的人必定能够使人信任，哪里还会有伯夷、叔齐饿死在首阳山呢？假使有智谋的人就能畅通无阻，哪里还会有王子比干的被剖心呢？"

子路退出，子贡进来见孔子。孔子提出了同样的问题。子贡的回答与子路的有所不同："老师的学说博大到极点了（饿得太厉害了，所以话中有了点讽刺的味道），所以天下没有一个国家能够容纳老师。老师何不稍微降低一些您的要求呢？"

子贡提出了一个严肃的问题，要让孔子降低自己的政治标准去适应各国诸侯。

孔子是这样回答的。他说："赐啊，好的农夫虽然善于耕种，但是他却不一定都有好的收成；好的工匠虽然有高超的手艺，但是他的作品却未必能使人们都称心如意。有修养的人能够更加坚定地丰富自己的学说与主义，就像结网一样，纲举目张，依次进行，但是却不一定被人接受。现在你不去研修自己的学说，坚守自己的主义，反而要降低自己的标准来苟合取安。赐啊，你的志向已经不远大了。"

第三个轮到颜回。颜回是孔子最得意的门生，当他们面临同一个"绝粮"死亡困境的时候，他会有什么不一样的回答吗？孔子还是那样提出问题。

颜回的回答确实与众不同。

"老师的学说博大到极点了，所以天下没有一个国家可以容纳得下。虽然是这样，老师还是一如既往地推行自己的学说主张，不被天下接受又有什么关系呢？不被接受，这样才更能显现出君子的本色！一个人不去精心完善自己的学说，那才是自己的耻辱。至于已经下了大力气甚至是毕生精力，研究的学说还是不能够被人所用，那只是当权者的耻辱了——'夫道既已大修而不用，是有国者之丑也。'"说到这里，胸有成竹的颜回，又加重语气，把自己最后的话又重复了一遍："不容何病？不容然后见君子！"[1]是啊！不被天下接受又有什么关系呢？不被接受，那样才能沧海横流，方能显出君子的本色！

颠簸流亡极尽人间苦难的孔子，听到了颜回这样的回答，开心地笑了。颜回给了他一个满意的答案。开怀之余，孔子竟然同颜回开起了玩笑："姓颜的小伙子！可真有你的，如果你是个大富翁，我愿意给你当家臣做管家。"

颜回的谈论和孔子的称赞，统一了大家的思想，坚定了大家的信念，让大家一时间忘记了饥饿，忘记了身处绝境。之后，子贡前往楚国请求援救，离此最近的负函长官叶公派军队前来解围，孔子师徒才终于摆脱了"陈地绝粮"的厄运。

苦难没有打倒孔子。相反，艰难困苦，玉汝于成。经过匡蒲之难与陈蔡绝粮，孔子对人生的理解与对自己事业的认识有了一个更准确的定位，他越来越清楚上天赋予他的真正使命了。

---

[1] 《史记·孔子世家》。

第十四章
《论语》中的隐士

一

孔子赴楚负函会见叶公，《论语》中留下的记载不是很多。

孔子居负函期间，大概同居卫、居陈一样，担任当地政府的政治文化顾问。叶公曾向孔子请教过政治问题，孔子回答说：

近者悦，远者来。①

春秋时期，人口少，土地多，加上连年战争，增殖人口成为当时各诸侯国亟须解决的迫切现实问题。当时，负函集居大批蔡难民，治理问题是一大难题。孔子的意思很明显，负函其时的要政，就是要对居民施以惠政，使其心悦诚服，这样才能吸引远地的民众前来投奔。

叶公还同孔子谈到诉讼问题，说本地有一位讲究直率而名直躬的人，其父偷了羊，他去检举作证。孔子说，鲁国与此不同。在诉讼问题上，父亲替儿子隐瞒，儿子替父亲隐瞒，直率就在其中了②。叶公的意思，可能是欣赏直躬的做法，因为上下父子之间相互监督，对于统治本地蔡民是有利的；孔子则主

① 《论语·子路》。
② 《论语·子路》。

张维持家庭关系的温情纽带，实行人伦社会的和谐。两人政见的差异，在对这件事的看法上明显呈现出来。

在西周宗法制度下，君臣父子之间可以相互批评，但不能相互诉讼。周襄王就说过："君臣无狱（诉讼）。……君臣皆狱，父子将狱，是无上下也。"[①]时至春秋，随着血缘关系的废弛和社会矛盾的加剧，这种礼制习俗被打破了。孔子仕鲁时也亲自处理过父子诉讼案，对这种现象，孔子是不满意的，尤其不满意执政者以此为治民术。

大概由于思想上的差异吧，叶公对孔子这位来自中原北国的名人，总感到有不理解的地方，从而对孔子的政见持一种审慎或疑虑的态度。有一次，他问子路：

"你们的老师是一位什么样的人啊？"

子路没有回答，把问话告诉了孔子，孔子说：

"你为什么不回答呢？你就说我孔丘这个人，学习用功忘记吃饭，快乐忘掉忧愁，不知衰老快要到来，不过如此而已。"[②]

孔子以淡雅的学者生活语言掩饰自己的从政情怀，这本身或许就包含对叶公的不满吧？

指望叶公向楚王推荐自己是靠不住的，孔子于是先派遣子夏，复派遣冉求到郢都去同楚政府联系，但都没有取得满意的结果。这样，他赴郢会见楚王的打算也就只好放弃。

干禄、从政，这不是孔子赴楚的唯一目的。孔子到负函后，直至后来回归之前，他用许多时间漫游楚地，对这个异邦的乡土、山川、人民，表现出巨大的热情。

---

① 《国语·周语中》。

② 《论语·述而》。

二

孔子见叶公，也就是这么几次记载。《论语》中记述更多的、还是赴楚国途中所遇到的一些隐士。

虽然沿途是楚国的地盘，但是毕竟这些地方曾经是蔡国的领地，加之孔子在列国的声望以及他们师徒结伴而行时的阵势，都会引起沿途之人的注意。于是，孔子师徒一边前行，一边不断地有隐士高人前来与孔子交锋或切磋，这也成为孔子师徒流亡途中的一大风景。

中国是个盛产隐士的国度。隐士，成为历代中国知识分子中的一个十分特殊的群体。其根本的原因，是中国专制制度时间太长也太酷烈，让知识分子的生存环境变得相当恶劣，不隐不足以活命。心理与情感细腻而又思想丰富的知识分子，又往往不愿屈辱、屈服、苟活、苟仕于朝，也不愿挺身而出做义士，于是，他们便想方设法隐于山水，隐于民间，更有大隐隐于朝者。这种隐，其实也是一种自我流放，流放在山水之中，流放在偏僻乡野，流放在民间，更流放在与当权者划清界限的心灵之中。当然也有以隐为进身求仕之道的，这实际上已经不再属于隐士的行列。事实上，隐士们并不是对于世事毫不关心。他们大多身怀绝技，心装救世之道却又遭逢乱世恶世而没有用武之地。虽然他们好像绝身世外，对世事漠不关心。实则不然，他们对世事有着独到的洞察和关心，总会在历史的某一重大时刻、某一重大事件或某一重要人物身上现身而偶尔露出他们的庐山真面目。虽然历史往往对隐士采取忽略不提的做法，但是不能忽视，已逝的历史往往有他们的参与。①

---

① 李木生著：《布衣孔子》，人民出版社 2013 年版，第 244 页。

《论语》中就对此留下了浓墨重彩的一笔。

三

读书人一般大多有两种十分矛盾的情结。

一种是达则兼济天下。人运通达，天时地利人和，各种条件具备时，就居庙堂之上，手握权柄，指点江山，为民立命，鞠躬尽瘁，死而后已，致力实现自己治国平天下的抱负。

一种是穷则独善其身。运蹇困穷，空怀一身本领，缺乏济世机会时，那就不在其位不谋其政，放下身段，隐居山林，处江湖之远，"采菊东篱下，悠然见南山"，"晨兴理荒秽，戴月荷锄归"，淡泊明志，宁静致远，与岁月俱老。

前一种人生态度，为积极"入世"，后一种人生态度，则为积极"出世"。

是入世，还是出世，个人境遇不同，心境不同，结果不同，自然也就会选择不同。

孔子和他的弟子，大多选择了前者。

孔子说："富而可求也，虽执鞭之士，吾亦为之。"[①]只要是通过正当途径发财致富，都要坚持去做。既然如此，那么经国济世的大事业，就更要"虽九死其犹未悔"，致力拼命发挥了。

孔子还说："三年学，不至于谷，不易得也。"[②]自己的学生，三年下来，只想学习，不想仕进的，已经很难找到了。"书中自有颜如玉，书中自有黄金屋"，金钱美女、钱财官禄，是大多数读书人的动力。正像孔子感叹的，他们

---

① 《论语·述而》。

② 《论语·泰伯》。

读书，不是为了增长自己的学问修养，而是借此猎取荣华富贵。如此看来，追根溯源，功名利禄，儒生从来都不会拒绝。事实上，对名利的渴望，大多数读书人从来都是直言不讳的。

　　然而，历史上也有一些人，选择了后者。他们很有才华，也很有睿智，一旦意识到做官发财有违自己的本愿，或者看到自己的政治主张不为当道所容时，他们就会随波逐流，自我放逐，息影山林，努力适应"日出而作，日入而息，凿井而饮，耕田而食""不知有汉，无论魏晋"的自由自在的生活。

　　《论语》中就活着这样一群人。他们蔑视人间的礼法，直呼孔子的名讳，指责孔子"四体不勤、五谷不分"。质疑孔子政治主张的可行性，甚至还忍不住跳出来劝孔子放弃他那"知其不可而为之"的"不明智"的行为。例如前文提到过的荷蒉丈人利用孔子击磬而劝说孔子的故事。对于荷蒉丈人的隐讽，孔子无话反驳。千里而来，为的就是求见明君施展自己的治国抱负。可是，君王的追求和自己的理想，永远不在一个轨道上。场场精心准备的相会，总是以失望告终。对这样的结局，似乎早就有所预料。荷蒉丈人很清楚世道，也似乎很理解孔子。他能够从一段细小的击磬乐中，了解到孔子的不如意，了解到孔子性格中的固执的一面。在寂寞的流亡途中，这样的人也可谓是孔子遇到的半个知音了。

四

　　在楚地，孔子首先遇到的是楚国的狂人接舆。

　　接舆虽然是一个隐士，但他在楚国的名声很大，是个道家人物。狂，并不是说他真的疯狂，只是表明这个人在装疯卖傻而已。也有人说他是蔡国的遗民，亡国之后才隐才狂的。[①]《韩诗外传》中记载说楚狂接舆是以农耕为食，楚王曾经派遣使者拿着"金百镒"，请他出来治理河南，但是被他拒绝了，而后便与妻子一同隐姓埋名，从此不知去向。但不管怎样，接舆是不同意孔子的主张与做法的，他认为春秋形势已经是无药可救，固执地坚持"克己复礼"那一套是不明智的行为。

《论语·微子》篇记载了他与孔子之间发生的故事：

> 楚狂接舆歌而过孔子曰："凤兮，凤兮，何德之衰？往者不可谏，来者犹可追。已而，已而，今之从政者殆而！"孔子下，欲与之言。趋而辟之，不得与之言。

孔子一行前往楚国，途中听到有人放声高歌：凤凰啊，凤凰，为何世道的德行这么衰落？过去的不提了，未来的还可以追赶。今天的从政者，实在是差劲与不近人情。孔子听后，便知此人绝非一般人，慌忙下车，欲就前请教。然而，唱歌之人却躲避不见，真是神龙见首不见尾。

这首歌当然是唱给孔子听的，但是并不直说，而是以凤凰暗喻讥讽孔子。古人往往用麒麟、凤凰代表人中的君子，认为只有太平盛世才能出现这两种祥物，如果在乱世出现，那麒麟、凤凰就相当危险了。接舆的意思相当明显。他在告诫孔子："你想把这个时代挽救过来，这是挽救不了的啊！算了吧，算了吧，这个糟透了的时代是没法挽救了，你这个时候出来求仕实在是太不明智了。"

这个接舆，虽然有着对孔子的不满，但是还是劝的意思多，甚至给予了孔子一定的理解。

---

① 钱穆：《孔子传》。

与世外高人不期而遇，却又神秘地消失，让人失之交臂，永远不可捉摸，孔子也亲身经历过这种事情。不过这次偶遇，倒是真的触动了孔子的心弦。

隐士真是接踵而至了。紧接着，就是长沮、桀溺两位隐士了。

据《论语》记载：

长沮、桀溺耦而耕，孔子过之，使子路问津焉。长沮曰："夫执舆者为谁？"子路曰："为孔丘。"曰："是鲁孔丘与？"曰："是也。"曰："是知津矣！"问于桀溺，桀溺曰："子为谁？"曰："为仲由。"曰："是鲁孔丘之徒与？"对曰："然。"曰："滔滔者天下皆是也，而谁以易之？且而与其从辟人之士也，岂若从辟世之士哉？"耰而不辍。子路行以告。夫子怃然曰："鸟兽不可与同群，吾非斯人之徒与而谁与？天下有道，丘不与易也。"①

这一次更有意思，是孔子师徒要过一条河，不知道渡口在哪里，正好遇到两个在田地里并肩耕种的人，于是就派子路前去"问津"。

"问津"，是这次长沮、桀溺与孔子师徒间所发生故事的关键所在。明是谈论渡口所在，实际是在探讨与寻找救世道路与人生道路的问题，这也牵涉到道、儒两家观点、两种人生观与政治观的集中分歧所在。在我们中华民族语言库中，"指点迷津"的典故，出处就在这里。

子路按照孔子的要求前来问路，好像是先问的长沮，长沮

① 《论语·微子》。

先不回答子路的问题，却向子路发问说："你替他赶车的那个老头儿是谁？"其实他们早就知道这是孔子，这里是明知故问。子路还怕人家不知道车子上坐的是谁，马上告诉他："是我的老师呀，世人皆知的孔丘先生啊。""就是鲁国的那个孔丘吗？""是啊，就是他，那还能错！"这时长沮才将自己心里的话讲了出来："既然是孔丘，那他当然知道该怎么走、走哪条路，还要来问我们这些种田人干什么？"言外之意很明显：他孔丘流亡列国，到处传道布道，向各国的国君"指点迷津"，自己反倒不知道该走哪条道了？言外之意，还有一层意思，那就是与上面那个楚狂接舆所说的一样，这个世道已经没法救了，算了吧，算了吧！

子路没完成任务当然不甘心，又转而问桀溺。桀溺却问起了子路是谁，是不是鲁国孔丘的学生等，问完也是没有回答渡口到底在哪里，倒是左顾而言他，大发了一顿好似无厘头的感慨："礼崩乐坏，战乱不止，争权夺利，世风日下，这已经像滔滔的洪水，成了时代的潮流，谁也没有力量去改变它了。你们的老师孔丘不是在鲁国遇到像季氏这样篡夺了国君权力的卿大夫，没有办法不得不离鲁而流亡列国的吗？这些年来又怎样呢？还不是到处碰壁，找不到一个理想的诸侯而让你们施展抱负吗？与其跟着孔丘四处碰壁，还不如像我们一样脱离这个洪水滔滔的世道，种田糊口，不管世事来得自在呢。"说罢，再也不理会子路，只顾不停地耕种他们的田地。

碰了一鼻子灰的子路，只得回来报告孔子。孔子听了，怅然若失，好长时间没有吭声，一股酸楚、一股悲凉、一股落寞又在他心头弥漫开来。好一会儿，他才难过地说："鸟兽不可与同群。鸟会飞，在天空中自由翱翔；兽能走，在山林中无忧无虑地行走。人各有志，各走各的路吧。"

其实，孔子也明白这个世道是改变不了，也挽救不了了。他又何尝没有想过丢下这世道，"道不行，乘桴浮于海"①呢？可是都像这帮隐士撒手不管，这个世界不是没有一点希望了吗？思来想去。孔子尽管心中难过，但我不入地狱，谁入地狱？在他看来，如果非要牺牲的话，那就让我牺牲好了，不到我闭上眼，我是不会停止去改变这个"道不行"社会的伟大事业的。

虽然心中与隐士的告诫之言戚戚然相通，但知其不可而为之，孔子带着他的学生们，还是选择了一路前行。

第三拨隐士还是子路碰到的。

在山重水复的南国，子路有一次掉了队。正当他在旷野中徘徊四顾的时候，忽然遇到了一个用手杖挑着除草工具的老人。于是，子路就有礼貌地走上前去问道："看见我的老师了吗？"老人停步审视着子路，说："四体不勤，五谷不分，我不知道谁是你的老师。"

虽然没有正面回答子路的问题，但老人却待子路不错，他不仅留子路到自己家过夜，还杀了鸡，做了好吃的饭，并让自己的两个儿子出来陪客人用饭。

第二天，子路赶上了孔子，报告了昨天的际遇。孔子说："隐者也。"并让子路回去再看看他。谁知等子路返回时，老人却连家也搬得不知去向了。

不过，这一次子路倒是显示出了孔门大弟子的水平。他对于这位乡野隐者的评论，显示着思想与精神的高度。他向孔子说：

不仕无义。长幼之节，不可废也；君臣之义，如之

---

① 《论语·公冶长》。

何其废之？欲洁其身，而乱大伦。君子之仕也，行其义也。道之不行，已知之矣。[①]

子路认为：

"一个有知识有文化的人不出来做官是不义的，人在家庭、社会之中，各应承担责任，如果都像这些隐士一样，社会的责任谁来负责，那还不乱了套？君子出来做官，就是要承担起自己的那份责任，这就是'义'的一种表现。至于这个社会已经糟糕透顶不可收拾，我们的主张行不通，老师您不是早就教导过我们了吗？"

子路的言论基本上代表了孔子师徒对隐士遁世思想的态度和看法。他们同意隐士们所言"道不行"的看法，也明白这个社会不允许他们出仕行道改革社会的症结所在。但天下兴亡，匹夫有责，他们不愿意逃避自己的社会责任。这是孔子师徒不同于他们流亡途中所遇到的诸隐士的地方。

在《礼记·中庸》中，孔子表达过这样的思想：

素隐行怪，后世有述焉，吾弗为之矣。君子遵道而行，半途而废，吾弗能已矣。君子依乎中庸，遁世不见知而不悔，唯圣者能之。

孔子明确告诉世人：追求隐僻的生活，做些怪诞的事，用以欺世盗名，后世也会有人称道，可我不会这样做。有些君子遵循中庸之道，可是走到半路就停止了，可我不会中止自己的追求。君子依照中庸之道而行，即使隐遁山林而不为世人所知所用，也不懊悔，这大概只有圣人才能做到。

[①]　《论语·微子》。

事实表明，孔子对流亡途中所遇隐士的态度是既尊重又不满意的。

一方面，儒家和隐者，虽然走的不是一条路，但孔子对隐者保持着高度的敬意。在《论语·宪问》中，孔子生出无限的感慨："贤者辟世，其次辟地，其次辟色，其次辟言。"晚年的孔子，岁月洗净了铅华。心中的壮志，像残阳晕染的晚霞，渐渐淡去。此时，这些避世的人，在孔子的内心深处，或许分外显得智慧可亲。

另一方面，隐士们对王室衰微、诸侯争强、战争频发所引发的社会混乱和各种不平等现象，对统治者的权力欲望和道德沦丧，表现出了极大的不满情绪，但又无可奈何。他们宁愿隐居乡野，躬耕于丘垅，也不愿与统治者同流合污，不愿失去自由，不愿污染自身的洁白，孔子对此是敬重的。但是，他们逃避现实，悲观厌世，放弃自己的社会责任，放弃理想信念和对济世救人的追求，对此，孔子是不苟同的。孔子虽然明知其道不能实现，但他要尽到自己的责任。"知其不可而为之"，表现出坚忍不拔的顽强意志，以及积极处世、乐观向上、努力进取的奋斗精神，正是孔子的心灵建立在强大的悲天悯人的文化基础之上，因而才会充满着生机，充满着阳光，充满着自信和理想。也正因为这样，孔子最后才能脱颖而出，成为中华民族文化精神史上的一束光，一束引导我们民族不断走向光明的永不会熄灭的光。这束光虽小，却充满正能量，星星之火可以燎原，永远引导我们通向澄明之境。

第十五章
孔子论政

一

　　孔子的政治主张是德治。他十分强调道德在政治中的作用，主张统治者将政治与道德相合起来治国，甚至认为政治中的根本问题就是道德问题。

　　首先，孔子认为，德政是统治者影响民众和获得民众支持的根本所在。

　　在孔子看来，所谓德治，实际上就是仁、礼学说在治国方式上的具体体现。既然仁是礼的内在精神，礼是仁的外在表现，那么，礼最终归依于内在品质仁的培养。

　　孔子说：

　　　　为政以德，譬如北辰，居其所而众星共之。①

　　统治者自身有良好的道德品质，并且依据这种良好的道德品质治理国家，以优良的道德品质影响民众，就可以获得民众心理上的支持。

　　在《论语·为政》中，孔子提出：

---

① 《论语·为政》。

道之以政，齐之以刑，民免而无耻；道之以德，齐
之以礼，有耻且格。

孔子认为，不懂得以礼的基本精神来治理国家，礼制本身
也就失去了意义。

他十分强调"礼让为国"。孔子说：

能以礼让为国乎，何有？不能以礼让为国，如礼
何？①

孔子明确告诉世人，礼治的关键要懂得以道德品质为基础
的礼让，以礼所提倡的谦让精神来治理国家。

其次，孔子主张以礼治国，要求以礼来辨别等级名分的
差异。

孔子说：

非礼无以辨君臣、上下、长幼之位也。②

这就要求每个人确认其在礼仪制度中的身份地位，其视
听言行合乎自身的地位身份，所谓"不在其位，不谋其政"③
也。作为一种治国模式，孔子提出的德治所维护的社会秩序是
一种上下有分、尊卑有序的等级社会。这种社会秩序以礼来维
系。这就是孔子的以礼治国的政治主张。

① 《论语·里仁》。
② 《礼记·哀公问》。
③ 《论语·泰伯》。

第十五章　孔子论政

为政先礼，礼，其政之本欤？ ①

在孔子看来，在一个秩序优良的社会中，从天子至庶人，都应该谨于职守，每一个等级都应该做与自己的社会地位相应相称的事情。因此，在孔子看来，礼所规定的名分等次是绝对不可僭越的。

季氏八佾舞于庭，孔子愤愤然：

是可忍也，孰不可忍也？ ②

因为周礼规定，天子用八佾，诸侯用六佾，大夫用四佾，士用二佾。季氏作为大夫，依礼只能用四佾，他却越级用了八佾，孔子认为这是一种不能容忍的僭礼行为。

为贯彻礼治主张，孔子提出了正名思想。孔子对不同社会地位的等级制度作了集中的概括，这就是他的"正名"思想。

"正名"的思想，孔子不仅早年在齐对齐景公讲过，后来在游卫时也和子路认真地谈论过。

在齐国时，孔子曾经在齐景公问政时谈到"正名"的问题。

齐景公问政于孔子，孔子对曰："君君，臣臣，父父，子子。"公曰："善哉！信如君不君，臣不臣，父不父，子不子，虽有粟，吾得而食诸？" ③

在流亡卫国时，子路问孔子："卫君待子而为政，子将奚

---

① 《礼记·哀公问》。
② 《论语·八佾》。
③ 《论语·颜渊》。

先？"孔子答道："必也正名乎！"子路觉得老师有些迂腐，孔子则严肃地说："名不正，则言不顺；言不顺，则事不成；事不成，则礼乐不兴；礼乐不兴，则刑罚不中；刑罚不中，则民无所措手足。"①所以，正名在政治领域中是个至关重要的问题。正名指的是按照其名分行事，确切地说就是"君君、臣臣、父父、子子"。即君的言行举止都要符合君的身份，臣、父、子亦然。

第三，孔子提出了德刑并用、先德后刑、以德去刑的治国理政主张。

德与刑是政治治理中的两只手。孔子主张双手并用，先德后刑，以德去刑。

在治国理政上，孔子首先强调德优于刑，强调道德感化的作用，主张先教后刑。

孔子说：

道之以政，齐之以刑，民免而无耻；导之以德，齐之以礼，有耻且格。②

所谓"道之以德"，就是指统治者必须推行德治，表现为宽惠便民，轻徭薄赋，省法轻刑。同时要为人民树立道德榜样，启发民众的心理自觉。所谓"齐之以礼"，一是统治者要模范遵守礼的规定，从而感化和影响群众；二是要求所有的人都应该用礼来规范自己，用礼来约束自己。这样，道德教化和礼教的结合就能防止犯罪和反叛。行政命令，刑罚手段，只是一种外加的强制和威慑，可以使人畏惧、服从，免陷于罪，但

① 《论语·子路》。
② 《论语·为政》。

却不能以犯罪为耻，达不到至善的境界。

第四，当道德与法律不能兼顾时，舍法取德。

应该指出的是，孔子的德治思想以德为主，当道德与法律发生冲突时，孔子的选择是舍法取德。

据《论语·子路》记载：

叶公与孔子曰："吾党有直躬者，其父攘羊，而子证之。"孔子曰："吾党之直者异于是，父为子隐，子为父隐，直在其中矣。"

其父偷了人家的羊，其子告发，这从法律角度来说是一种正直的行为；但用父慈子孝的道德规范来评价，却是一种有悖道德的行为。孔子主张父子相隐，是他德重于刑、礼重于法的思想的反映。既然仁德为治国施教之本，父慈子孝作为仁德之体现，父子之亲不能互相庇护，是不合逻辑的，也是不符合统治者的根本利益的。孔子"父子相隐"的主张，被后世封建刑律采用后，一直是封建法制的重要内容和指导原则。在封建法典中，称为"亲亲相隐不为罪"。这是中国古代"法不外乎人情""情大于法"的普遍法观念的源头之一。

实际上，孔子并非不重视刑罚的作用，只不过是他主张德主刑辅。

在强调德教、礼治主导作用的同时，孔子主张以刑罚辅助德教。对于不可教化之民，孔子亦主张以刑禁之，以刑治之。

据《孔子家语·刑政》中记载：

仲弓问于孔子曰："雍闻至刑无所用政，至政无所用刑。至刑无所用政，桀纣之世是也；至政无所用刑，

成、康之世是也。信乎？"孔子曰："圣人之治，化
也，必刑政相参焉。太上以德教民，而以礼齐之；其次
以政焉导民，以刑禁之，刑不刑也。化之弗变，导之弗
从，伤义以败俗，于是乎用刑矣。颛五刑必即天伦。行刑
罚则轻无赦，刑，侀也；侀，成也，壹成而不可更，故君
子尽心焉。"

孔门弟子仲弓向孔子请教刑法与政治教化的关系时，二人
的谈话十分清楚地表现了孔子在这个问题上的观点。

仲弓问孔子说："我听说如果一味地施行刑罚就没有办法
来施行政治教化，至高境界的政治是不需要刑罚的。一味施行
刑罚就不能实行政治教化，桀纣的时候就是这样；至高境界的
政治教化是不需要刑罚的，周成王、康王的时候就是这样的。
情况确实是这样的吗？"孔子说："圣人治理国家，用的是政
治教化，必定会将刑罚与政治教化交互使用。上古的时候用德
义来教化百姓，用礼来使百姓行为整齐；其次是用政治来引导
百姓，而以刑罚来禁残止暴。如果施行教化不能改变百姓的行
为，加以引导也不听从，损害道义而败坏风俗，于是乎就要使
用刑罚。专用刑罚的话也必须遵行天道。施行刑罚的时候，即
使是很轻的罪行也不能轻易赦免。刑即是侀，也就是成型的
意思，刑罚一旦施行就不能更改，所以君子对此不能不尽心
尽力。"

孔子主张"先教后诛"。在一般情况下，孔子反对杀人。
如季康子问政于孔子："如杀无道，以就有道，何如？"孔
子就回答说："子为政，焉用杀？子欲善而民善矣。"[1]他认

---

① 《论语·颜渊》。

为："善人为邦百年，亦可以胜残去杀矣。"①把克服残暴，免除虐杀，作为善人治国百年的政治成果。但对于那些罪大恶极、非杀不可的人，孔子认为只有在当政者曾施行过德教，使百姓都知道什么是善，什么是恶，什么是美，什么是丑，懂得如何做人之后，对那些还不接受教化、不改其恶的人，就必须实行严刑峻法，做到以刑去刑。

二

在政治诸种因素中，孔子最看重执政者的表率作用。

孔子把政治的实施过程看作是一个道德化的过程，十分强调执政者自己在政治实践中的以身作则的表率作用。

《论语》中很多地方对此都有记载。

季康子问政于孔子。孔子对曰："政者，正也，子帅以正，孰敢不正？"又说："子为政，焉用杀？子欲善而民善矣。君子之德风，小人之德草。草上之风，必偃。"②

孔子说过：

其身正，不令而行，其身不正，虽令不从。③
苟正其身矣，于从政乎何有？不能正其身，如正人何？④

---

① 《论语·子路》。
② 《论语·颜渊》。
③ 《论语·子路》。
④ 《论语·子路》。

君子笃于亲，则民兴于仁。^①

　　有人问孔子："子奚不为政？"孔子说："《书》云：
'孝乎惟孝，友于兄弟，施于有政。'是亦为政，奚其为为
政？"^②在孔子看来，从政不必当官，宣传孝道就是参政。

　　所以孔子弟子有若就很理解老师的意思。他说："其为
人也孝弟，而好犯上者，鲜矣；不好犯上而好作乱者，未之有
也。"^③

　　在孔子看来，君臣之间不只是权力制约关系，而且要靠
礼、忠、信、诚等道德规范来维系。"君使臣以礼，臣事君以
忠。"^④这种关系维系的主要纽带便是执政者、管理者之间都
要遵守官场中的道德准则。孔子主张，培养官僚不是首先讲
如何学会政治之道，而是首先从事道德训练与培养。子张学干
禄，子曰："多闻阙疑，慎言其余，则寡尤；多见阙殆，慎行
其余，则寡悔。言寡尤，行寡悔，禄在其中矣。"^⑤孔子的话
包含了一部分认识和处理问题的方法，从基本精神上看是讲处
世之道、官场之术，而不是讲统治之理。子张又一次问为政，
子曰："居之无倦，行之以忠。"^⑥同样是讲道德修养。这
样，孔子主张人治，把政治视为道德的延伸和外化，这一认识
构成了后世传统政治中人治的理论基础。^⑦

---

① 《论语·泰伯》。
② 《论语·为政》。
③ 《论语·学而》。
④ 《论语·八佾》。
⑤ 《论语·为政》。
⑥ 《论语·颜渊》。
⑦ 刘泽华、葛荃主编：《中国古代政治思想史》，南开大学出版社2011年版，
第37页。

在治国理政问题上，孔子重视管理过程中策略的运用，主张软硬兼施，德威并用，宽猛相济。

《左传·昭公二十年》中说：

政宽则民慢，慢则纠之以猛；猛则民残，残则施之以宽。宽以济猛，猛以济宽，政以是和。

孔子主张管理百姓有张有弛，"张而不弛，文武弗能也；弛而不张，文武弗为也。一张一弛，文武之道也"①。孔子反对苛政，认为"苛政猛于虎也"。但他并不一味地反对重刑。据《韩非子·内储说上》记载，孔子认为"殷之法刑弃灰于街者"，不算严酷，却是"知治之道"，因为弃灰易引起争斗，甚至"三族相残"的严重后果。而且"重罚者，人之所恶也；而无弃灰，人之相易也，使人行其所易无罹其所恶，此治之道"，是合乎人之常情和心理状态的，从而可以减少犯罪。

三

在治国理政上，孔子很重视人才在治理中的作用，提出过类似贤人政治的观点。

孔子主张德治，但德治必须由人来体现，来实行，因而其政治思想必然强调人的作用。人定法，人执法。有了人，才能制定良法，执行良法，使社会安定，国家昌盛长久。"文武之道，布在方策。其人存则其政举，其人亡则其政息。"②所以孔子的结论是"故为政在人"。

---

① 《礼记·杂记》。
② 《中庸》。

　　孔子认为，当政者都应该以文王、武王为榜样，律己严，施仁政，言必信、行必果，要善于考察和选用官吏，用以作为实施治理国家的基础，才能求得统治者的长治久安。

　　在选拔德才兼备的人才问题上，孔子说："举直错诸枉，则民服①。"即把正直的人提拔到奸佞的人的上面，这样就能使百姓服从。相反，如果"举枉错诸直"，民众就不会服从。

　　有一次，樊迟请教孔子什么叫"知人"，孔子说："举直错诸枉，能使枉者直。"②孔子认为重用正直的人，置其于奸佞之人之上，还能使奸佞之人也变得正直起来。子夏对此进一步解释说："舜有天下，选于众，举皋陶，不仁者远矣，汤有天下，选于众，举伊尹，不仁者远矣。"③

　　对于贤才的标准，孔子说："志于道，据于德，依于仁，游于艺。"④既要有良好的道德品质，又要有一技之长。也就是德才兼备。

　　孔子还提出了举贤之途，即"学而优则仕"。孔子反对樊迟学稼，因为他认为学稼不足以治民，只有礼义才能治民。孔子主张出仕任官一定要有礼乐知识。他认为出身于社会下层的人，首先学习了礼乐知识，然后才能入仕；而出身于卿大夫世家的贵族子弟，入仕后也必须学习礼乐知识。孔子"学而优则仕"的举贤观，明确反对商周以来的世卿世禄制度。在孔子的弟子中，孔子认为雍父为贱人，出身贫微，但有德行，"雍也可使南面"；仲弓可担任一个地方或部门的长官；子路，如果有一千辆兵车的国家，可负责兵役和军政方面的工作；冉求，

---

① 《论语·为政》。
② 《论语·颜渊》。
③ 《论语·颜渊》。
④ 《论语·述而》。

可做千户人口的县的县长，或有一百辆兵车的大夫封地，可让他做总管；公西赤，可以穿着礼服，立于朝廷之中，接待外宾，办理外交；等等。他认为弟子中凡学而优者，皆可以量才而用。孔子关于选拔贤才的思想，反对商周以来的世卿世禄制度，而且强调从文化素质较高的人中选拔国家官吏的思想，在当时具有一定的进步意义，对后世影响也极为深远。

四

孔子在治国理政中强调富民、使民、教民的重要性。

在经济与政治的关系上，孔子主张先经济后政治，对于民众，先富而后教。子贡问政。孔子说："足食，足兵，民信之矣。"[1]孔子认为，治理一个国家，最起码得具备三个条件：食、兵、信。还是将"食"放在首要地位。

先秦诸子，一般均重视经济问题，如管仲就有"衣食足而后知荣辱，仓廪实而后知礼节"之论。孔子及其学派亦不例外。在《论语·颜渊》篇中，孔子在回答子贡关于政事的问题时，首先提到的就是"足食"问题。因为"民以食为天"，如果百姓食不果腹，时处饥馑之中，还去侈谈什么社会安定？孔子在与冉有的对话中提出，对于民众百姓，统治者不但要对之"足食"，而且要"富之"；不但要"富之"，而且要"教之"[2]。《论语·子路》里记载："子适卫，冉有仆。子曰：'庶矣哉！'冉有曰：'既庶矣，又何加焉？'（子）曰：'富之。'"富民，是孔子的一贯思想。所以，有若在答鲁哀公"年饥，用不足"的提问时说："百姓足，君孰与不足？

---

[1]　《论语·颜渊》。

[2]　《论语·子路》。

百姓不足，君孰与足？"①而为了民殷国富，还须"节用而爱人，使民以时"②，反对聚敛。所以，当冉有帮助季氏聚敛时，孔子便十分生气，说：冉有"非吾徒也！小子鸣鼓而攻之可也"③。孔子主张"使民以时"，使民要像祭祀那样慎重，"使民如承大祭"④。孔子还提出过以义使民、先惠而后使民等。针对当时统治者的横征暴敛，孔子反对厚敛，主张应取民有度，少征用民力，少收赋税。⑤通过调整分配关系和节用民力，达到"博施于民而能济众"，这是孔子的最高理想。

长期以来，孔子的政治主张在中国历史上很有地位，其价值不应低估。

中国历史已经证明，秦汉统治者最先采用法治，继而又采用无为而治，都行之一时，而当孔子的政治思想一登上历史舞台，便占据统治地位长达两千余年之久。北宋宰相赵普说过："半部《论语》治天下。"从某种程度上讲，《论语》就是一部关于中国人自己的政治管理学。今天反省中国政治，孔子的治国之方和统治之道自应当加以重视研究和扬弃。

---

① 《论语·颜渊》。

② 《论语·学而》。

③ 《论语·先进》。

④ 《论语·颜渊》。

⑤ 丁小萍著：《中国古代政治智慧》，浙江大学出版社2005年版，第48—50页。

第十六章
人生想实现那些理想

在孔子的一生中，想要做成的事情很多很多。但是，这些想完成的事情都不能算作他的人生理想。孔子的人生理想并不复杂，首先，他有着自己的人间大同梦；其次，他想重建东周，也就是恢复周公制礼作乐规范社会秩序的事业；再退而求其次，从大夫、陪臣那里夺权，实现公室集权，彻底改变诸侯国中那种卿大夫、陪臣执国命的不正常的状态；最后，如果以上都实现不了，那就放下一切，春日放歌，悠游林下，去享受自己精神上的天人合一的自然状态。

一

首先，孔子想要实现的人生理想，就是完成人间大同或者小康的事业。

法乎上：大同世；法乎中：小康世。这大概就是孔子最想实现的宏伟的家国梦。

据《礼记·礼运》篇记载：

昔者仲尼与于蜡宾，事毕，出游于观之上，喟然而叹。仲尼之叹，盖叹鲁也。言偃在侧，曰："君子何叹？"孔子曰："大道之行也，与三代之英，丘未之逮也，而有志焉。大道之行也，天下为公，选贤与能，讲信修睦。故人不独亲其亲，不独子其子，使老有所终，壮有所用，幼有所长，矜寡孤独废疾者皆有所养，男有分，女有归。货恶其弃于地也，不必藏于己；力恶其不出于身也，不必为己。是故谋闭而不兴，盗窃乱贼而不作，故外户而不闭。是谓大同。今大道既隐，天下为家，各亲其亲，各子其子，货力为己，大人世及以为礼，城郭沟池以为固，礼义以为纪，以正君臣，以笃父子，以睦兄弟，以和夫妇，以设制度，以立田里，以贤勇知，以功为己。故谋用是作，而兵由此起。禹、汤、文、武、成王、周公由此其选也。此六君子者，未有不谨于礼者也。以著其义，以考其信，著有过，刑仁讲让，示民有常，如有不由此者，在势者去，众以为殃。是谓小康。"①

应该说，孔子的人生理想，最主要的就是他的政治理想。

政治理想是政治思想家们对理想社会的一种美好设计与描绘，是对社会政治终极走向的一种价值性的判断和确定，往往具有普遍的意义。政治理想制约着政治思想体系的价值取向和理论构架，所以，把握政治理想对于理解政治思想十分重要。

能不能提出一个政治理想国理论和具有普遍意义的政治原则，是衡量一个人能否成为伟大政治思想家的基本标准。

西方柏拉图的理想国是拥有智慧、勇敢、节制和正义这四种美德的"公正"之国。

孔子的理想国则可以称为"有道之世"。"有道之世"的理想国是针对"无道"现实而发，最高境界包括"大同"和

① 《礼记·礼运》。

"小康"两个层次。

《礼记·礼运》篇中记载了孔子所推崇的"天下为公"的大同理想：

从前，孔子曾作为来宾参与蜡祭，祭毕，孔子出来到宫门外的高台上散步，不禁感慨长叹。孔子的感叹，当是感叹鲁君的失礼。言偃在一旁问道："老师为什么叹气呢？"孔子说："大道实行的时代，和夏、商、周三代杰出君主在位的时代，我没有赶上，但内心深怀向往。大道实行的时代，天下是公共的，大家推选有道德有才能的人为领导，彼此之间讲究信誉，相处和睦。所以人们不只把自己的亲人当作亲人，不只把自己的子女当作子女，使老年人都能安度晚年，壮年人都有工作可做，幼年人都能健康成长，矜寡孤独和残废有病的人，都能得到社会的照顾。男子都有职业，女子都适时而嫁。对于财物，人们只是不愿让它白白地扔在地上，倒不一定非藏到自己家里不可；对于气力，人们生怕不是出在自己身上，倒不一定是为了自己。所以钩心斗角的事没有市场，明抢暗偷作乱害人的现象绝迹。所以，人们外出，门户只须从外面带上而不须用锁。这就叫大同。"

孔子将这个理想国的总纲归纳为"天下为公"。这是一幅以原始公有制社会为摹本而设计出来的人类社会的理想蓝图，其间人们对远古社会美好的回忆清晰可辨。在这个理想社会里，财产公有，政治民主，人民各尽其能，人与人之间平等、博爱，各得其所，社会安定，没有盗贼，也没有战争，一派安定和谐的景象。

这个天下大同的理想社会，不是发思古之幽情，更不是要求历史倒退，它表达了孔子对"礼崩乐坏""天下无道"的现实的不满和批判，也寄寓了儒家对美好社会的向往。

大同，是孔子政治大一统追求的最高目标。

孔子的"大同"理想，不仅是对人类公平、正义和美好社会的追求，而且也是对政治社会合理性、合法性的高层面的希冀。这一政治理想，曾经对中国社会与历史产生过深远的影响。孔子以后，"大同"便成了一个令先贤圣哲上下求索的社会理想，一个令志士仁人前赴后继的世代憧憬，一个令炎黄子孙魂牵梦萦的千年情结。

大同世界，也是近现代中国人追求的最高目标。

从康有为到孙中山再到毛泽东，近代先进的中国人一直没有停止其追求的步伐。戊戌变法前，康有为著《新学伪经考》《孔子改制考》，他说，人类社会是依据"乱世"—"小康世"—"大同世"的顺序渐进的。一人专制是据乱世，君主立宪是小康世，民主共和是大同世。他认为这是孔子的真经，以此为其变法维新提供理论根据。中国民主革命的先行者孙中山也把《礼运》篇中的大同世界作为自己为之终生奋斗的民族的社会理想的最高形式。

1935年10月，一代伟人毛泽东在其《念奴娇·昆仑》一词中大笔一挥：

横空出世，莽昆仑，阅尽人间春色。飞起玉龙三百万，搅得周天寒彻。夏日消溶，江河横溢，人或为鱼鳖。千秋功罪，谁人曾与评说？

而今我谓昆仑：不要这高，不要这多雪。安得倚天抽宝剑，把汝裁为三截？一截遗欧，一截赠美，一截还东国。太平世界，环球同此凉热。

要彻底改造人类社会，实现共产主义的大同梦想，栩栩然跃上纸面。

世界大同，今日似乎尚遥不可及，与"大同"等而下之的便是"小康"社会。

孔子接下来描述道：

"现在，大同社会的准则已经被破坏了，天下成为一家所有，人们各自亲其双亲，各自爱其子女，财物生怕不归自己所有，气力则唯恐出于己身。天子、诸侯的宝座，时兴父传于子，兄传于弟。内城外城加上护城河，这被当作防御设施。把礼义作为根本大法，用来规范君臣关系，用来使父子关系亲密，用来使兄弟和睦，用来使夫妇和谐，用来设立制度，用来确立田地和住宅，用来表彰有勇有智的人，用来把功劳写到自己的账本上。因此，钩心斗角的事就随之而生，兵戎相见的事也因此而起。夏禹、商汤、周文王、武王、成王、周公，就是在这种情况下产生的佼佼者。这六位君子，没有一个不是把礼当作法宝，用礼来表彰正义，考察诚信，指明过错，效法仁爱，讲究礼让，向百姓展示一切都是有规可循。如有不按礼办事的，当官的要被撤职，民众都把他看作祸害。这就是小康。"

由此可见，孔子所描绘的"小康"社会是夏、商、周三代的"天下为家"的理想社会。

在这样的社会里，尽管大道已隐，但城池坚固，以"礼义"来维系君臣、父子、兄弟、夫妇之间的关系，人们谨慎地依礼法行事，并且用礼来表明道义，考察诚信，辨明过错，效法仁爱，讲求谦让，向民众昭示为人做事的常规。如果有不遵守这种礼法常规的人，即使是执掌权力者，也要撤职去位，被民众视为祸殃。可见，孔子的所谓"小康"是一种礼法完备、赏罚严明、秩序井然、君主圣贤、人民和谐相处的社会状态。在这种社会中，虽然人们"各亲其亲，各子其子，货力为己"，但是，毕竟礼法整肃，赏罚有度，诚信仁爱，谦恭礼让，帝王亦谨行其礼，民众皆遵守常规，违背礼法者，一律加以处罚，即使是当权者也不例外。

孔子所描绘的人类社会的"大同"与"小康"的理想国，无疑给后人提供了一种理想的社会模式，具有十分重要的政治与哲学上的意义和价值。

二

重建东周，恢复周公所制定的一系列政治文化制度，这是孔子的第二层面的人生理想。

"郁郁乎文哉，吾从周。"[①] "甚矣吾衰矣，久矣吾不复梦见周公。"[②]

周公，姬姓名旦，是周文王之子，周武王之弟，周成王的叔父，因受封于周，故称周公。周公生活于殷周之际，历经文、武、成王三代，既是创建西周王朝的开国元勋，又是稳定西周王朝，促成"成康之治"的主要决策人和政治舵手。"周公集黄帝、尧、舜、禹、汤、文、武之大成，其道繁博奥衍。"[③]他深明社会变迁发展的原因，精通政治统治的管理策略，思想敏锐而勇于创新，博学多识而善于决断。西周初年的典章制度，多为周公损益前代政治文化而兴创制作。西周政权的稳固确立，实乃周公审时度势为之奠基。他一生辅佐武王和成王，在政治上有大作为，在国家制度创新上有大开拓。他创

---

① 《论语·八佾》。

② 《论语·述而》。

③ 杨琥编：《夏曾佑集》下，上海古籍出版社 2011 年版，第 808 页。

建的一系列新的政治制度以及仁德政治范式，超过前人，足可垂范后世。

在孔子的眼中，周公是在政治上统一了中国，奠定了中国文化的基础。孔子所从周的"文"，主要是指周公所建立的一整套的分封制度、宗法制度、礼乐制度等配套的政治制度、社会秩序、社会家庭的道德以及文化中的礼、乐、射、御、书、数等。

我们要了解孔子的理想政治，就必须了解周公和周朝，主要是西周和东周的政治现实以及周公的言行。历史对西周的记载不多，对周公的记载更少。太史公讲的周公还是最详细的；但孔子及其门人如此敬重周公，除了《尚书》外，却没有专给我们留下更多关于周公事迹的史料。

我们只知道，德政之始，始于周朝。

殷周王朝新旧政权的交替变革，开启了中国社会政治和文化思想的崭新发展历程。以周公为代表的西周初年的统治者，在创建巩固新兴政权的政治活动中，基于对历史与现实、政治与文化的理性反思，创立了宗法制度的社会结构体制，确立了礼乐文化的政治道德规范，推进了中国文化的道德精神特征的兴起与发展。特别是周公提出的"以德配天""敬德保民""明德慎罚"的德治主张，作为西周初年中国政治文化的道德精神特征的集中体现，不仅从政治策略上和文化意识上巩固了周初政权，而且具体展示了当时中国文化对于人的存在的自觉认识和主动构建的时代轨迹。它对于中国传统社会文化的更新递进，以及民族生存方式的抉择完善，无疑具有深远的政治意义与重要的文化价值。

周公的德治思想与实践，是在创建巩固西周政权的特定历史条件下，通过周公等人对于社会文化的反思认识和总结阐发而形成的。它不仅概括了夏商以来中国政治思想的精华，而且开启了中国政治文化对于人的存在的自觉认识历程。

从三代历史看，周族长期作为臣服于夏、商两代的一个地方政权，为了谋求自身的生存与发展，从公刘开始，历经古公亶父、季历、文王等首领，在其创业过程中，皆能积德行义，笃仁行孝，敬老慈少，礼贤下士，注重倡导道德，管理教化民众。特别是文王，尤能遵后稷、公刘之业，守古公亶父、季历之法，积善累德，诸侯皆向之。周公也是"自文王在时，旦为子孝，笃仁，异于群子"。①应该说，周王朝统治者的德政成果，应该是周人重德文化长期熏陶与发展的必然结果。

然而，具体而言，周王朝以德治国思想的升华与贯彻落实则是经周公之手完成的。

探讨政治策略与政权兴亡的内在关系，是周公德治思想形成的原因之一。

周初统治者在对夏、商、周三代政权变革的反思中，认识到了统治者自身行为得失是政权转移的关键因素。夏亡商兴，是由于夏朝统治者为政不行善德所致。夏朝"自孔甲以来而诸侯多畔夏，桀不务德而武伤百姓，百姓弗堪"。②商汤从夏代灭亡的教训中，认识到了为政要勤于民事，有功于民，才能持有天命，巩固政权，故他说："毋不有功于民，勤力乃事"，"古禹、皋陶久劳于外，其有功乎民，民乃有安"，"后稷降播，农殖百谷。三公咸有功于民，故后有立。昔蚩尤与其大夫作乱百姓，帝乃弗予，有状。先王言不可不勉。"③由此可见，能否实行有德于民的政治策略，是一个政权兴亡的重要

---

① 《史记·鲁周公世家》。
② 《史记·夏本纪》。
③ 《史记·殷本纪》。

因素。周公在总结商亡周兴的原因时认识到，商朝的灭亡是由于其统治者为政残暴和腐败淫虐所致。商朝先王盘庚和武丁，由于为政不敢"自荒兹德""不敢动用非德"，注重"用德彰厥善"①，"式敷民德，永肩一心"②，所以商代政权得以稳固兴盛。但是，自商王祖甲以后，"不知稼穑之艰难，不闻小人之劳，唯耽乐之从"③，政权因以衰落。特别是商纣王，为政重用奸佞，残害贤人，滥施酷刑，不闻民苦，横征暴敛，荒淫无度，最终导致政权的覆灭。而周王朝的兴立，在于周人实施了重视德治的政治策略。特别是周朝的奠基者周文王，在其政治活动中，提倡惠和，选贤任能，注重民生，减轻税赋，奠定了灭商的基础。故周公说："文王卑服，即康功田功，徽柔懿恭，怀保小民，惠鲜鳏寡。自朝至于日中昃，不遑暇食，用咸和万民。文王不敢盘于游田，以庶邦惟正之供。"④由于文王为政"礼下贤者，日中不暇食以待士"，"积善累德，诸侯皆向之"，最终武王得以推翻商朝政权。"纣作淫虐，文王惠和。殷是以陨，周是以兴。"⑤以周公为代表的周初统治者，在对历史的认识总结中，在亲身经历了殷周变革的社会活动中，深刻认识到了德治政策与政权兴亡的直接关系，这就决定了他为了巩固新兴的周朝政权，必然汲取历史与现实的经验教训，实施以德治国的大政方针。

周代以德治国的实践主要表现在以下几个方面。

1. 规范君德。

在周人看来，王之德具有多方面的要求，刘泽华将其归纳

① 《尚书·盘庚上》。
② 《尚书·盘庚下》。
③ 《尚书·无逸》。
④ 《尚书·无逸》。
⑤ 《左传·昭公四年》。

为十项内容：（1）敬天。（2）敬祖。（3）尊王命。（4）虚心地接受先哲的遗教。（5）怜小民。（6）慎行政，尽心治民。（7）无逸。（8）行教化。（9）做新民，即改造殷民，使其改邪归正。（10）慎刑罚。[①]这十项内容全面概括了周人之君"德"的内涵，从中可知，周人的王德主要在于处理好与天的关系、与民的关系、与祖先的关系以及处理好君主自身的修养关系。

2. 运用尊卑有序的政治道德原则，维护人们的社会等级关系地位。

宗法制度和礼乐文化的创建形成，确立了西周社会的政治道德原则，它将人们纳入了上下一统的尊卑有分、贵贱有等、长幼有序、轻重有别的社会存在关系之中。为了维护这一社会结构的巩固和运行，周政权依据人们的尊卑有分的地位关系，进行了制礼作乐的文化建构，确定了人们的社会职能和行为规范。

周代制礼作乐的文化建构，其内容主要有：畿服之制，规定了周朝中央与地方政权的等级关系；爵位之制，规定了贵族之间的等级关系；田赋之制，确定了西周的经济制度；礼仪之制，规范了人们的日常行为准则。礼乐制度的形成，不仅对人们的社会职能进行了严格的等级规定，而且对人们的行为准则进行了严格的规范。无论是在为国尽职的社会政治职能上，还是在祭祀、婚丧、服饰、宫室等生活行为上，不同的社会地位关系，皆有不同的等级规范准则，都贯穿体现了尊卑有分、贵贱有等的政治道德原则。礼乐文化制度的确立，是对人的存在的行为方式的主动设制，周代统治者智慧地运用了宗法制度和礼乐文化的尊卑有分的政治道德原则，明贵贱，辨等列，顺少

① 参见刘泽华著：《中国古代政治思想史》，南开大学出版社1995年版，第9页。

长，维护了西周政权的巩固，推进了中国早期社会和谐有序的发展。

3．推行慈孝友恭的伦理道德规范，规正人们的社会行为准则。

推行慈孝友恭的伦理道德规范，是周统治者德治思想的重要内容，它的目的在于维护宗法社会的和谐运行。由于西周初年天命神学的观念意识影响着人们对于社会的认识和行为，周政权的德治思想并没能完全超越天命神学的束缚制约，依旧运用天命神学的观念意识来论证并规正由现实社会体制所决定的人的伦理道德规范的至上合理性和神圣权威性。在周初执政者看来，父慈、子孝、兄友、弟恭等伦理道德规范，是上天对人们行为准则的合理规范，具有不可违背的天赋神圣性和至上公正性。亦即人道来源于天道，天道决定了人道。周政权推行慈孝友恭的伦理道德规范，在于将人们的行为纳入统一的准则之内，人们只有绝对地遵循这些天赋的道德规范，规正自身的社会行为，才是合乎上天的意旨。不遵守慈孝友恭的天赋道德规范，就要受到代天行道的统治者"刑兹无赦"的严厉惩罚。

4．实施敬德保民的政治统治策略，保证政权的稳固与发展敬德保民的统治策略，是周代统治者德治思想的集中体现。作为社会政治和文化思想更新递进的时代精华，它的形成和实施，具体展示了周政权对于人的存在意义的积极追求。

周代以德治国思想与主张以周公为代表。他主张执政者治理百姓，应该恭敬谨慎，具有"徽柔懿恭，怀保小民，惠鲜鳏寡"①的仁德意识，在为政中要以慈仁宽厚、惠和恭义的道德来规范自身的行为。统治者要能够了解民众的困苦，保证民众的基本生存。周公指出："我有周既受。我不敢知曰：厥基永

————————
① 《尚书·无逸》。

孚于休。若天棐忱，我亦不敢知曰：其终出于不祥。"①周公明智地意识到，天命的转移并不以统治者的意志为根据，而以是否合于民心为尺度。他说："弗永念天威越我民；罔尤违，惟人。"②如想稳固政权，执政者就要"克敬德，明我俊民"③，"王其德之用，祈天永命"④。由于民心向背决定政权的兴亡，所以执政者只有不贪图享乐，"往尽乃心，无康好逸豫，乃其乂民"。⑤故周公称赞商王祖甲"爰知小人之依，能保惠于庶民，不敢侮鳏寡"，告诫成王要"先知稼穑之艰难，乃逸，则知小民之依"，要求为政要"无淫于观、于逸、于游、于田"，不要过分贪图安逸享乐，而要学"殷王中宗，严恭寅畏，天命自度，治民祗惧，不敢荒宁"；要学"文王卑服，即康功田功"，与民众打成一片；对于臣民不可横征暴敛，而要减轻贡赋负担，"以庶邦惟正之供"⑥；只有勤于政事，体恤民情，才能拥有天命政权。更重要的是，官吏的选用，也要以是否有德为标准。尽管西周的宗法制度有着世禄世职的规定，但周公仍然指出要选用有德之人。周公在总结历史经验与教训中认识到，桀、纣政权的覆灭，在于他们的统治集团多无德之吏，不能为政以德，"不克明保享于民，乃胥惟虐于民，至于百为，大不克开"⑦，因而"是惟暴德，罔后"⑧。而文王之所以能够创立灭殷根基，就在于"文王惟克厥宅心，

① 《尚书·君奭》。
② 《尚书·君奭》。
③ 《尚书·君奭》。
④ 《尚书·召诰》。
⑤ 《尚书·康诰》。
⑥ 《尚书·无逸》。
⑦ 《尚书·多方》。
⑧ 《尚书·立政》。

乃克立兹常事司牧人，以克俊有德"①，所以散宜生、姜太公等一大批贤臣能够以德辅助周王朝的创建。因此，周公指出，从今以后，继位君王设立官员，必须任用贤能善良的人，"继自今后王立政，其惟克用常人"，凡是"克俊有德"的贵族贤明之人，都要"用劢相我国家"②。以德治国，统治者还要实施明德慎罚的策略。周公多次指出，文王之所以能够拥有天命，就在于他实行了"明德慎罚"的统治策略。周公强调，执政者要加强自身的道德修养，"王敬作，所不可不敬德"③；要多学习多思考，"唯圣罔念作狂，惟狂克念作圣"④，只有修养道德，有德于民，才能巩固政权。只有推行德教，民众才能认识到自身的行为规范，遵守伦理道德准则，社会才能和谐有序地运行发展。唯有明德慎罚、恩威并施、宽严并济的重德策略，民众才能服从管理，自觉规范自身的行为，国家才会得以稳固发展。

周政权德治思想及其实践，开启了中国政治以德治国的先河，开启了中国文化对于人的存在的自觉认识历程，表明了周朝统治者在对天、人、德、政的关系认识中，发现与运用了人的存在的道德特征，认识到了人的道德在国家政权兴衰存亡中的重要作用。

周政中的德治思想，在中国政治和文化的发展史上具有十分重要的价值。它推进了中国传统社会和文化的道德精神特征的形成，促成了中国政治体制与道德规范的融汇合一，构筑了中国社会的政治与伦理相结合的治理范式，形成了天下一家、

---

① 《尚书·立政》。

② 《尚书·立政》。

③ 《尚书·召诰》。

④ 《尚书·多方》。

社会一统的结构特征，这对于中华民族的融合和发展，无疑产
生了深远的凝聚向心作用。①

　　综上可知，周公不愧是中国政治与文化史上一位极为重要
的人物。"谈中国传统的礼乐文化，谈人文化成，都离不开周
公。更为重要的是，周公对于中国传统文化价值体系的形成和
发展，有着独特的贡献。"②他所开创的西周人文主义精神，
对后世中华文化传统产生了极为深远的影响，为后世中国留下
了不可磨灭的重要印记。史学家钱穆因此感叹说："中国之有
孔子，其影响之大且深，夫人而知之。然孔子之学术思想，亦
本于中国固有之民族性，构成于历史的自然之发展，绝非无因
而致者。孔子晚年，有'久矣！不复梦见周公'之叹，则其壮
年以来之于周公，其思慕之忱为何如？孟子云'周公、仲尼之
道'，后世亦每以周、孔并称，非无故也。"③

三

　　孔子直接层面的政治理想，就是希望寻找到统治者的信任
与支持，让他能够拥有一方实现理想的地盘，扭转乾坤，拨乱
反正，重建大一统的君主国家。

　　这一理想概括起来，具有以下几个基本特征：

　　首先，孔子的理想国是大一统的君主国家。

　　孔子认为："天无二日，土无二王，家无二主，尊无二
上。"④

①　参见孙聚友：《论周公的德治思想及其文化价值》，《天津社会科学》
1997 年第 6 期。
②　辜堪生、李学林著：《周公评传》序，四川大学出版社 2006 年版。
③　钱穆著：《周公》，弁言，九州出版社 2011 年版，第 1 页。
④　《礼记·坊记》。

在大一统的君主国家里，天子享有至高无上的权力，国家的一切政事出自天子。"天下有道，则礼乐征伐自天子出；天下无道，则礼乐征伐自诸侯出。"①春秋时"礼乐征伐自诸侯出"，正是天下无道的最糟糕表现。

孔子说：

自诸侯出，盖十世希不失矣；自大夫出，五世希不失矣；陪臣执国命，三世希不失矣。天下有道，则政不在大夫。天下有道，则庶人不议。②

孔子对这种极不正常的现象非常反感，站在大一统的角度，他主张恢复周礼，恢复到周公定制的大一统太平盛世。

其次，孔子的理想社会有严格的等级制度管理。

严格的社会等级制度是稳定的社会秩序的重要保障。正如司马谈在《论六家要旨》中所指出的，儒家有些地方尽管迂腐烦琐，"然其序君臣父子之礼，列夫妇长幼之别，不可易也"。③"贵贱有等，衣服有制，朝廷有位，则民有所让。"④在严格的等级制度上，建立安定的统治秩序，"目巧之室，则有奥阼，席则有上下，车则有左右，行则有道，立则有序"⑤；这样的社会，任何的僭越行为都是不被允许的。"天下有道，则政不在大夫；天下有道，则庶人不议。"从天子到庶人，每一等级都必须谨于职守，不在其位，不谋其政。

再次，孔子的政治理想追求道德完善，上下和谐。

① 《论语·季氏》。
② 《论语·季氏》。
③ 《史记·太史公自序》。
④ 《礼记·坊记》。
⑤ 《礼记·仲尼燕居》。

尽管有道社会等级分明，但各个等级之间应该是和谐的。

有道社会里，君臣之间，"君使臣以礼，臣事君以忠"①。君臣之间，君对臣以爱，臣事君以敬。凡民有丧，君则扶服救之。君臣上下之间待人以仁让，克己以中和，和谐相处，从而构建起一个君贤民和、上下有序、社会稳固、道德完善的理想社会。

然而，孔子距离周公的时代已经五百多年，"郁郁乎文哉"的西周气象已经不复存在。对周公之礼的背离，早已经成为春秋时期最大的社会问题。每一级都在僭越，每一级都在篡权，礼崩乐坏，社会秩序早已荡然无存。百姓常年生活在战乱、贫寒和恐怖之中。周天子早已没有了尊严，位同小侯。诸侯国内，国君也已经失去了权威。鲁国三桓把持政权，国君权微。面对礼崩乐坏的大环境，孔子决定追随周公。周公挽狂澜于既倒，扶大厦之将倾，立大功而不称王，所有一切都让孔子沉醉。孔子也梦想自己能像周公那样，匡正春秋的政治乱局，然后功成身退，带着一群弟子，在泗水畔慢慢老去。

孔子的周公梦雄心勃勃。为了这场梦，孔子从30岁到70岁，确实做了最大的努力。据《孔子家语》等史料记载，在刚刚出仕为中都宰的时候，孔子就展现出了与一般政治家的不同之处。他勤奋地进行制度建设，"治为养生送死之节，长幼异食，强弱异任，男女别途，路无拾遗，器不雕伪"。孔子的改革效果相当显著，一年下来，中都大治，各国诸侯纷纷效法。鲁定公问孔子，根据您治理中都的方法来治理鲁国何如？孔子充满自信地回答："治理天下都可以，岂止鲁国？"

孔子大刀阔斧的改革，甚合执政当局的心愿。于是，我们看到孔子从政初期飞速的升迁。两年之内，孔子完成了从中都

_____
① 《论语·八佾》。

宰、小司空到大司寇的火箭般的升迁。然而，在最重要的堕三都、集权公室问题上，由于鲁国权臣的不配合，孔子铩羽而归。孔子的周公梦，在周公的封国，首次遭到沉重打击。孔子认识到在鲁国已无用武之地，从而决定出游列国寻找机会。

孔子周游列国，走的是周公的道路。但孔子对周公的战略进行了修正。孔子向诸侯国推荐自己，推荐弟子，其实就是破除由来已久的"任人唯亲"的旧制度，让国家最终走向"选贤任能"的新轨道。在选贤任能的社会，一个人的成功最终不是凭借出身，而是借对国家和社会的贡献，取得地位和荣耀。这是孔子对周公用人政策的革命性发挥。但是，孔子对时代所做的"移植手术"，在实践中并没有取得预期中的效果。事实上，孔子后半生饱受被诸侯各国掌权者的"排异"之苦。所有的诸侯，最终还是不能把外姓的孔子当成自己人。

据《史记·十二诸侯年表》记载，孔子周游列国，拜谒了数十位国君，希望他们能推行周公之道。然而经过十四年的努力，无所收获，最终在去世前三年寂寞地回到了故国，实际上承认了自己政治实践的失败。

四

大同梦、小康梦、周公梦、东周梦，这些都是孔子最想要实现的人生理想之梦。实现一二，已经无愧于平生之学。不能实现，那也没有什么关系。家国天下，忧世忧民，是孔子心中永远的梦。然而，放下一切，寻求自由精神翱翔的空间，又何尝不是孔子的人生追求呢？

《论语·先进》中记录了这样一个故事：

子路、曾晳、冉有、公西华侍坐。

子曰："以吾一日长乎尔，毋吾以也。居则曰：'不吾知也。'如或知尔，则何以哉？"

子路率尔而对曰："千乘之国，摄乎大国之间，加之以师旅，因之以饥馑；由也为之，比及三年，可使有勇，且知方也。"

夫子哂之。

"求，尔何如？"

对曰："方六七十，如五六十，求也为之，比及三年，可使足民。如其礼乐，以俟君子。"

"赤，尔何如？"

对曰："非曰能之，愿学焉。宗庙之事，如会同，端章甫，愿为小相焉。"

"点，尔何如？"

鼓瑟希，铿尔，舍瑟而作，对曰："异乎三子者之撰。"

子曰："何伤乎？亦各言其志也！"

曰："莫春者，春服既成，冠者五六人，童子六七人，浴乎沂，风乎舞雩，咏而归。"

夫子喟然叹曰："吾与点也。"

三子者出，曾晳后。曾晳曰："夫三子者之言何如？"

子曰："亦各言其志也已矣！"

曰："夫子何哂由也？"

曰："为国以礼，其言不让，是故哂之。唯求则非邦也与？安见方六七十，如五六十而非邦也者？唯赤则非邦也与？宗庙会同，非诸侯而何？赤也为之小，孰能为之大？"

子路、曾晳、冉有、公西华陪孔子坐着说话。孔子说："因为我比你们年纪大一点，你们不要因为我（年纪大一点就不说了）。你们平时总在说：'没有人知道我呀！'如果有人知道你们，那么你们打算怎么办呢？"

子路不假思索地脱口而出："一个拥有一千辆兵车的国家，夹在大国之间，常受外国军队的侵犯，加上内部又有饥荒，如果让我去治理，给我三年的时间，我就可以使人人勇敢善战，而且还懂得做人的道理。"

孔子听了，微微一笑。

孔子又问："冉求，你怎么样？"

冉求回答说："一个纵横六七十里或者五六十里的国家，如果让我去治理，也给我三年时间，就可以使民众富足起来。至于修明礼乐，那就只得另请高明了。"

孔子又问："公西赤，你怎么样？"

公西赤回答说："我不敢说能够做到，只是愿意学习。在宗庙祭祀的事务中，或者在诸侯会盟，朝见天子时，我愿意穿着礼服，戴着礼帽，做一个小小的赞礼人。"

孔子又问："曾点，你怎么样？"

这时曾点弹瑟的声音逐渐稀疏了，接着"铿"的一声，放下瑟直起身子回答说："我和他们三位的有点不一样呀！"

孔子说："那有什么关系呢？不过是各自谈谈自己的志向罢了。"

曾点说："暮春时节，春天的衣服已经穿上了。我和五六个成年人，六七个青少年，到沂河里洗洗澡，在舞雩台上吹吹风，一路唱着歌儿回来。"

孔子长叹一声说："我是赞成曾点的想法呀！"

子路、冉有、公西华三个人都出去了，曾晳留在后面。曾皙问："他们三位的话怎么样？"

孔子说："也不过是各自谈谈自己的志向罢了。"

曾皙说："您为什么笑仲由呢？"

孔子说："治理国家要讲究礼让，可是他说话却一点也不谦让，所以我笑他。难道冉求所讲的就不是国家大事吗？哪里见得纵横六七十里或五六十里讲的就不是国家大事呢？公西赤所讲的不是国家大事吗？宗庙祭祀，诸侯会盟和朝见天子，讲的不是诸侯的大事又是什么呢？如果公西赤只能做个小小的赞礼人，那谁能去做大的赞礼人呢？"

子路：姓仲，名由，字子路，又字季路，小孔子9岁。曾皙：姓曾，名点，字子皙，曾参的父亲，约小孔子20多岁。冉有：姓冉，名求，字子有，小孔子29岁。公西华：姓公西，名赤，字子华，小孔子42岁。以上四人都是孔子的学生。侍坐：古代卑者在尊者身旁陪伴叫"侍"。"侍坐"指大家都坐着，陪侍长者闲坐。孔子与几个学生闲坐聊天，各谈他们自己的志向。弟子中多志在社稷庙堂，唯有曾皙所说与子路等三人完全不同。他不讲从政，而是刻画一个场面，描写一个情景："莫春者，春服既成，冠者五六人，童子六七人，浴乎沂，风乎舞雩，咏而归。"从富有诗意画意的情景描写中，曲折地表达出曾皙的从容不迫，逍遥自在。他的回答引起了孔子的共鸣。孔子说："吾与点也!"明确表示了他的思想倾向。

人生理想是个总的概念，实际上包含着政治上的追求和道德上的修养两个方面。子路、冉有、公西华所谈的理想虽不尽相同，但都侧重于政治方面。

《论语·公冶长》中则记载了孔子与弟子们谈论各自志向的另外一个故事：

颜渊、子路侍。子曰："盍各言尔志？"子路曰："愿车马衣（轻）裘与朋友共，敝之而无憾。"颜渊曰："愿无伐善，无施劳。"子路曰："愿闻子之志。"子曰："老者安之，朋友信之，少者怀之。"

　　这次孔子师徒论志，偏重于伦理方面。孔子说："我就盼望着有那么一天，所有人在晚年的时候都能够安享幸福，朋友之间都能够相互信任，年轻的子弟们都能够怀有远大的理想。"这和曾皙的将政治和道德两种理想熔为一炉的观点十分相似，既有政治上的理想寄托，也有道德上的修养追求，故孔子说他同意曾皙的志向。同时，这又从另一个方面表明了老年孔子对于自己的人生追求更加圆融与通达。

第十七章
为往圣继绝学

一

公元前484年（鲁哀公十一年），在颠沛流离14年后，孔子自卫返鲁。这时，他已经进入了垂暮之年。多年周游诸侯各国冀图出仕的失败经历，对孔子刺激很大，既然不复梦见周公，他也就无意再继续求仕。经过近七十年的人生坎坷，孔子已经彻底清楚了自己的人生定位，这就是要在有生之年，抓紧时间，完成自己"为往圣继绝学"、整理古代文化典籍的历史使命。

一生倡导恢复周礼并在天下奔走呼吁"克己复礼"的孔子，恰恰是春秋时期周礼的最勇猛的突破者与否定者。周礼规定"非天子，不议礼，不制度，不考文"①。孔子不仅到处议礼，更在中国第一个以私人名义公开进行了大规模搜集与整理古代文献的文化工作，开创了中国私人著书立说的先河。

朱自清在《经典常谈》中说：

"孔子是在周末官守散失的时代，第一个保存文献的人。"

一个旧有秩序的维护者与守望者，却成了春秋时代旧有秩序的最大的破坏者。

继第一个站出来打破贵族统治阶级对于学习教育的垄断之

————————
① 《礼记·中庸》。

后，孔子又成为中国打破贵族统治阶级文化垄断的第一人。他在学术上的创举，开辟了就要到来的百家争鸣的新时代。

对于古代文献，孔子以那个时代所能具有的高远的眼界与阔大的胸怀，进行了抢救、梳理、综合、成型，并在教学活动中以教材的形式传诸后世，成为中国乃至世界精神文化遗产宝库中的瑰宝。

孔子时代，"周室微而礼乐废，《诗》《书》缺"①，王纲坠弛，礼崩乐坏。由于社会政治的动荡而导致了"天子失官，学在四夷"的文化状况，这就必然造成孔子所能访求到的文化典籍与历史文献，应该是散乱杂芜、残缺不全的。特别是去夏、商二代年代久远，更令孔子深深地感到"文献不足"的缺憾，所以他叹惜地说："夏礼，吾能言之，杞不足征也；殷礼，吾能言之，宋不足征也。文献不足故也。足，则吾能征之矣。"②

孔子是一位诚实的学者。他告诉世人，夏王朝的礼，它能讲明白，但它后代杞国他却讲不清楚；殷商王朝的礼，他也能讲清楚，然其后代宋国的礼他却讲不清楚。原因非他故，杞国和宋国文献不足，因而无法搞清楚罢了。

夏、商、周三代历史文化悠久，但因为当时的保存条件有限，许多文化典籍早已经遗失或者残缺不齐，许多典籍，文不足征。热爱学习的孔子，对此十分清楚。从30岁左右开始，他便立下搜集、整理、恢复古代典籍和弘扬传统文化的宏愿，并且一边教学，一边着手进行这一工作。不过在人生最重要的青年与中年时期，孔子的兴趣主要还集中在事功上面。直到晚年归鲁后，他才将自己的主要精力集中在了抢救三代文化上面。

① 《史记·孔子世家》。

② 《论语·八佾》。

最美不过夕阳红，经过三年的最后努力，《诗》《书》《礼》《乐》《易》《春秋》六经已经完全被整理或者写作了出来。据《史记·孔子世家》记述，孔子游齐归鲁后，贫居不仕，"退而修《诗》《书》《礼》《乐》，弟子弥众，至自远方，莫不受业焉"。孔子晚年，流亡列国四处碰壁终竟返回鲁国后，更是全身心地投入到整理与记述古代文化典籍之中。虽然像周公那样辅佐成王创建一个新天下的理想是无法实现了，虽然那个创建了周朝典章礼制等周朝文化的周公，再也没有来到他的梦中了，但是"郁郁乎文哉"的周朝文化，却还是那样令孔子心驰神往。用世之心在已届生命晚期的孔子心里，淡薄得犹如轻烟一样了。然而，整理保存夏、商、周三代文化，尤其是抢救周公所创建的大规模的遗失的周文化，就成为孔子人生最后三年中的最最重要的工作。正是这项工作，奠定了孔子在中华文明史上的儒家鼻祖的地位。

二

孔子曾言：

弗乎弗乎，君子病没世而名不称焉。吾道不行矣，吾何以自见于后世哉？[1]

孔子认为自己的政治主张今世是不得实行了，若不把"六经"整理出来，他将无颜以对后人。

正是在这一强大动力的驱动下，在多年的教学实践中，孔子发现《诗》《书》《礼》《乐》《易》等文化典籍并非完美

————————
[1]　《史记·孔子世家》。

无缺，尚有不少残篇断简和错乱重复，更有不少孔子认为不满意的地方，这都需要重新整理与修订。经过几十年的广搜博采，多地考察，孔子也已积累下了许多珍贵的文物资料；阅历上的成熟，眼界上的开阔，也可以让他更好地在编纂整理中发现问题而补偏救弊。尤其他所教学生的历史与文化文献，多是周史记和鲁史记中的一些不成体系的史料，很多地方杂乱无序，真伪难辨，这都需要重新编修一套详略得当、自成系统的新的"六经"。一则出于教学的需要；二则出于使命感，"文王既没，文不在兹乎？"①既然以挽救文化遗产为使命，既然以周文王的文化传承者自居，那么作为学问渊博的伟大学者，孔子就开始了对"六经"进行全面系统的整理工程。这项文化工程，实际上是对先秦历代文化，特别是孔子精通的夏、商、周三代以来的文化，进行总结性的系统取舍和修订工作，内容涉及"追迹三代之礼，序《书传》，上纪唐虞之际，下至秦缪，编次其事"②。

关于重新编辑与整理六经，孔子注意坚持下面几点编纂原则：

第一，"述而不作"。即是通过全面收集与整理原始文献，进行实地考察，尽量集先王圣哲文献与语言之大成。

第二，"述吾之所述，不述吾之不欲述"。既要尊重原始文献，同时又要体现自己的观点和意见，寓作于述，以述代作，建立自己的思想与文化体系。

第三，"不语怪、力、乱、神"。治国理政不能迷信鬼神，要按世事的规律办事，依天理，顺民情，尽地宜，行教化，和谐发展等。这就需要把一些杂乱妄诞的成分删除，尽可

① 《论语·子罕》。
② 《史记·孔子世家》。

能地保留一切有价值的东西。

第四，"攻乎异端，斯害也已"。孔子坚持"中庸"方法论，对于文献中那些一切反中庸之道的不正确的议论与主张，主张予以删除与放弃。

第五，"文以载道"。编纂新六艺，其目的自然是借古代文化典籍传道施教，因此，必须要体现"仁义"的精神和"礼"的规范性。

第六，"文质彬彬"。孔子说："质胜文则野，文胜质则史，文质彬彬，然后君子。"[①]按字义，文，应指文采；质，质朴；彬彬，杂半之貌。南宋朱熹在《论语集注》中说："言学者当损有余，补不足，至于成德，则不期然而然矣。"清刘宝楠《论语正义》中也说："礼，有质有文。质者，本也。礼无本不立，无文不行，能立能行，斯谓之中。"孔子此言"文"，指合乎礼的外在表现；"质"，指内在的仁德，只有具备"仁"的内在品格，同时又能合乎"礼"地表现出来，方能成为"君子"。文与质的关系，亦即礼与仁的关系。于此一则体现了孔子所竭力推崇的"君子"之理想人格，同时也反映出孔子一以贯之的既不主张偏胜于文，亦不主张偏胜于质，不偏不倚，执两用中的中庸思想。实际上，要想做到这一点相当不易。孔子本人就深刻地认识到："虞夏之质，殷周之文，至矣。虞夏之文，不胜其质；殷周之质，不胜其文；文质得中，岂易言哉？"[②]

第七，"于治一也"。孔子晚年整理六艺，从不同的角度、不同的层面体现了为政治服务的宗旨。孔子说："六艺于治一也。《礼》以节人，《乐》以发和，《书》以道事，

①　《论语·雍也》。
②　《礼记·表记》。

《诗》以达意，《易》以神化，《春秋》以道义。"①这说明六经各有所用途，即各有其特点。《礼》可以节制人的行为，《乐》可以促进人们之间的和睦，《书》可以用来知晓人类行事的成败，《诗》可以表情达意，《易》可以窥知天地的神奇奥秘的变化，《春秋》可以明白微言大义。虽然特点各异，但万变不离其宗，最终的目的还要归结在"为治理国家服务"的宗旨上面。

第八，为教化与提高民众的修养与素质而作。孔子说：

其为人也，温柔敦厚，《诗》教也；疏通知远，《书》教也；广博易良，《乐》教也；洁静精微，《易》教也；恭俭庄敬，《礼》教也；属辞比事，《春秋》教也。故《诗》之失愚，《书》之失诬，《乐》之失奢，《易》之失贼，《礼》之失烦，《春秋》之失乱。

其为人也，温柔敦厚而不愚，则深于《诗》者也；疏通知远而不诬，则深于《书》者也；广博易良而不奢，则深于《乐》者也；洁静精微而不贼，则深于《易》者也；恭俭庄敬而不烦，则深于《礼》者也；属辞比事而不乱，则深于《春秋》者也。②

在这里，孔子指出了六艺教化的得失。他认为人们若能通过学习"六艺"深察体道，则可补人们的过失。

在孔子看来，如果人们的言辞温柔，性情忠厚，就是《诗》教之效，但《诗》教之失误易于导致迂腐愚笨，克服了迂愚，才算深通《诗》的教化；通达政事，深知历史，便是

---

① 《史记·滑稽列传》。

② 《礼记·经解》。

《书》教的结果，但《书》教之失误易于导致诬妄不实，只有克服了诬妄不实，才算深通《书》的教化；心胸宽大，为人平易善良，这是《乐》教的结果，但《乐》教之失易于导致过于奢靡，克服了过分的奢靡，就算深通《乐》的教化了；圣洁平和，明察隐微，这是《易》教的结果，但《易》教的失误则易于导致悖谬不经，若克服了悖谬不经，便是深通《易》的教化了；恭敬节俭，端庄谨慎，这是《礼》教的结果，但《礼》教之失误易于导致烦琐细碎，克服了烦琐细碎，就是深通《礼》的教化了；撰写文章，借鉴历史，这是《春秋》教的结果，但《春秋》教之失易于导致祸乱迭起，如克服了煽动征战之弊，就是深通《春秋》的教化了。

第九，至于整理编纂的方法，具体问题具体对待。孔子整理六经的具体方法是不同的。大体来说，应为论次《诗》《书》，修起《礼》《乐》，序《易》传，作《春秋》。

也就是说，对于《诗经》《尚书》，应加以取舍和编排而定型；对于《礼》《乐》，重在做修复完善性的工作；对于《春秋》，则是因循旧史记以明义垂教，不作而作；对于《易经》，则应重点在于发掘、探讨与阐释。

《史记·儒林列传》中说：

"夫周室衰而《关雎》作，幽厉微而礼乐坏，诸侯恣行，政由强国。故孔子闵王道废而邪道兴，于是论次《诗》《书》，修起《礼》《乐》。"

孔子也说："吾自卫反鲁，然后乐正，《雅》《颂》各得其所。"①

---

① 《论语·子罕》。

三

下面，让我们分别简单勾勒一下六艺的整理情形，兼谈其他有关的问题。

《诗》《书》《礼》《乐》《易》《春秋》六经，在司马迁的《史记》里，还不叫"六经"，只是称之为"六艺"。可见普遍称之为"六经"，应是汉武帝"罢黜百家，独尊儒术"以后的事了。春秋时代，《诗》《书》《礼》《乐》《易》《春秋》被称为高级"六艺"，是相对于礼、乐、射、御、书、数低级"六艺"而言，前者为贵族成年后的必修课，后者为贵族小时候的必修课，由此也可以断定，"六艺"在孔子之前已经存在着。孔子只是汇集了当时所能搜集到的各国文献，第一个将"六艺"根据自己的理解认识重新整理、编辑成系统教材而已。

关于《书》与《礼》的编纂整理情况，司马迁认为，后人诵读的《尚书》和《礼记》，都是经孔子之手整理编定而成的。

孔子之时，周室微而礼乐废，诗书缺。追迹三代之礼，序书传，上纪唐虞之际，下至秦缪，编次其事。曰："夏礼吾能言之，杞不足征也。殷礼吾能言之，宋不足征也。足，则吾能征之矣。"观殷夏所损益，曰："后虽百世可知也，以一文一质。周监二代，郁郁乎文哉。吾从周。"故书传、礼记自孔氏。①

① 《史记·孔子世家》。

　　《书》也叫做《尚书》，是上古夏商周政治与历史文献的一个总集。《礼》也就是《礼记》，主要是以周礼为主要内容而形成的中国传统伦理规范。它们虽然表面上都只是历史文献的汇编，但实际上其内容均经过孔子的删减或者增加，深深烙有孔子伦理思想和政治历史观的印记。

　　关于《乐》与《诗》，《史记·孔子世家》中有如下记载：

　　　孔子语鲁大师："乐其可知也。始作翕如，纵之纯如，皦如，绎如也，以成。""吾自卫反鲁，然后乐正，雅颂各得其所。"

　　　古者诗三千余篇，及至孔子，去其重，取可施于礼义，上采契后稷，中述殷周之盛，至幽厉之缺，始于衽席，故曰"关雎之乱以为风始，鹿鸣为小雅始，文王为大雅始，清庙为颂始"。三百五篇孔子皆弦歌之，以求合韶武雅颂之音。礼乐自此可得而述，以备王道，成六艺。[①]

　　《乐》流传于先秦，西汉时已经佚失，但它的思想其实已经包含在《礼记》之中。《礼记》中专门有一篇《乐记》，对音乐的起源、社会作用等都诠释得十分清楚明白。

　　《诗》也就是《诗经》，最初应该是一部文学作品。孔子收集了从西周初年到春秋中期这段时间里的三千多首宫廷与民间的诗歌作品，分成风雅颂三个部分，最后删减保留305首，这也就是我们今天所能见到的《诗经》。

　　孔子曾对鲁国的乐官太师说："音乐是可以通晓的。"刚开始演奏的时候要互相配合一致，继续下去是节奏和谐，声音清晰，抑扬顿挫，连续不断，这样直到整首乐曲演奏完成。

―――――――――

① 　《史记·孔子世家》。

孔子又说："我从卫国返回鲁国之后，就开始订正诗乐，使《雅》《颂》都恢复了原来的曲调。"

至于《诗》，司马迁说：古代留传下来的《诗》有三千多篇，到孔子时，他把重复的删掉了，选取其中合于义的用于礼义教化，最早的是追述殷始祖契、周始祖后稷，其次是叙述殷、周两代的兴盛，直到周幽王、周厉王的政治缺失，而开头的则是叙述男女夫妇关系和感情的诗篇，所以说："《关雎》这一乐章作为《国风》的第一篇；《鹿鸣》作为《小雅》的第一篇；《文王》作为《大雅》的第一篇；《清庙》作为《颂》的第一篇。"三百零五篇诗孔子都能演奏歌唱，以求合于《韶》《武》《雅》《颂》这些乐曲的音调。先王的乐制度从此才恢复旧观而得以称述，王道完备了，孔子也完成了被称为"六艺"的《诗》《书》《礼》《乐》《易》《春秋》的编修。

关于《易》，司马迁说：

孔子晚而喜易，序象、系、象、说卦、文言。读易，韦编三绝。曰："假我数年，若是，我于易则彬彬矣。"①

《易》，包括经和传两部分。孔子晚年喜欢钻研《周易》，他详细解释了《象辞》《系辞》《卦》《文言》等。孔子读《周易》刻苦勤奋，以至把编穿书简的牛皮绳子也弄断了多次。他曾说："再让我多活几年，这样的话，我对《周易》的文辞和义理就能够充分掌握理解了。"

孔子不但整理和编纂六艺，还用《诗》《书》《礼》《乐》等作教材教育弟子，就学的弟子大约在三千人，其中能

① 《史记·孔子世家》。

精通礼、乐、射、御、书、数这六种技艺的有七十二人。至于像颜浊邹那样的人，多方面受到孔子的教诲却没有正式入籍的弟子就更多了。

至于孔子所编纂"六艺"的性质、作用和特点，董仲舒说得十分清楚：

"君子知在位者之不能以恶服人也，是故简六艺以赡养之。《诗》《书》序其志，《礼》《乐》纯其美，《易》《春秋》明其知。六学皆大，而各有所长。《诗》道志，故长于质；《礼》制节，故长于文；《乐》咏德，故长于风；《书》著功，故长于事；《易》本天地，故长于数；《春秋》正是非，故长于治人。"①

孔子对于六艺的整理与编纂，是把自己一生积累的治理思想融化于内的，它们的目的都在于为政治服务，但具体而言，因为内容侧重点不同，各自所发挥的作用也不同。

四

下面我们集中再来看一下《春秋》的编纂情况，因为在晚年孔子的眼中，《春秋》几乎等同于他的生命。

"六经"之中，唯《春秋》是孔子亲自一手编撰而成。它是我国第一部编年体的史书，起自鲁隐公元年（公元前722年），迄于鲁哀公十四年（公元前481年），记载了春秋时代242年的历史。全书只有一万六千五百余字，因其太过简略，加上文辞晦涩，故后世有许多人对它进行补充和注释，这些补充与注释部分称之为《传》，现在我们能够看到的有《春秋公羊传》《春秋穀梁传》和《春秋左氏传》。

① 《春秋繁露·玉杯》。

"春秋"原为各诸侯国旧史记的通称，也是鲁史记的专名。晋史记专名为《乘》，楚史记为《梼杌》，鲁史记则为《春秋》了。孔子所作的《春秋》是根据鲁史官累计的鲁国史记文献资料，参照"周史记"及各国史记，补阙去伪，化繁为简，而写成一部新编年体的现代史。鲁《春秋》原为鲁国史官按事件的时间顺序，依次记录鲁国和其他各国发生的事件，久之便成为繁杂的历史大事记。孔子作《春秋》，文中寓己意，借历史事件来表现他的思想主张和政治理想。因此，对每件具体之事，非重在记录事情本身的实际情况，而是写他认为事情应该怎样，以体现"正名"的主张，将历史服务于现实政治。这便冲破了史官依时记事录言的流水账似的历史樊篱，首创了以事达义或以古鉴今的新史学，可谓开辟了中国历史政治学的文化先河。

对于孔子作《春秋》一事，孟子与司马迁都给予了一致的肯定。

孟子说：

世衰道微，邪说暴行有作，臣弑其君者有之，子弑其父者有之。孔子惧，作《春秋》。《春秋》，天子之事也。是故孔子曰："知我者，其惟《春秋》乎？罪我者，其惟《春秋》乎？"孔子成《春秋》而乱臣贼子惧。①

至于司马迁在《史记》中，更是对于孔子作《春秋》的起因与作用都给予了详细的说明。

_____

① 《孟子·滕文公下》

子曰："弗乎弗乎，君子病没世而名不称焉。吾道不行矣，吾何以自见于后世哉？"乃因史记作春秋，上至隐公，下讫哀公十四年，十二公。据鲁，亲周，故殷，运之三代。约其文辞而指博。故吴楚之君自称王，而春秋贬之曰"子"；践土之会实召周天子，而春秋讳之曰"天王狩于河阳"：推此类以绳当世。贬损之义，后有王者举而开之。春秋之义行，则天下乱臣贼子惧焉。"

孔子在位听讼，文辞有可与人共者，弗独有也。至于为春秋，笔则笔，削则削，子夏之徒不能赞一辞。弟子受春秋，孔子曰："后世知丘者以春秋，而罪丘者亦以春秋。"①

司马迁认为，当时孔子最担心的就是死后不能为后世留下点什么，于是就根据鲁国的史书作了《春秋》，上起鲁隐公元年，下止鲁哀公十四年，共包括鲁国十二个国君。以鲁国为中心记述，尊奉周王室为正统，以殷商的旧制为借鉴，推而上承夏、商、周的法统，文辞简约而旨意广博。所以吴、楚的国君自称为王的，在《春秋》中仍贬称为子爵；晋文公在践土与诸侯会盟，实际上是硬要天子周襄王赴会，而《春秋》中却避讳说"周天子巡狩来到河阳"。依此类推，《春秋》就是采用这一原则，来褒贬当时的各种人物与是非。后代有的国君加以称举并将此推广开来，使《春秋》的义法在天下推行，那些乱臣贼子也就害怕起来。

司马迁还说：孔子任司寇审理诉讼案件时，文辞上有可与别人商量的地方，他从不独自决断。到了写《春秋》时就不同

---

① 《史记·孔子世家》。

了，应该写的一定写上去，应当删的一定删掉，就连子夏这些长于文字的弟子，一句话也不能给他增删。弟子们学习《春秋》，孔子说："后人了解我将因为《春秋》，后人怪罪我也将因为《春秋》。"由此可见孔子在著述《春秋》时的良苦用心。

另外，在《史记·太史公自序》中还详细记载了司马迁与上大夫壶遂关于孔子作《春秋》之间的一段谈话：

上大夫壶遂曰："昔孔子何为而作春秋哉？"太史公曰："余闻董生曰：'周道衰废，孔子为鲁司寇，诸侯害之，大夫壅之。孔子知言之不用，道之不行也，是非二百四十二年之中，以为天下仪表，贬天子，退诸侯，讨大夫，以达王事而已矣。'子曰：'我欲载之空言，不如见之于行事之深切著明也。'夫春秋，上明三王之道，下辨人事之纪，别嫌疑，明是非，定犹豫，善善恶恶，贤贤贱不肖，存亡国，继绝世，补敝起废，王道之大者也。易著天地阴阳四时五行，故长于变；礼经纪人伦，故长于行；书记先王之事，故长于政；诗记山川溪谷禽兽草木牝牡雌雄，故长于风；乐乐所以立，故长于和；春秋辨是非，故长于治人。是故礼以节人，乐以发和，书以道事，诗以达意，易以道化，春秋以道义。拨乱世反之正，莫近于春秋。春秋文成数万，其指数千。万物之散聚皆在春秋。春秋之中，弒君三十六，亡国五十二，诸侯奔走不得保其社稷者不可胜数。察其所以，皆失其本已。故易曰'失之毫厘，差以千里'。故曰'臣弒君，子弒父，非一旦一夕之故也，其渐久矣'。故有国者不可以不知春秋，前有谗而弗见，后有贼而不知。为人臣者不可以不知春秋，守经事而不知其宜，遭变事而不知其权。为人君父而不通于春秋之义者，必蒙首恶之名。为人臣子而不通于春秋之义者，必陷篡弑之诛，死罪之名。其实皆以为善，为之不知其义，被之空言而不敢辞。夫不通礼义之旨，至于君不君，臣不臣，父不父，子不子。夫君不君则犯，臣不臣则诛，父不父则无道，子不子则不孝。此四行者，天下之大过也。以天下之大过予之，则受而弗敢辞。故春秋者，礼义之大宗也。夫礼禁未然之前，法施已然之后；法之所为用者易见，而礼之所为禁者难知。"

壶遂曰："孔子之时，上无明君，下不得任用，故作春秋，垂空文以断礼义，当一王之法。今夫子上遇明天子，下得守职，万事既具，咸各序其宜，夫子所论，欲以何明？"

太史公曰："唯唯，否否，不然。余闻之先人曰：'伏羲至纯厚，作易八卦。尧舜之盛，尚书载之，礼乐作焉。汤武之隆，诗人歌之。春秋采善贬恶，推三代之德，褒周室，非独刺讥而已也。'汉兴以来，至明天子，获符瑞，封禅，改正朔，易服色，受命于穆清，泽流罔极，海外殊俗，重译款塞，请来献见者，不可胜道。臣下百官力诵圣德，犹不能宣尽其意。且士贤能而不用，有国者之耻；主上明圣而德不布闻，有司之过也。且余尝掌其官，废明圣盛德不载，灭功臣世家贤大夫之业不述，堕先人所言，罪莫大焉。余所谓述故事，整齐其世传，非所谓作也，而君比之于春秋，谬矣。"

这个故事很有意思，表面上是关于上大夫壶遂与司马迁的对话，实际上是司马迁用二人对话的形式，详细说明了他对孔子作《春秋》的原因、内容以及自己对此问题的观点和看法：

　　上大夫壶遂问："从前孔子为什么要作《春秋》呢？"太史公说："我听董生讲：'周朝王道衰败废弛，孔子担任鲁国司寇，诸侯嫉害他，卿大夫阻挠他。孔子知道自己的意见不被采纳，政治主张无法实行，便褒贬评定二百四十二年间的是非，作为天下评判是非的标准，贬抑无道的天子，斥责为非的诸侯，声讨乱政的大夫，为使国家政事通达而已'。孔子说：'我与其载述空洞的说教，不如举出在位者所作所为以见其是非美恶，这样就更加深切显明了。'《春秋》这部书，上阐明三王的治道，下辨别人事的纪纲，辨别嫌疑，判明是非，论定犹豫不决之事，褒善怨恶，尊重贤能，贱视不肖，使灭亡的国家存在下去，断绝了的世系继续下去，补救衰敝之事，振兴废弛之业，这是最大的王道。《易》载述天地、阴阳、四时、五行，所以在说明变化方面见长；《礼》规范人伦，所以在行事方面见长；《书》记述先王事迹，所以在政治方面见长；《诗》记山川溪谷、禽兽草木、牝牡雌雄，所以在风土人情方面见长；《乐》是论述音乐立人的经典，所以在和谐方面见长；《春秋》论辨是非，所以在治人方面见长。由此可见，《礼》是用来节制约束人的，《乐》是用来诱发人心平和的，《书》是来述说政事的，《诗》是用来表达情意的，《易》是用来讲变化的，《春秋》是用来论述道义的。平定乱世，使之复归正道，没有什么著作比《春秋》更切近有效。《春秋》不过数万字，而其要旨就有数千条。万物的离散聚合都在《春秋》之中。在《春秋》一书中，记载弑君事件三十六起，被灭亡的国家五十二个，诸侯出奔逃亡不能保其国家的数不胜数。考察其变乱败亡的原因，都是丢掉了作为立国立身根本的春秋大义。所以《易》中讲'失之毫厘，差以千里'。说'臣弑君，子弑父，并非一朝一夕的缘故，其发展渐进已是很久了'。因此，做国君的不可以不知《春秋》，否则就是谗佞之徒站在面前也看不见，奸贼之臣紧跟在后面也不会发觉。做人臣者不可以不知《春秋》，否则就只会株守常规之事却不懂得因事制宜，遇到突发事件则不知如何灵活对待。做人君、人父若不通晓《春秋》的要义，必定会蒙受首恶之名。做人臣、人子如不通晓《春秋》要义，必定会陷于篡位杀上而被诛伐的境地，并蒙死罪之名。其实他们都认为是好事而去做，只因为不懂得《春秋》大义，而蒙受史家口诛笔伐的不实之言却不敢推卸罪名。如不明了礼义的要旨，就会弄到君不像君、臣不像臣、父不像父、子不像子的地步。君不像君，就会被臣下干犯，臣不像臣就会被诛杀，父不像父就会昏聩无道，子不像子就会忤逆不孝。这四种恶行，是天下最大的罪过。把天下最大的罪过加在他身上，也只得接受而不敢推卸。所以《春秋》这部经典是礼义根本之所在。礼是禁绝坏事于发生之前，法规施行于坏事发生之后；法施行的作用显而易见，而礼禁绝的作用却隐而难知。"

壶遂说："孔子时候，上没有圣明君主，他处在下面又得不到任用，所以撰写《春秋》，留下一部空洞的史文来裁断礼义，当作一代帝王的法典。现在先生上遇圣明天子，下能当官供职，万事已经具备，而且全部各得其所，井然相宜，先生所要撰述的想要阐明的是什么呢？"

太史公说："不完全是这么回事。我听先人说过：'伏羲最为纯厚，作《易》八卦。尧舜的强盛，《尚书》做了记载，礼乐在那时兴起。商汤周武时代的隆盛，诗人予以歌颂。《春秋》扬善贬恶，推崇夏、商、周三代盛德，褒扬周王室，并非仅仅讽刺讥斥呀'。汉朝兴建以来，至当今英明天子，获见符瑞，举行封禅大典，改订历法，变换服色，受命于上天，恩泽流布无边，海外不同习俗的国家，辗转几重翻译到中国边关来，请求进献朝见的不可胜数。臣下百官竭力颂扬天子的功德，仍不能完全表达出他们的心意。再说士贤能而不被任用，是做国君的耻辱；君主明圣而功德不能广泛传扬使大家都知道，是有关官员的罪过。况且我曾担任太史令的职务，若弃置天子圣明盛德而不予记载，埋没功臣、世家、贤大夫的功业而不予载述，违背先父的临终遗言，罪过就实在太大了。我所说的缀述旧事，整理有关人物的家世传记，并非所谓著作呀，而您拿它与《春秋》相比，那就错了。"

第十八章

人生难得圆满

一

孔子晚年的生活非常不幸。

回鲁不久，他唯一的儿子孔鲤也先于他死去。

接着，他最亲密的两个学生颜回和子路也不幸亡故。

孔鲤死于孔子70岁时，即孔子归鲁后第三年（鲁哀公十三年），年仅50岁。孔鲤为人恭顺，十分听从父亲的训导。但孔子对他的教育同对自己的学生一样，没有任何特殊的地方。在立业问题上，也没有利用自己的地位和影响为他谋取一官半职。孔鲤直到去世仍是一介普通的士。孔鲤有一个儿子叫孔伋，字子思，子思后来也是著名的学者。故孔子对他的安葬也按一般士人的标准，有棺而无椁。

老年丧子，终是伤心的事。但不幸的事接二连三而来。在孔子71岁的时候，先是这一年的春天，叔孙氏在鲁国西郊打猎，其御者鉏商捕获了一只像麒麟一样的动物。麒麟在传说中是一种吉祥物，只在太平盛世出现，但现在被打死了，孔子觉得这不是个好兆头。麒麟不合时宜地出现，引发了孔子生不逢时的想法，甚至产生了"吾道穷矣"的末路之感。

孔子哭麟不久，他最得意的弟子颜渊死去。

颜回是孔子最喜爱的弟子，天资聪颖，勤奋好学，尊师尚仁，重道笃行，用行舍藏，品格高尚，被孔子列为"德行"科之首。①

孔子众弟子中，孔子唯独对颜回最为偏爱，将他视为自己精神上最重要的传承人。

翻开《论语》，孔子对颜回的褒奖扑面而来，称赞他的地方有很多处。

在《论语·雍也》篇中，孔子称赞颜回的记载就有三处：

哀公问："弟子孰为好学？"孔子对曰："有颜回者好学，不迁怒，不贰过，不幸短命死矣。今也则亡，未闻好学者也。"

子曰："回也其心三月不违仁，其余则日月至焉而已矣。"

子曰："贤哉回也，一箪食，一瓢饮，在陋巷，人不堪其忧，回也不改其乐。贤哉回也。"

颜回的"好学，不迁怒，不贰过"，"其心三月不违仁"，"贤"，从孔子对颜回一连串的称赞中，我们可以看到这位老人对颜回的偏爱程度。

在《论语·先进》篇中，也记录了五则孔子对颜回的评价以及对待颜回的态度：

子畏于匡，颜渊后。子曰："吾以女为死矣。"曰："子在，回何敢死？"子曰："回也非助我者也，于吾言无所不说。"

子曰："回也其庶乎，屡空。赐不受命，而货殖

① 《论语·先进》。

焉，亿则屡中。"

颜渊死，颜路请子之车以为之椁。子曰："才不才，亦各言其子也。鲤也死，有棺而无椁。吾不徒行以为之椁。以吾从大夫之后，不可徒行也。"

颜渊死，门人欲厚葬之，子曰："不可。"门人厚葬之。子曰："回也视予犹父也，予不得视犹子也。非我也，夫二三子也。"

颜回不在身边，孔子就魂不守舍，为颜回担心。颜回不能像子贡那样发财致富，孔子就替他打抱不平。颜回好学，更是让孔子念念不忘。

颜回具有高远的政治抱负，美好的社会理想。

据《韩诗外传》中记载：

孔子游于景山之上，子路子贡颜渊从。孔子曰："君子登高必赋，小子愿者何？言其愿，丘将启汝。"子路曰："由愿奋长戟，荡三军，乳虎在后，仇敌在前，蠡跃蛟奋，进救两国之患。"孔子曰："勇士哉！"子贡曰："两国构难，壮士列阵，尘埃涨天，赐不持一尺之兵，一斗之粮，解两国之难，用赐者存，不用赐者亡。"孔子曰："辩士哉！"颜回不愿，孔子曰："回何不愿？"颜渊曰："二子已愿，故不敢愿。"孔子曰："不同意，各有事焉，回其愿，丘将启汝。"颜渊曰："愿得小国而相之，主以道制，臣以德化，君臣同心，外内相应，列国诸侯莫不从义向风，壮者趋而进，老者扶而至，教行乎百姓，德施乎四蛮，莫不释兵，辐辏乎四门，天下咸获永宁，蝖飞蠕动，各乐其性，进贤使能，各任其事，于是君绥于上，臣和于下，垂拱无为，动作中道，从容得礼，言仁义者赏，言战斗者死，则由何进而救，赐何难之解。"孔子曰："圣士哉！大人出，小子匮，圣者起，贤者伏。回与执政，则由赐焉施其能哉！"诗曰："雨雪漉漉，见晛曰消。"

　　于此可见，颜回的志向和孔子追求的"大同"理想是一致的，所以孔子称赞颜回说："圣士哉！大人出，小子匮。圣者起，贤者伏。回与执政，则由（子路）赐（子贡）焉施其能哉！"①

　　颜渊不止学得孔子乐观、积极、勤奋不息的精神，而且也学得了孔子的谦虚。他原是很聪明的人，孔子曾问子贡说："假如你和颜回比，你觉得谁聪明？"子贡说："我怎么敢比他？颜回听到一桩，就能悟到十桩，我听到一桩，顶多悟到两桩。"孔子说："对了，你赶不上他。我和你都赶不上他！"②子贡就算聪明了，还赶不上，连孔子也承认赶不上。但是颜渊平常虚心到像傻子一样。孔子说："我和颜回谈一天，他也不反驳，就像笨得要命。可是我事后自己想想，他也给了我些启发，他不笨呵。"孔子是有政治热情的人，但并不怎么迷恋功名富贵。颜渊也是这样的。在一般人看来，颜渊是有宰相之才的，可是他并不急于做官。所以孔子曾对颜渊说："有机会就实现理想，没机会也能安心，只有我和你可以做到。"

　　总之，颜渊就是一个小孔子。可惜颜回41岁便死去了！孔子伤心得老泪纵横，失声恸哭。当他刚听到这个消息时，连声

---

①　《韩诗外传》。

②　《论语·公冶长》。

大呼："老天要我命了！老天要我命了！"有人劝他别太悲痛了，孔子则说："悲痛了吗？我不为这样的人悲痛还为什么人悲痛呢？"①

　　总之，颜回的亡故，使孔子在精神上备受打击，而且使他觉得自己经营一生的事业仿佛也就从此完结了。虽然身旁尚有一批朝气蓬勃的后起之秀，但与颜回相比毕竟要差一点。尤其是他们缺乏与孔子共患难的经历，根本与孔子无法做心灵上平等的交流，也就无法全面理解孔子的内心世界，这让孔子感到了深深的悲哀与寂寞。

　　颜回去世这一年，也就是公元前481年的夏天。在这一年，齐国发生了政变。在齐国这次政变中，孔子的弟子宰我牺牲在齐国。逃亡到齐国的陈国贵族陈氏（在齐改姓田氏），在齐国掌握政权已有八代，这时更把齐国国君齐简公杀了。到战国时期（公元前475—前221年），田氏就篡夺了齐国政权。齐国这次政变是韩、赵、魏三家分晋的先声。在某种意义上说，齐国政变可算是战国时代的序幕。不过在孔子当时，他还看不出其中的历史意义，只能感到这是大变动，很不以为然。

　　71岁高龄的孔子着了急，这是他最后一次表现对政治形势的关切。孔子马上斋戒沐浴，郑重地去请求鲁哀公出兵讨伐！可是鲁哀公无能为力，鲁国的政权掌握在三家贵族手里，鲁哀公便推给三家贵族，说："问他们好了。"孔子说："因为我从前参与过政治，所以不敢不来告诉；您却要我去问他们，我就只好问他们了。"孔子就又去告诉了三家贵族，但这三家贵族在鲁国的情形原和齐国的陈氏差不多，当然不会过问这种事。孔子碰了钉子。孔子是尊君复礼的，他此时悲哀且沮丧的心情可想而知。

① 《论语·先进》。

接下来，孔子又遇上了一件不幸的事，这就是他最亲密的弟子子路也死了。

子路对孔子的事业最热心，虽然因为心直口快，常常受到孔子的申斥，但与孔子的感情始终很好。虽然子路常常受孔子的责备，然而因为子路是个直爽的人，孔子对他也就最容易说出真心话，同时也能够听从他的劝诫。子路有不少长处，如正直、果断、勇敢、信守言诺、见义勇为、忠于职守、闻过则喜等，因此颇获孔子的喜欢。不过子路也很鲁莽。孔子曾经不止一次地告诫过他。有一次，子路问孔子："如果你率领三军的话，要带谁去呢？"因为子路以勇敢出名，他以为孔子一定说要带他。可是孔子说："我绝不带赤手空拳就和老虎打一通的人，我也绝不带莽莽撞撞一点准备也没有就要过河的人。我要的是遇到战事能谨慎戒惧、善于策划而能成功的人。"因为子路性子太刚直，太要强，孔子曾经道出了他不会善终的隐隐预感，果然最后不幸而言中。

子路是死在卫国的。原来卫出公立了十二年以后，他父亲蒯聩又来夺取王位。这时子路在卫国的一个贵族孔悝那里做官。孔悝是蒯聩的外甥。孔悝并不赞成蒯聩。可是孔悝的母亲，即蒯聩的姐姐，却欢迎蒯聩，原因是她在孔悝的父亲死后，爱上一个仆人叫浑良夫的，蒯聩支持她这一段爱情，并允许她改嫁。结果，孔悝的母亲和浑良夫当了蒯聩的内应。

蒯聩潜回卫国，与孔悝的母亲一起，软禁了不同意政变的孔悝。子路听到信息，就赶来想救出孔悝。结果在与蒯聩将士战斗时遇害，身体被剁成了肉酱。卫出公逃亡鲁国，蒯聩终于取得了卫国的王位，这就是卫庄公。

孔子一听说卫国发生政变，就感到不安，说："高柴还可以安全回来，仲由一定完了。"不久果然凶信到了，孔子就在院子里哭起来。这时有来吊唁的，孔子立刻还了礼。孔子哭完了，才又问起子路怎么死的，送信的人说："成了肉酱了！"孔子便赶快叫人把屋子里吃的酱倒掉，为的是怕看了心里难受。

颜渊和子路的死，对于孔子都是沉重的打击。一个是他认定的最好的能接班的弟子，一个是他最亲近、最信任、最依赖的弟子，共患难过多次，相处过三四十年，现在都离开他了。对于一个以"天德""周文"而自命、自任的人来说，由于失去了理想的传人与最可依赖的弟子，他将面临"道将不行"的结局，这是一件充满悲剧意味的事情。

孔子终于垮掉了，从此再也没有能够好起来。

二

孔子病了。

长期的劳累夺走了他的健康，孔鲤、颜回、子路等人的相继离世又从心理上彻底击垮了这位坚强的老人。孔子感到他就正如前不久所看到被杀的麒麟一样生不逢时，出不逢时，他认命了。

病中的孔子，不时眼前有往事重现。

修身齐家治国平天下，这是他从15岁开始就立下的志向。

然而，就家而言，孔子内心深处充满了纠结、内疚与自责。他三岁丧父，十七岁时丧母，因为年幼，父母早亡，他都没有尽到孝道的本分。自己虽然有一个跛脚的哥哥，但因为从小就分离两地，因为两家大人的不合，他们的感情也不深厚，加上自己常年忙于事业，所谓的"悌"也就谈不上满意。具体到自己的小家，夫人亓官氏与自己也感情一般，虽然有一子一女，但自己在对他们的教育上也并没有能倾注太多的心血。孔鲤一生资质、事业平平，孔子感到自己难辞其咎。现在，夫人与儿子都已经离去。齐家，对于孔子来说也就只剩下了一个破碎的并不幸福的梦，一份永远的歉疚。

就国而言，孔子心中更是五味杂陈，矛盾交织。

孔子的内心深处，是有振兴鲁国、恢复周公事业的伟大梦想的。然而，由于各种原因，他始终未能梦想成真。从51岁到55岁，鲁国曾经给予他当政的机会，从中都宰、小司空直到大司寇兼摄相事，孔子都做得风生水起，有模有样。然而，从鲁桓公开始，季孙氏、孟孙氏、叔孙氏三家贵族已经把持了鲁国的政权，公室权微的沉疴已成。孔子虽然想加强中央集权，收三家贵族手中的权力归于国君，恢复昔日礼乐秩序，但在当政者三家贵族的面前，还是势单力薄。最终，他被鲁国贵族排挤流亡他国，复兴鲁国也就成为了南柯一梦。从55岁到68岁，孔子师徒游历各国，希望能得到所到处当政者的重用，同样因为所遇到的问题与孔子在鲁国时的一样，当时各诸侯国都存在权臣当政、"陪臣执国命"的现象，他们不可能采纳孔子的"克己复礼"的政治主张。各国统治者都只是将孔子当作自己尊重贤人的招牌，敬而不用。孔子师徒在外流亡14年，最终无功而返，家国梦碎。

实际上，就孔子而言，他有治国平天下的理想，而少愚忠愚效于"一国一君"的观念。他的所谓的"忠君报国"，与后世人强加给他的概念是完全不同的。良禽择木而栖，贤士择主而事。"君使臣以礼，臣事君以忠""以德报德，以直报怨"，哪个诸侯国给予他施展政治抱负的平台，哪里就是他的国家。哪个国君信任他、重用他，哪个国君就是他应该效忠的君上。进一步而言，所谓孔子心中的家国天下，就是恢复周公昔日的事业，重建一个全新的东周。这个国家，应该是以周天子的政治概念为概念的。"普天之下，莫非王土。率土之滨，莫非王臣。"而不是以周天子分封的各诸侯国之间为界限来认定的。因为就诸侯国而言，周天子仍是天下共主，周天子的号令，他们还是要遵守的。周天子是君，各诸侯国君是臣。因此，孔子虽是鲁国人，但他认为他是东周人。

孔子从30余岁希望出仕开始，为他的治国平天下的目标奔走呼吁了一生，然而残阳如血，到处碰壁。治国平天下，对于他来说，永远是一个不可企及的遥远的梦。

三

孔子并没有绝望。

回首往事，他从学习中也得到了不少的乐趣。他所开创的私人教育也非常的成功，他教育出了那么多优秀的学生。他对《诗》《书》《礼》《乐》的整理、完善与编纂等都让他感到安慰。尤其是他对《春秋》的整理、编纂与体例的创新以及提出的"中庸"理论，让他有了一种不负平生的感觉。想到这一切，孔子对自己的一生还是加以了肯定。

从孔子年少走向社会到他37岁自齐返鲁，可以作为他思想发展的第一阶段。这是孔子自学、办学和初步接触政治与社会的重要时期，也是他的社会知识和理论知识的积累的关键阶段。在这一阶段，孔子在思想理论方面关注最多的是礼。"不学礼，无以立"，他为了立足于社会，不能不在礼上多下功夫。他学礼、相礼、问礼。在这个阶段，他对鲁国和齐国的政治批评，也主要集中在礼对君臣关系的基本要求上面。孔子谙悉礼乐文化对他以后的思想发展十分重要，他后来创立的儒学便是建立在对周礼的准确把握的基础之上。

　　孔子自齐返鲁，开办私学，专门从事文化教育活动。从51岁到55岁从政三年，他游历诸侯各国14年，68岁自陈返鲁，这是构成他思想发展的第二个阶段。在这个阶段，孔子思想渐趋稳定并成熟，创立了仁论和以仁为基础的礼论以及君子人格论，并形成了自己的天命观。也是在这一个阶段，孔子提出了"天下有道，则礼乐征伐自天子出；天下无道，则礼乐征伐自诸侯出"的政治统一主张，等等。这个阶段无疑是孔子在思想理论方面的全面创立时期。

　　孔子66岁返鲁以后，直至去世，这是他思想发展的第三个阶段。在鲁国从政的失败以及随后而来的长达14年的羁旅生活，对孔子晚年的思想变化发生了十分重要的影响。一方面，当时各国的具体政治形势和政治斗争的严峻性，让孔子感到要确立一种调和当时社会与政治斗争等矛盾的方法的重要性。另一方面，从政失败的经历以及岁月的流逝，也让他更加感到确立自己学说的迫切性。在这个阶段，孔子的思想中更多的是多了一些冷静与温和的因素，也正是在这个阶段，孔子提出了他著名的中庸理论，同时根据他一生的学习与实践心得，整理、创建并完善了具有孔氏特色的以《诗》《书》《礼》《易》《乐》《春秋》为内容的"六艺"，彻底建立了以中庸理论为本质的孔子学说。

　　追求政治的一生，最后还是以书生作了了结。想到这里，孔子饱经风霜的脸上露出了一丝苦笑。

　　孔子想起，从37岁那年他开始创办私学教育开始，直到他晚年归鲁，他的办学收徒越来越走向成功。他的学生不仅来源于鲁国，在他游历各国十多年中，各诸侯国越来越多的学生也聚集到他的门下。在举办教育方面，他是成功的。

司马迁说："孔子用《诗》《书》《礼》《乐》作为教育弟子的主要内容，受过孔子教育的弟子大约有三千人，其中能精通礼、乐、射、御、书、数这六种技艺的有七十二人。至于像颜浊邹那样的人，多方面受到孔子的教诲却没有正式入籍的弟子就更多了。孔子从学问、言行、忠恕、信义四个方面教育弟子。为弟子订立四条禁律：不凭空猜想、不盲目肯定、不固执己见、不要有私心。他要求学生们应当特别谨慎对待三件事：这就是斋戒、战争、疾病。孔子很少谈到利，如果谈到，就与命运、仁德联系起来。在教育方法上，孔子主张启发式教学。他在教育弟子的时候，不到学生真正遇到困难，不去启发开导他。在学生不能触类旁通、举一反三之前，他不去用灌输式的办法硬性传授给学生。"①

司马迁说的基本符合事实。

孔子在教育上确实做到了因材施教。他从教40余年，培养了大批政治、军事、外交以及治学方面的人才。他曾按品行和专长把他的学生分为四科，各自代表人物是：

德行：颜渊，闵子骞，冉伯牛，仲弓。

言语：宰我，子贡。

政事：冉有，季路。

文学：子游，子夏。②

孔子的这一划分，不仅说明孔门人才之丰，而且揭示了孔门弟子中先进与后进的分野。后进，指孔子晚年归鲁前后入学的弟子；先进，指在此以前入学的弟子。先进弟子中除少数人淡于仕进而专于德行修养外，多数都以齐家治国平天下为己任而热衷于政治，故孔子四科之前三科的代表人物都出自

① 《史记·孔子世家》。

② 《论语·先进》。

先进弟子；后进弟子虽有少数人做短期邑宰，但一般来说，他们都以治学传道为务而精于诗书礼，故文学科之佼佼者大多出自后进。这种划分乃就后孔门弟子之人生志向而言，若考察他们的思想倾向，则往往因人而异。如颜回怀仁，子夏务礼，闵子骞重孝，南宫适尚德，子路好勇，宓子贱戒斗，冉有讲究实际，子游富于理想等。孔门弟子中这种复杂情形，直接导致孔子死后儒分为八。孔门学问庞杂，固因当时政治与学术发展所使然，也同孔子因材施教有关。因为在孔子看来，引导学生提高德行修养并保持志趣与思想的独立发展，对培养社会各种人才来说是完全必要的。由于孔子教育得法，故孔门人才一时颇盛，对于春秋晚期各诸侯国的军事、外交、政治以及教育等方面均起到了一定程度的影响。不仅如此，孔子的教育方法以及他所整理编纂的"六经"也对后世产生了重大影响。他在私人办学的开山地位以及对古典文化的整理与保存，已经融入中华民族的血脉，成为中华民族文化长河中一条永远不会干枯的河流。

在对往事的回忆中，在矛盾而又复杂的心情中，孔子感到身体难以支撑，恍惚中，他梦见自己不知何故坐在厅堂的两楹中间。梦醒后，他知道这是殷人的停放灵柩的地方。他知道自己已经走到了生命的尽头。

公元前479年（鲁哀公十六年）夏历2月11日，孔子在安静中溘然长逝。他没有能改变自己的时代，却深深地影响到了中华民族的文化发展。作为一个政治思想家、成功的教育家、一个博学而又富有创造性的学者，他对中华民族的思想与文化的发展做出了不可磨灭的贡献。

跋：孔子在民族文化复兴中的作用

孔子通过自己一生顽强而不懈的努力，对中国政治与文化的传承与发展起到了十分关键的作用。

第一，孔子对中国早期文化的保存和发展，具有举足轻重的地位和影响。

在孔子创立儒学之前，中国历史上还不曾有过什么学术流派。即使是在孔子办学之初，也还够不成学派规模。就孔子私塾而言，也就只是一个私人创办的教育团体。孔子的初衷，是为政治培养人才。但是随着时间、实践的发展，这个私人创办的教育团体逐渐发展，演化成为了一个具有教育与学术研究双重性质的学术团体。一方面，作为一位思想丰富深邃、人格伟大仁慈、教育得法爱才的老师，孔子在孔子学派的形成过程中起到了无可替代的作用。另一方面，在孔子精心而又得法的培养下，一批又一批孔门弟子在学业完成后成功地走向社会，为孔子学派注入了强大的血液。这些学生在人格上敬仰孔子，在思想学术上信服孔子的理论学说。他们学有所成后或者参与政治，或者收徒讲学，或者从事学术理论的创新。经过无数代的薪火相传，孔子的学说就慢慢地形成了气候，形成了具有很大影响力的一家之言。

在孔子之前，华夏民族已经有2500多年的历史。上自尧、舜、禹，下至夏、商、周，这是一笔十分丰富的历史文化遗产。孔子的伟大之处就在于他非常敏锐地认识到了整理文化遗产的重要性。他说，周朝的文化、礼乐制度，是参照夏、商两代的样子，在其基础上发展起来的，所以能够丰富多彩。孔子有一种继承前人文化遗产的自觉性和使命感，在夏、商、周三代中，他选择了周朝的文化、制度，以继承、传播周文化制度为己任，而且终身坚持不变。按照司马迁的记载，孔子在整理和编纂《诗》《书》《礼》《乐》《易》《春秋》六经上花费了很大的心血。当时的乱世时代，统治者都忙于争权夺利，没有哪个执政者愿意致力于文化典籍的保存工作。在这种情况下，保存好这些文化典籍对中华民族文化日后的发展，更是具有非常重大的意义。

第二，对于中国政治的发展，孔子也具有十分重要的影响。

在中国几千年的历史发展中，孔子一手开创的儒家文化从汉朝开始，长期成为了封建社会政治意识形态的核心内容。

历史表明，孔子的思想不适用于正在走向统一，凭借政治、军事、经济实力进行争霸与兼并的春秋战国时代。孔子在生前并不得志，他的学说被人讥讽为过于迂阔不切实际。到了战国时期虽然成为显学，然而就其实用程度而言，大大逊色于法家的理论。总起来说，在汉武帝"罢黜百家，独尊儒术"之前，孔子学说的影响范围，仅局限于思想学术领域，对现实的政治生活所产生的影响，应该说是非常有限的。

然而，大一统的实现，给孔子思想在政治方面发挥作用提供了良好的环境条件。秦统一天下后，法家理论的余威还不能立即消失，但也仅仅过了15年，法家理论的严重缺陷就暴露无遗。公元前206年刘邦夺取政权，汉朝建立，采用黄老学说，提倡休养生息。又过了60多年，汉武帝采纳了董仲舒的建议，

"罢黜百家，独尊儒术"。从此，儒家学说成为封建社会官方 247

的意识形态，孔子的影响也越来越大。统治者对孔子的封号一再升级，祭祀孔子的庙宇遍布全国各个州县，孔子的后代也被加封，孔子得到了他生前未曾有过的荣誉与地位。在中华民族的思想长河中，两千余年来，虽然道家、释家、法家也有一定的市场，但不能堂而皇之登上官方钦定的高堂，在意识形态领域，基本上一直是儒学独霸天下的局面。

第三，孔子对于后世的影响，还不仅仅表现在政治与文化方面，在中华民族心理素质与共同人格的形成过程中，孔子也起到了相当重要的作用。

孔子对前人文化的继承，不仅表现在搜集、保存、整理了大量古代文化典籍，使之得以流传，而且更为重要的是他继承了周公所提倡的敬德保民、明德慎罚、以德治国、以人为本、奋发进取、自强不息、强调道德、维护统一、忠于国家等优秀思想文化传统。他在对学生的培养过程中，他在向当权者宣传自己政治主张的过程中，他在整理与编纂古代文献的过程中，都力所能及把这些优秀的思想传统尽量贯彻落实于其中。孔子的这些努力，收到了良好的效果。他所整理编纂的典籍"六经"以及他的学生所编集的主要记录他的言行的《论语》一书，使得他所承继下来的周文化的优秀传统，对中华民族的精神面貌、文化道德都产生了无法估量的正面影响。没有孔子这种承前启后的努力，如此丰富多彩、光辉灿烂的早期古典文化，很可能就得不到保持与延续。中华民族源远流长的文化传递，在某些方面很可能就会中断或者缺失不全。

孔子对中华民族的民族性格、共同心理素质的影响，与他提倡的做人准则以及他所塑造的君子人格，关系十分密切。中华民族在孔子之前，就产生过许多优秀的人物。所谓祖述尧

跋：孔子在民族文化复兴中的作用

舜、宪章文武，不仅仅是指孔子主张采用周王朝创立的政治制度、礼乐制度，同时也是指孔子把尧、舜、禹、汤、文、武、周公等人作为做人、为君的榜样，号召人们向他们学习。仅在《论语》中，孔子提到的明君贤相或者是比较优秀的历史人物就有尧、舜、禹、文王、武王、周公、皋陶、伊尹、比干、箕子、微子、伯夷、叔齐、齐桓公、秦穆公、管仲、子产等众多人物。孔子把这些人的治国平天下的主张当作自己与学生学习的榜样，并从这些人身上总结出来优秀人才应具有的共同的品德，从而形成了他的标准非常之高的君子人格论。

孔子所提出的君子人格标准，主要集中在有理想、有道德、有文化、有修养、有治国平天下情怀等方面，体现了民族正气，凝聚着民族精华，寄托着民族的希望，早已经成为中华民族高尚人格与伟大精神的一部分。在人人尽可为尧舜的信念鼓舞下，在君子为国为民高尚人格的激励鞭策下，2500年以来，在中国这块土地上，产生了一批又一批的志士仁人，这些人构成了中华民族的脊梁，成为各个时期推动和复兴中华民族的骨干力量。

附录

一：主要参考与引用书目

《论语》

《史记》

《诗经》

《尚书》

《周易》

《礼记》

《春秋》

《左传》

《荀子》

《孟子》

《庄子》

《老子》

《列子》

《墨子》

《说苑》

《国语》

《汉书》

《孔丛子》

《韩非子》

《尹文子》

《淮南子》

《战国策》

《韩诗外传》

《孔子家语》

《孔子全集》

《吕氏春秋》

《晏子春秋》

《四书章句集注》

郭沫若著：《十批判书》，科学出版社1956年版。

冯友兰著：《中国哲学史》，中华书局1961年版。

杨伯峻译注：《论语译注》，中华书局1980年版。

蔡尚思著：《孔子思想体系》，上海人民出版社1982年版。

张秉楠著：《孔子传》，吉林文史出版社1989年版。

李启谦著：《孔门弟子研究》，齐鲁书社1989年版。

钟肇鹏著：《孔子研究》，中国社会科学出版社1990年版。

匡亚明著：《孔子评传》，南京大学出版社1990年版。

高专诚著：《孔子·孔门弟子》，山西人民出版社1991年版。

刘泽华著：《中国古代政治思想史》，南开大学出版社1995年版。

陈升著：《世界十大思想家·孔子传》，河北人民出版社1997年版。

钱穆著：《先秦诸子系年》，商务印书馆2001年版。

钱穆著：《孔子传》，生活·读书·新知三联书店2002年版。

邹牧仑著：《伴孔子周游》，海天出版社2002年版。

余英时著：《士与中国文化》，上海人民出版社2003年版。

张宗舜、李景明著：《孔子大传》，山东友谊出版社2003年版。

林存光著：《历史上的孔子形象》，齐鲁书社2004年版。

林语堂著：《中国先哲的智慧》，陕西师范大学出版社2006年版。

李零著：《丧家狗——我读〈论语〉》，山西人民出版社2007年版。

林存光著：《孔子新论》，人民出版社2012年版。

李木生著：《布衣孔子》，人民出版社2013年版。

鲍鹏山著：《孔子传》，中国青年出版社2013年版。

傅佩荣编著：《孔子辞典》，东方出版社2013年版。

李中华著：《孔二先生》，社会科学文献出版社2013年版。

李长之著：《孔子传》，新世界出版社2017年版。

韩星著：《走进孔子：孔子思想的体系、命运与价值》，福建教育出版社2017年版。

刘毓庆著：《论语绎解》，商务印书馆2017年版。

二：孔子年表

一岁　公元前551年（周灵王二十一年，鲁襄公二十二年），夏历八月二十七日，公历9月22日，孔子生于鲁国陬邑昌平乡（今山东曲阜城东南）尼山附近。因父母祷于尼山而生，故名丘，字仲尼。

二岁　公元前550年（周灵王二十二年，鲁襄公二十三年），孔子在鲁。

三岁　公元前549年（周灵王二十三年，鲁襄公二十四年），孔父叔梁纥死，葬于防山，孔母颜徵在携孔子移居曲阜阙里。

四岁　公元前548年（周灵王二十四年，鲁襄公二十五年），孔子在鲁。

五岁　公元前547年（周灵王二十五年，鲁襄公二十六年），孔子在鲁。

六岁　公元前546年（周灵王二十六年，鲁襄公二十七年），孔子"为儿嬉戏，常陈俎豆，设礼容"，自幼好礼。

七岁　公元前545年（周灵王二十七年，鲁襄公二十八年），孔子在鲁。

八岁　公元前544年（周景王元年，鲁襄公二十九年），孔子在鲁。

九岁　公元前543年（周景王二年，鲁襄公三十年），孔子在鲁。

十岁　公元前542年（周景王三年，鲁襄公三十一年），孔子在鲁。

十一岁　公元前541年（周景王四年，鲁昭公元年），孔子在鲁。

十二岁　公元前540年（周景王五年，鲁昭公二年），孔子
　　　　在鲁。

十三岁　公元前539年（周景王六年，鲁昭公三年），孔子
　　　　在鲁。

十四岁　公元前538年（周景王七年，鲁昭公四年），孔子
　　　　在鲁。

十五岁　公元前537年（周景王八年，鲁昭公五年），孔子
　　　　在鲁。孔子曾说："吾十有五而志于学。"

十六岁　公元前536年（周景王九年，鲁昭公六年），孔子
　　　　在鲁。

十七岁　公元前535年（周景王十年，鲁昭公七年），孔子
　　　　在鲁。其母亲颜徵在去世。赴季氏宴，被阳虎拒之
　　　　门外。

十八岁　公元前534年（周景王十一年，鲁昭公八年），孔
　　　　子在鲁。

十九岁　公元前533年（周景王十二年，鲁昭公九年），孔
　　　　子在鲁，娶宋人亓官氏为妻。

二十岁　公元前532年（周景王十三年，鲁昭公十年），孔
　　　　子在鲁，子孔鲤出生，因鲁君以鲤赠孔子，故以鲤
　　　　为名而字伯鱼。开始任季氏家委吏（管仓库的小
　　　　吏）。

二十一岁　公元前531年（周景王十四年，鲁昭公十一年），
　　　　孔子在鲁，改任季氏家乘田吏，管理牛羊畜牧。

二十二岁　公元前530年（周景王十五年，鲁昭公十二年），
　　　　孔子在鲁。

二十三岁　公元前529年（周景王十六年，鲁昭公十三年），

孔子在鲁。

二十四岁　公元前528年（周景王十七年，鲁昭公十四年），孔子在鲁。

二十五岁　公元前527年（周景王十八年，鲁昭公十五年），孔子在鲁。

二十六岁　公元前526年（周景王十九年，鲁昭公十六年），孔子在鲁。

二十七岁　公元前525年（周景王二十年，鲁昭公十七年），孔子在鲁，趁郯子朝鲁而向他请教学问。

二十八岁　公元前524年（周景王二十一年，鲁昭公十八年），孔子在鲁。

二十九岁　公元前523年（周景王二十二年，鲁昭公十九年），孔子在鲁。学琴于师襄子。

三十岁　　公元前522年（周景王二十三年，鲁昭公二十年），孔子在鲁，自谓"三十而立"。从这一年开始，他开始创办私学，独立创业。

三十一岁　公元前521年（周景王二十四年，鲁昭公二十一年），孔子在鲁继续办学。

三十二岁　公元前520年（周景王二十五年，鲁昭公二十二年），孔子在鲁继续办学。

三十三岁　公元前519年（周敬王元年，鲁昭公二十三年），孔子在鲁继续办学。

三十四岁　公元前518年（周敬王二年，鲁昭公二十四年），孔子适周问礼老聃，观明堂，拜社稷，同年返鲁。

三十五岁　公元前517年（周敬王三年，鲁昭公二十五年），鲁昭公率师攻季孙氏，季孙、叔孙、孟孙三家联合反抗昭公，昭公师败奔齐。孔子因鲁内乱经泰山适齐，遇一女子哭诉亲人被虎咬死仍不愿离开此地时，不由发出"苛政猛于虎"的慨叹。到齐国后为高昭子家臣，并晋见齐景公。

三十六岁　公元前516年（周敬王四年，鲁昭公二十六年），孔子在齐，闻《韶》乐，三月不知肉味；答齐景公问政说："君君，臣臣，父父，子子。""政在节财。"

三十七岁　公元前515年（周敬王五年，鲁昭公二十七年），孔子在齐。齐大夫扬言欲害孔子，孔子被迫匆忙返鲁。

三十八岁　公元前514年（周敬王六年，鲁昭公二十八年），孔子在鲁，继续潜心学问，全力办学。

三十九岁　公元前513年（周敬王七年，鲁昭公二十九年），孔子在鲁，继续潜心学问，全力办学。

四十岁　公元前512年（周敬王八年，鲁昭公三十年），孔子在鲁，自谓"四十而不惑"，继续潜心学问，全力办学。

四十一岁　公元前511年（周敬王九年，鲁昭公三十一年），孔子在鲁，继续潜心学问，全力办学。

四十二岁　公元前510年（周敬王十年，鲁昭公三十二年），孔子在鲁，继续潜心学问，全力办学。

四十三岁　公元前509年（周敬王十一年，鲁定公元年），孔子在鲁，继续潜心学问，全力办学。

四十四岁　公元前508年（周敬王十二年，鲁定公二年），孔子在鲁，继续潜心学问，全力办学。

四十五岁　公元前507年（周敬王十三年，鲁定公三年），孔子在鲁，继续潜心学问，全力办学。

四十六岁	公元前506年（周敬王十四年，鲁定公四年），孔子在鲁，带学生往观鲁桓公庙，问欹器，发挥"持满"之道说："吾闻宥坐之器者，虚则欹，中则正，满则覆。"	
四十七岁	公元前505年（周敬王十五年，鲁定公五年），孔子在鲁。鲁国季平子卒，季氏家臣阳虎作乱篡政。阳虎欲劝孔子出仕，孔子避之，退而继续修《诗》《书》《礼》《乐》以教弟子。孔子说："不义而富且贵，于我如浮云。"	
四十八岁	公元前504年（周敬王十六年，鲁定公六年），孔子在鲁，继续潜心学问，全力办学。	
四十九岁	公元前503年（周敬王十七年，鲁定公七年），孔子在鲁，继续潜心学问，全力办学。	
五十岁	公元前502年（周敬王十八年，鲁定公八年），孔子在鲁，自谓"五十而知天命"；公山不狃招孔子出仕，被子路劝阻。	
五十一岁	公元前501年（周敬王十九年，鲁定公九年），孔子在鲁，任中都（今山东汶上县西）宰，卓有政绩。	
五十二岁	公元前500年（周敬王二十年，鲁定公十年），孔子在鲁，相继升小司空、大司寇。夏，鲁、齐夹谷（今山东莱芜南）之会，孔子以大司寇身份为定公相礼。会盟前，孔子说，"虽有文事，必有武备"。因为进行了周密的准备，鲁国取得了这次政治外交的重大胜利，齐国被迫归还郓、讙、龟阴等地。	
五十三岁	公元前499年（周敬王二十一年，鲁定公十一	

年），孔子在鲁，为鲁大司寇，鲁国大治。

五十四岁　公元前498年（周敬王二十二年，鲁定公十二年），孔子在鲁，杀少正卯。在大司寇任上，采取纵深改革，"堕三都"，企图从三家贵族手中收回权力归鲁君。堕邱邑（今山东东平县南）、费邑（山东费县）较顺利，堕成邑（今山东宁阳东北）受阻，导致"堕三都"的改革半途而废。

五十五岁　公元前497年（周敬王二十三年，鲁定公十三年），孔子去鲁适卫，开始14年流亡列国的羁旅生涯。

五十六岁　公元前496年（周敬王二十四年，鲁定公十四年），孔子在卫，因未受礼遇而一度离开卫国。在卫国见卫灵公夫人南子，子路不悦。卫灵公与南子还让孔子为次乘游览市容，孔子为此不禁发出了"吾未见好德如好色者也"的感叹。

五十七岁　公元前495年（周敬王二十五年，鲁定公十五年），孔子在卫不被重用，继续收徒办学。

五十八岁　公元前494年（周敬王二十六年，鲁哀公元年），孔子在卫，继续收徒办学。

五十九岁　公元前493年（周敬王二十七年，鲁哀公二年），孔子在卫，又适曹赴宋。卫灵公问军阵于孔子，孔子说："俎豆之事则尝闻之，军旅之事未之学也。"孔子在卫三年多而不得用，遂决计离卫而去。孔子适宋途中，受宋司马桓魋威胁而微服适郑，然后到陈。

六十岁　公元前492年（周敬王二十八年，鲁哀公三年），孔子在陈。鲁国季桓子病重时，曾嘱其子季康子要召回孔子以相鲁，但季康子未按其父嘱行事，只召孔子弟子冉求回国。孔子说："鲁人召求，非小用之，将大用之也。"

六十一岁　公元前491年（周敬王二十九年，鲁哀公四年），孔子在陈。

六十二岁　公元前490年（周敬王三十年，鲁哀公五年），孔子在陈。

六十三岁　公元前489年（周敬王三十一年，鲁哀公六年），孔子在陈。在前往楚国途中被陈、蔡两国大夫派人所困，绝粮七日，但孔子及弟子依然诵读、弦歌不止。孔子在路途中还遇到隐者长沮、桀溺、荷蓧丈人和楚狂接舆等隐士的讽谏。楚大夫诸梁（采邑在叶，人称叶公）问政于孔子，孔子以"近者说（悦），远者来"对之。叶公又问子路孔子是什么样的人物，子路不知如何回答。孔子闻曰："女奚不曰：'其为人也，发愤忘食，乐以忘忧，不知老之将至云尔。'"。

六十四岁　公元前488年（周敬王三十二年，鲁哀公七年），孔子由负函（今河南信阳）返卫。其时卫出公与其父蒯聩争夺君位，政局混乱。子路向孔子询问为政之道，孔子说："必也正名乎！……名不正则言不顺，言不顺则事不成，事不成则礼乐不兴，礼乐不兴则刑罚不中，刑罚不中则民无所措手足。"

六十五岁　公元前487年（周敬王三十三年，鲁哀公八年），孔子在卫。

六十六岁　公元前486年（周敬王三十四年，鲁哀公九年），孔子在卫。

六十七岁　公元前485年（周敬王三十五年，鲁哀公十年），孔子在卫。孔子夫人亓官氏卒。

六十八岁　公元前484年（周敬王三十六年，鲁哀公十一年），孔子应鲁执政季康子之请，由卫返鲁，至此结束了长达14年的流亡生活。鲁哀公问政，孔子说："政在选臣。"又问："何为则民服？"回答说："举直错诸枉，则民服；举枉错诸直，则民不服。"季康子问政，孔子说："政者正也，子帅以正，孰敢不正？"季康子又通过冉有问"田赋"之事，孔子说："若不度于礼，而贪冒无厌，则虽以田赋，将又不足。"季康子不纳，亦不用孔子。孔子决心不再求仕，始整理《诗》《书》，定《礼》《乐》，作《春秋》，继续授业讲学。

六十九岁　公元前483年（周敬王三十七年，鲁哀公十二年），孔子在鲁。子伯鱼卒；孙子伋（字子思）出生。

七十岁　公元前482年（周敬王三十八年，鲁哀公十三年），孔子在鲁。孔子曾说："七十而从心所欲，不逾矩。"

七十一岁　公元前481年（周敬王三十九年，鲁哀公十四年），孔子在鲁，作《春秋》。弟子颜回死，孔子痛哭，说："噫！天丧予！天丧予！"叔孙氏及家臣"西狩获麟"，孔子说："吾道穷矣！"自此绝笔，停止修《春秋》。

七十二岁　公元前480年（周敬王四十年，鲁哀公十五年），孔子在鲁。卫国发生政变，蒯聩逐其子出公而自立，是为卫庄公。孔子弟子子路死于难，孔子终于因为连年衰痛而彻底病倒，从此日衰一日。

七十三岁　公元前479年（周敬王四十一年，鲁哀公十六年）夏历二月十一日，孔子去世。鲁哀公特写诔文："旻天不吊，不憖遗一老，俾屏余一人以在位，茕茕余在疚。呜呼哀哉！尼父！无自律。"孔子死后，众弟子将他葬于曲阜城北泗水南岸。弟子以父礼为他守墓三年，唯子贡守墓凡六年。

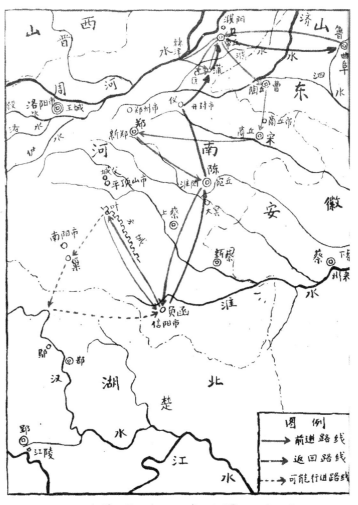

图2 孔子游历诸侯国示意图

图片来源：张秉楠著：《孔子传》，吉林文史出版社1989年版。

四：《史记·孔子世家》

孔子生鲁昌平乡陬邑。其先宋人也，曰孔防叔。防叔生伯夏，伯夏生叔梁纥。纥与颜氏女野合而生孔子，祷于尼丘得孔子。鲁襄公二十二年而孔子生。生而首上圩顶，故因名曰丘云。字仲尼，姓孔氏。

丘生而叔梁纥死，葬于防山。防山在鲁东，由是孔子疑其父墓处，母讳之也。孔子为儿嬉戏，常陈俎豆，设礼容。孔子母死，乃殡五父之衢，盖其慎也。陬人挽父之母诲孔子父墓，然后往合葬于防焉。

孔子要绖，季氏飨士，孔子与往。阳虎绌曰："季氏飨士，非敢飨子也。"孔子由是退。

孔子年十七，鲁大夫孟釐子病且死，诫其嗣懿子曰："孔丘，圣人之后，灭于宋。其祖弗父何始有宋而嗣让厉公。及正考父佐戴、武、宣公，三命兹益恭，故鼎铭云：'一命而偻，再命而伛，三命而俯，循墙而走，亦莫敢余侮。饘于是，粥于是，以餬余口。'其恭如是。吾闻圣人之后，虽不当世，必有达者。今孔丘年少好礼，其达者欤？吾即没，若必师之。"及釐子卒，懿子与鲁人南宫敬叔往学礼焉。是岁，季武子卒，平子代立。

孔子贫且贱。及长，尝为季氏史，料量平；尝为司职吏而畜蕃息。孔子长九尺有六寸，人皆谓之"长人"而异之。

鲁南宫敬叔言鲁君曰："请与孔子适周。"鲁君与之一乘车，两马，一竖子俱，适周问礼，盖见老子云。辞去，而老子送之曰："吾闻富贵者送人以财，仁人者送人以言。吾不能富贵，窃仁人之号，送子以言，曰：'聪明深察而近于死者，好议人者也。博辩广大危其身者，发人之恶者也。为人子者毋以有己，为人臣者毋以有己。'"孔子自周反于鲁，弟子稍益进焉。

是时也，晋平公淫，六卿擅权，东伐诸侯；楚灵王兵强，陵轹中国；齐大而近于鲁。鲁小弱，附于楚则晋怒；附于晋则楚来伐；不备于齐，齐师侵鲁。

鲁昭公之二十年，而孔子盖年三十矣。齐景公与晏婴来适鲁，景公问孔子曰："昔秦穆公国小处辟，其霸何也？"对曰："秦，国虽小，其志大；处虽辟，行中正。身举五羖，爵之大夫，起累绁之中，与语三日，授之以政。以此取之，虽王可也，其霸小矣。"景公说。

孔子年三十五，而季平子与郈昭伯以斗鸡故，得罪鲁昭公，昭公率师击平子，平子与孟氏、叔孙氏三家共攻昭公，昭公师败，奔于齐，齐处昭公乾侯。其后顷之，鲁乱。孔子适齐，为高昭子家臣，欲以通乎景公。与齐太师语乐，闻韶音，学之，三月不知肉味，齐人称之。

景公问政孔子，孔子曰："君君，臣臣，父父，子子。"景公曰："善哉！信如君不君，臣不臣，父不父，子不子，虽有粟，吾岂得而食诸！"他日又复问政于孔子，孔子曰："政在节财。"景公说，将欲以尼谿田封孔子。晏婴进曰："夫儒者滑稽而不可轨法；倨傲自顺，不可以为下；崇丧遂哀，破产厚葬，不可以为俗；游说乞贷，不可以为国。自大贤之息，周室既衰，礼乐缺有间。今孔子盛容饰，繁登降之礼，趋详之节，累世不能殚其学，当年不能究其礼。君欲用之以移齐俗，非所以先细民也。"后，景公敬见孔子，不问其礼。异日，景公止孔子曰："奉子以季氏，吾不能。"以季孟之间待之。

　　齐大夫欲害孔子，孔子闻之。景公曰："吾老矣，弗能用也。"孔子遂行，反乎鲁。

　　孔子年四十二，鲁昭公卒于乾侯，定公立。定公立五年，夏，季平子卒，桓子嗣立。季桓子穿井得土缶，中若羊，问仲尼云"得狗"。仲尼曰："以丘所闻，羊也。丘闻之，木石之怪夔、罔阆，水之怪龙、罔象，土之怪坟羊。"

　　吴伐越，堕会稽，得骨节专车。吴使使问仲尼："骨何者最大？"仲尼曰："禹致群神于会稽山，防风氏后至，禹杀而戮之，其节专车，此为大矣。"吴客曰："谁为神？"仲尼曰："山川之神足以纲纪天下，其守为神，社稷为公侯，皆属于王者。"客曰："防风何守？"仲尼曰："汪罔氏之君守封、禺之山，为釐姓。在虞、夏、商为汪罔，于周为长翟，今谓之大人。"客曰："人长几何？"仲尼曰："僬侥氏三尺，短之至也。长者不过十之，数之极也。"于是吴客曰："善哉圣人！"

　　桓子嬖臣曰仲梁怀，与阳虎有隙。阳虎欲逐怀，公山不狃止之。其秋，怀益骄，阳虎执怀。桓子怒，阳虎因囚桓子，与盟而醳之。阳虎由此益轻季氏。季氏亦僭于公室，陪臣执国政，是以鲁自大夫以下皆僭离于正道。故孔子不仕，退而修《诗》《书》《礼》《乐》，弟子弥众，至自远方，莫不受业焉。

　　定公八年，公山不狃不得意于季氏，因阳虎为乱，欲废三桓之适，更立其庶孽阳虎素所善者，遂执季桓子。桓子诈之，得脱。定公九年，阳虎不胜，奔于齐。是时孔子年五十。

　　公山不狃以费畔季氏，使人召孔子。孔子循道弥久，温温无所试，莫能己用，曰："盖周文武起丰镐而王，今费虽小，傥庶几乎！"欲往。子路不说，止孔子。孔子曰："夫召我者岂徒哉？如用我，其为东周乎！”然亦卒不行。

其后定公以孔子为中都宰，一年，四方皆则之。由中都宰为司空，由司空为大司寇。

定公十年春，及齐平。夏，齐大夫黎鉏言于景公曰："鲁用孔丘，其势危齐。"乃使使告鲁为好会，会于夹谷。鲁定公且以乘车好往。孔子摄相事，曰："臣闻有文事者必有武备，有武事者必有文备。古者诸侯出疆，必具官以从。请具左右司马。"定公曰："诺。"具左右司马。会齐侯夹谷，为坛位，土阶三等，以会遇之礼相见，揖让而登。献酬之礼毕，齐有司趋而进曰："请奏四方之乐。"景公曰："诺。"于是旍旄羽袯矛戟剑拨鼓噪而至。孔子趋而进，历阶而登，不尽一等，举袂而言曰："吾两君为好会，夷狄之乐何为于此！请命有司！"有司却之，不去，则左右视晏子与景公。景公心怍，麾而去之。有顷，齐有司趋而进曰："请奏宫中之乐。"景公曰："诺。"优倡侏儒为戏而前。孔子趋而进，历阶而登，不尽一等，曰："匹夫而营惑诸侯者罪当诛！请命有司！"有司加法焉，手足异处。景公惧而动，知义不若，归而大恐，告其群臣曰："鲁以君子之道辅其君，而子独以夷狄之道教寡人，使得罪于鲁君，为之奈何？"有司进对曰："君子有过则谢以质，小人有过则谢以文。君若悼之，则谢以质。"于是齐侯乃归所侵鲁之郓、汶阳、龟阴之田以谢过。

定公十三年夏，孔子言于定公曰："臣无藏甲，大夫毋百雉之城。"使仲由为季氏宰，将堕三都。于是叔孙氏先堕郈。季氏将堕费，公山不狃、叔孙辄率费人袭鲁。公与三子入于季氏之宫，登武子之台。费人攻之，弗克，入及公侧。孔子命申句须、乐颀下伐之，费人北。国人追之，败诸姑蔑。二子奔齐，遂堕费。将堕成，公敛处父谓孟孙曰："堕成，齐人必至于北门。且成，孟氏之保障，无成是无孟氏也。我将弗堕。"
十二月，公围成，弗克。

定公十四年，孔子年五十六，由大司寇行摄相事，有喜
色。门人曰："闻君子祸至不惧，福至不喜。"孔子曰："有
是言也。不曰'乐其以贵下人'乎？"于是诛鲁大夫乱政者少
正卯。与闻国政三月，粥羔豚者弗饰贾；男女行者别于途；途
不拾遗；四方之客至乎邑者不求有司，皆予之以归。

齐人闻而惧，曰："孔子为政必霸，霸则吾地近焉，我之
为先并矣。盍致地焉？"黎鉏曰："请先尝沮之；沮之而不可
则致地，庸迟乎！"于是选齐国中女子好者八十人，皆衣文衣
而舞《康乐》，文马三十驷，遗鲁君。陈女乐文马于鲁城南高
门外，季桓子微服往观再三，将受，乃语鲁君为周道游，往观
终日，怠于政事。子路曰："夫子可以行矣。"孔子曰："鲁
今且郊，如致膰乎大夫，则吾犹可以止。"桓子卒受齐女乐，
三日不听政；郊，又不致膰俎于大夫。孔子遂行，宿乎屯。而
师己送，曰："夫子则非罪。"孔子曰："吾歌可夫？"歌
曰："彼妇之口，可以出走；彼妇之谒，可以死败。盖优哉游
哉，维以卒岁！"师己反，桓子曰："孔子亦何言？"师己以
实告。桓子喟然叹曰："夫子罪我以群婢故也夫！"

孔子遂适卫，主于子路妻兄颜浊邹家。卫灵公问孔子：
"居鲁得禄几何？"对曰："奉粟六万。"卫人亦致粟六万。
居顷之，或谮孔子于卫灵公。灵公使公孙余假一出一入。孔子
恐获罪焉，居十月，去卫。

将适陈，过匡，颜刻为仆，以其策指之曰："昔吾入此，
由彼缺也。"匡人闻之，以为鲁之阳虎。阳虎尝暴匡人，匡人
于是遂止孔子。孔子状类阳虎，拘焉五日，颜渊后，子曰：
"吾以汝为死矣。"颜渊曰："子在，回何敢死！"匡人拘孔

子益急，弟子惧。孔子曰："文王既没，文不在兹乎？天之将丧斯文也，后死者不得与于斯文也。天之未丧斯文也，匡人其如予何！"孔子使从者为宁武子臣于卫，然后得去。

去即过蒲。月余，反乎卫，主蘧伯玉家。灵公夫人有南子者，使人谓孔子曰："四方之君子不辱欲与寡君为兄弟者，必见寡小君。寡小君愿见。"孔子辞谢，不得已而见之。夫人在绤帷中。孔子入门，北面稽首。夫人自帷中再拜，环佩玉声璆然。孔子曰："吾乡为弗见，见之礼答焉。"子路不说。孔子矢之曰："予所不者，天厌之！天厌之！"居卫月余，灵公与夫人同车，宦者雍渠参乘，出，使孔子为次乘，招摇市过之。孔子曰："吾未见好德如好色者也。"于是丑之，去卫，过曹。是岁，鲁定公卒。

孔子去曹适宋，与弟子习礼大树下。宋司马桓魋欲杀孔子，拔其树。孔子去。弟子曰："可以速矣。"孔子曰："天生德于予，桓魋其如予何！"

孔子适郑，与弟子相失，孔子独立郭东门。郑人或谓子贡曰："东门有人，其颡似尧，其项类皋陶，其肩类子产，然自要以下不及禹三寸。累累若丧家之狗。"子贡以实告孔子。孔子欣然笑曰："形状，末也。而谓似丧家之狗，然哉！然哉！"

孔子遂至陈，主于司城贞子家。岁余，吴王夫差伐陈，取三邑而去。赵鞅伐朝歌。楚围蔡，蔡迁于吴。吴败越王句践会稽。

有隼集于陈廷而死，楛矢贯之，石砮，矢长尺有咫。陈湣公使使问仲尼。仲尼曰："隼来远矣，此肃慎之矢也。昔武王克商，通道九夷百蛮，使各以其方贿来贡，使无忘职业。于是肃慎贡楛矢石砮，长尺有咫。先王欲昭其令德，以肃慎矢分大姬，配虞胡公而封诸陈。分同姓以珍玉，展亲；分异姓以远职，使无忘服。故分陈以肃慎矢。"试求之故府，果得之。

孔子居陈三岁，会晋楚争强，更伐陈，及吴侵陈，陈常被寇。孔子曰："归与归与！吾党之小子狂简，进取不忘其初。"于是孔子去陈。

过蒲，会公叔氏以蒲畔，蒲人止孔子。弟子有公良孺者，以私车五乘从孔子。其为人长贤，有勇力，谓曰："吾昔从夫子遇难于匡，今又遇难于此，命也已。吾与夫子再罹难，宁斗而死。"斗甚疾。蒲人惧，谓孔子曰："苟毋适卫，吾出子。"与之盟，出孔子东门。孔子遂适卫。子贡曰："盟可负邪？"孔子曰："要盟也，神不听。"

卫灵公闻孔子来，喜，郊迎。问曰："蒲可伐乎？"对曰："可。"灵公曰："吾大夫以为不可。今蒲，卫之所以待晋楚也，以卫伐之，无乃不可乎？"孔子曰："其男子有死之志，妇人有保西河之志。吾所伐者不过四五人。"灵公曰："善。"然不伐蒲。

灵公老，怠于政，不用孔子。孔子喟然叹曰："苟有用我者，期月而已，三年有成。"孔子行。

佛肸为中牟宰。赵简子攻范、中行，伐中牟。佛肸畔，使人召孔子。孔子欲往。子路曰："由闻诸夫子，'其身亲为不善者，君子不入也'。今佛肸亲以中牟畔，子欲往，如之何？"孔子曰："有是言也。不曰坚乎，磨而不磷；不曰白乎，涅而不淄。我岂匏瓜也哉，焉能系而不食？"

孔子击磬。有荷蒉而过门者，曰："有心哉，击磬乎！硁硁乎，莫己知也夫而已矣！"

孔子学鼓琴师襄子，十日不进。师襄子曰："可以益矣。"孔子曰："丘已习其曲矣，未得其数也。"有间，曰：

"已习其数，可以益矣。"孔子曰："丘未得其志也。"有间，曰："已习其志，可以益矣。"孔子曰："丘未得其为人也。"有间，有所穆然深思焉，有所怡然高望而远志焉。曰："丘得其为人，黯然而黑，几然而长，眼如望羊，如王四国，非文王其谁能为此也！"师襄子辟席再拜，曰："师盖云《文王操》也。"

孔子既不得用于卫，将西见赵简子。至于河而闻窦鸣犊、舜华之死也，临河而叹曰："美哉水，洋洋乎！丘之不济此，命也夫！"子贡趋而进曰："敢问何谓也？"孔子曰："窦鸣犊，舜华，晋国之贤大夫也。赵简子未得志之时，须此两人而后从政；及其已得志，杀之。丘闻之也，刳胎杀夭则麒麟不至郊，竭泽涸渔则蛟龙不合阴阳，覆巢毁卵则凤凰不翔。何则？君子讳伤其类也。夫鸟兽之于不义也尚知辟之，而况乎丘哉！"乃还息乎陬乡，作为陬操以哀之。而反乎卫，入主蘧伯玉家。

他日，灵公问兵陈。孔子曰："俎豆之事则尝闻之，军旅之事未之学也。"明日，与孔子语，见蜚雁，仰视之，色不在孔子。孔子遂行，复如陈。

夏，卫灵公卒，立孙辄，是为卫出公。六月，赵鞅内太子蒯聩于戚。阳虎使太子绖，八人衰绖，伪自卫迎者，哭而入，遂居焉。冬，蔡迁于州来。是岁鲁哀公三年，而孔子年六十矣。齐助卫围戚，以卫太子蒯聩在故也。

夏，鲁桓厘庙燔，南宫敬叔救火。孔子在陈，闻之，曰："灾必于桓厘庙乎？"已而果然。

秋，季桓子病，辇而见鲁城，喟然叹曰："昔此国几兴矣，以吾获罪于孔子，故不兴也。"顾谓其嗣康子曰："我即死，若必相鲁；相鲁，必召仲尼。"后数日，桓子卒，康子代立。已葬，欲召仲尼。公之鱼曰："昔吾先君用之不终，终为诸侯笑。今又用之，不能终，是再为诸侯笑。"康子曰："则谁召而可？"曰："必召冉求。"于是使使召冉求。冉求将行，孔子曰："鲁人召求，非小用之，将大用之也。"是日，孔子曰："归乎归乎！吾党之小子狂简，斐然成章，吾不知所以裁之。"子赣知孔子思归，送冉求，因诫曰"即用，以孔子为招"云。

冉求既去，明年，孔子自陈迁于蔡。蔡昭公将如吴，吴召之也。前昭公欺其臣迁州来，后将往，大夫惧复迁，公孙翩射杀昭公。楚侵蔡。秋，齐景公卒。

明年，孔子自蔡如叶。叶公问政，孔子曰："政在来远附迩。"他日，叶公问孔子于子路，子路不对。孔子闻之，曰："由，尔何不对曰'其为人也，学道不倦，诲人不厌，发愤忘食，乐以忘忧，不知老之将至'云尔。"

去叶，反于蔡。长沮、桀溺耦而耕，孔子以为隐者，使子路问津焉。长沮曰："彼执舆者为谁？"子路曰："为孔丘。"曰："是鲁孔丘与？"曰："然。"曰："是知津矣。"桀溺谓子路曰："子为谁？"曰："为仲由。"曰："子，孔丘之徒与？"曰："然。"桀溺曰："悠悠者天下皆是也，而谁以易之？且与其从辟人之士，岂若从辟世之士哉！"耰而不辍。子路以告孔子，孔子怃然曰："鸟兽不可与同群。天下有道，丘不与易也。"

他日，子路行，遇荷蓧丈人，曰："子见夫子乎？"丈人曰："四体不勤，五谷不分，孰为夫子！"植其杖而芸。子路以告，孔子曰："隐者也。"复往，则亡。

孔子迁于蔡三岁，吴伐陈。楚救陈，军于城父。闻孔子在陈、蔡之间，楚使人聘孔子。孔子将往拜礼，陈、蔡大夫谋曰："孔子贤者，所刺讥皆中诸侯之疾。今者久留陈、蔡之间，诸大夫所设行皆非仲尼之意。今楚，大国也，来聘孔子。孔子用于楚，则陈、蔡用事大夫危矣。"于是乃相与发徒役围孔子于野。不得行，绝粮。从者病，莫能兴。孔子讲诵弦歌不衰。子路愠见曰："君子亦有穷乎？"孔子曰："君子固穷，小人穷斯滥矣。"

子贡色作。孔子曰："赐，尔以予为多学而识之者与？"曰："然。非与？"孔子曰："非也，予一以贯之。"

孔子知弟子有愠心，乃召子路而问曰："《诗》云'匪兕匪虎，率彼旷野'。吾道非邪？吾何为于此？"子路曰："意者吾未仁邪？人之不我信也。意者吾未知邪？人之不我行也。"孔子曰："有是乎！由，譬使仁者而必信，安有伯夷、叔齐？使知者而必行，安有王子比干？"

子路出，子贡入见。孔子曰："赐，《诗》云'匪兕匪虎，率彼旷野'。吾道非邪？吾何为于此？"子贡曰："夫子之道至大也，故天下莫能容夫子。夫子盖少贬焉？"孔子曰："赐，良农能稼而不能为穑，良工能巧而不能为顺。君子能修其道，纲而纪之，统而理之，而不能为容。今尔不修尔道而求为容。赐，而志不远矣！"

子贡出，颜回入见。孔子曰："回，《诗》云'匪兕匪虎，率彼旷野'。吾道非邪？吾何为于此？"颜回曰："夫子之道至大，故天下莫能容。虽然，夫子推而行之，不容何病，不容然后见君子！夫道之不修也，是吾丑也。夫道既已大修而不用，是有国者之丑也。不容何病，不容然后见君子！"孔子欣然而笑曰："有是哉颜氏之子！使尔多财，吾为尔宰。"

于是使子贡至楚。楚昭王兴师迎孔子，然后得免。

昭王将以书社地七百里封孔子。楚令尹子西曰："王之使使诸侯有如子贡者乎？"曰："无有。""王之辅相有如颜回者乎？"曰："无有。""王之将率有如子路者乎？"曰："无有。""王之官尹有如宰予者乎？"曰："无有。""且楚之祖封于周，号为子男五十里。今孔丘述三五之法，明周召之业，王若用之，则楚安得世世堂堂方数千里乎？夫文王在丰，武王在镐，百里之君卒王天下。今孔丘得据土壤，贤弟子为佐，非楚之福也。"昭王乃止。其秋，楚昭王卒于城父。

楚狂接舆歌而过孔子，曰："凤兮凤兮，何德之衰！往者不可谏兮，来者犹可追也！已而已而，今之从政者殆而！"孔子下，欲与之言。趋而去，弗得与之言。

于是孔子自楚反乎卫。是岁也，孔子年六十三，而鲁哀公六年也。

其明年，吴与鲁会缯，征百牢。太宰嚭召季康子。康子使子贡往，然后得已。

孔子曰："鲁卫之政，兄弟也。"是时，卫君辄父不得立，在外，诸侯数以为让。而孔子弟子多仕于卫，卫君欲得孔子为政。子路曰："卫君待子而为政，子将奚先？"孔子曰："必也正名乎！"子路曰："有是哉，子之迂也！何其正也？"孔子曰："野哉由也！夫名不正则言不顺，言不顺则事不成，事不成则礼乐不兴，礼乐不兴则刑罚不中，刑罚不中则民无所措手足矣。夫君子为之必可名，言之必可行。君子于其言，无所苟而已矣。"

其明年，冉有为季氏将师，与齐战于郎，克之。季康子曰："子之于军旅，学之乎？性之乎？"冉有曰："学之于孔子。"季康子曰："孔子何如人哉？"对曰："用之有名；播之百姓，质诸鬼神而无憾。求之至于此道，虽累千社，夫子不利也。"康子曰："我欲召之，可乎？"对曰："欲召之，则

毋以小人固之，则可矣。"而卫孔文子将攻太叔，问策于仲
尼。仲尼辞不知，退而命载而行，曰："鸟能择木，木岂能择
鸟乎！"文子固止。会季康子使公华、公宾、公林，以币迎孔
子，孔子归鲁。

孔子之去鲁凡十四岁而反乎鲁。

鲁哀公问政，对曰："政在选臣。"季康子问政，曰：
"举直错诸枉，则枉者直。"康子患盗，孔子曰："苟子之不
欲，虽赏之不窃。"然鲁终不能用孔子，孔子亦不求仕。

孔子之时，周室微而礼乐废，《诗》《书》缺。追迹三
代之礼，序《书传》，上纪唐虞之际，下至秦缪，编次其事。
曰："夏礼吾能言之，杞不足征也。殷礼吾能言之，宋不足征
也。足，则吾能征之矣。"观殷夏所损益，曰："后虽百世可
知也，以一文一质。""周监二代，郁郁乎文哉。吾从周。"
故《书传》《礼记》自孔氏。

孔子语鲁大师："乐其可知也。始作翕如，纵之纯如，
皦如，绎如也，以成。""吾自卫反鲁，然后乐正，《雅》
《颂》各得其所。"

古者《诗》三千余篇，及至孔子，去其重，取可施于礼
义，上采契后稷，中述殷周之盛，至幽厉之缺，始于衽席，故
曰"《关雎》之乱以为《风》始，《鹿鸣》为《小雅》始，
《文王》为《大雅》始，《清庙》为《颂》始"。三百五篇孔
子皆弦歌之，以求合《韶》《武》《雅》《颂》之音。礼乐自
此可得而述，以备王道，成六艺。

孔子晚而喜《易》，序《彖》《系》《象》《说卦》《文
言》。读《易》，韦编三绝。曰："假我数年，若是，我于
《易》则彬彬矣。"

孔子以诗书礼乐教，弟子盖三千焉，身通六艺者七十有二

人。如颜浊邹之徒，颇受业者甚众。

孔子以四教：文，行，忠，信。绝四：毋意，毋必，毋固，毋我。所慎：齐，战，疾。子罕言利与命与仁。不愤不启，举一隅不以三隅反，则弗复也。

其于乡党，恂恂似不能言者。其于宗庙朝廷，辩辩言，唯谨尔。朝，与上大夫言，訚訚如也；与下大夫言，侃侃如也。

入公门，鞠躬如也；趋进，翼如也。君召使傧，色勃如也。君命召，不俟驾行矣。

鱼馁，肉败，割不正，不食。席不正，不坐。食于有丧者之侧，未尝饱也。

是日哭，则不歌。见齐衰、瞽者，虽童子必变。

"三人行，必得我师。""德之不修，学之不讲，闻义不能徙，不善不能改，是吾忧也。"

使人歌，善，则使复之，然后和之。

子不语：怪，力，乱，神。

子贡曰："夫子之文章，可得闻也。夫子言天道与性命，弗可得闻也已。"

颜渊喟然叹曰："仰之弥高，钻之弥坚。瞻之在前，忽焉在后。夫子循循然善诱人，博我以文，约我以礼，欲罢不能。既竭我才，如有所立，卓尔。虽欲从之，蔑由也已。"

达巷党人曰："大哉孔子，博学而无所成名。"子闻之曰："我何执？执御乎？执射乎？我执御矣。"牢曰："子云'不试，故艺'。"

鲁哀公十四年春，狩大野。叔孙氏车子鉏商获兽，以为不祥。仲尼视之，曰："麟也。"取之。曰："河不出图，雒不出书，吾已矣夫！"颜渊死，孔子曰："天丧予！"及西狩见麟，曰："吾道穷矣！"喟然叹曰："莫知我夫！"子贡曰：

"何为莫知子？"子曰："不怨天，不尤人，下学而上达，知我者其天乎！"

"不降其志，不辱其身，伯夷、叔齐乎！"谓"柳下惠、少连降志辱身矣"。谓"虞仲、夷逸隐居放言，行中清，废中权"。"我则异于是，无可无不可。"

子曰："弗乎弗乎，君子病没世而名不称焉。吾道不行矣，吾何以自见于后世哉？"乃因史记作《春秋》，上至隐公，下讫哀公十四年，十二公。据鲁，亲周，故殷，运之三代。约其文辞而指博。故吴楚之君自称王，而《春秋》贬之曰"子"；践土之会实召周天子，而《春秋》讳之曰"天王狩于河阳"：推此类以绳当世。贬损之义，后有王者举而开之。《春秋》之义行，则天下乱臣贼子惧焉。

孔子在位听讼，文辞有可与人共者，弗独有也。至于为《春秋》，笔则笔，削则削，子夏之徒不能赞一辞。弟子受《春秋》，孔子曰："后世知丘者以《春秋》，而罪丘者亦以《春秋》。"

明岁，子路死于卫。孔子病，子贡请见。孔子方负杖逍遥于门，曰："赐，汝来何其晚也？"孔子因叹，歌曰："太山坏乎！梁柱摧乎！哲人萎乎！"因以涕下。谓子贡曰："天下无道久矣，莫能宗予。夏人殡于东阶，周人于西阶，殷人两柱间。昨暮予梦坐奠两柱之间，予始殷人也。"后七日卒。

孔子年七十三，以鲁哀公十六年四月己丑卒。

哀公诔之曰："旻天不吊，不慭遗一老，俾屏余一人以在位，茕茕余在疚。呜呼哀哉！尼父，毋自律！"子贡曰："君其不没于鲁乎！夫子之言曰：'礼失则昏，名失则愆。失志为昏，失所为愆。'生不能用，死而诔之，非礼也。称'余一人'，非名也。"

孔子葬鲁城北泗上，弟子皆服三年。三年心丧毕，相诀而去，则哭，各复尽哀；或复留。唯子赣庐于冢上，凡六年，然后去。弟子及鲁人往从冢而家者百有余室，因命曰孔里。鲁世世相传以岁时奉祠孔子冢，而诸儒亦讲礼乡饮大射于孔子冢。孔子冢大一顷。故所居堂、弟子内，后世因庙，藏孔子衣冠琴车书，至于汉二百余年不绝。高皇帝过鲁，以太牢祠焉。诸侯卿相至，常先谒然后从政。

孔子生鲤，字伯鱼。伯鱼年五十，先孔子死。

伯鱼生伋，字子思，年六十二。尝困于宋。子思作《中庸》。

子思生白，字子上，年四十七。子上生求，字子家，年四十五。子家生箕，字子京，年四十六。子京生穿，字子高，年五十一。子高生子慎，年五十七，尝为魏相。

子慎生鲋，年五十七，为陈王涉博士，死于陈下。

鲋弟子襄，年五十七。尝为孝惠皇帝博士，迁为长沙太守。长九尺六寸。

子襄生忠，年五十七。忠生武，武生延年及安国。安国为今皇帝博士，至临淮太守，蚤卒。安国生卬，卬生驩。

太史公曰：《诗》有之："高山仰止，景行行止。"虽不能至，然心向往之。余读孔氏书，想见其为人。适鲁，观仲尼庙堂车服礼器，诸生以时习礼其家，余祗回留之不能去云。天下君王至于贤人众矣，当时则荣，没则已焉。孔子布衣，传十余世，学者宗之。自天子王侯，中国言六艺者折中于夫子，可谓至圣矣！

孔子曰"受业身通者七十有七人"，皆异能之士也。德行：颜渊，闵子骞，冉伯牛，仲弓。政事：冉有，季路。言语：宰我，子贡。文学：子游，子夏。师也辟，参也鲁，柴也愚，由也喭，回也屡空。赐不受命而货殖焉，亿则屡中。

孔子之所严事：于周则老子；于卫，蘧伯玉；于齐，晏平仲；于楚，老莱子；于郑，子产；于鲁，孟公绰。数称臧文仲、柳下惠、铜鞮伯华、介山子然，孔子皆后之，不并世。

颜回者，鲁人也，字子渊。少孔子三十岁。

颜渊问仁，孔子曰："克己复礼，天下归仁焉。"

孔子曰："贤哉回也!一箪食，一瓢饮，在陋巷，人不堪其忧，回也不改其乐。""回也如愚，退而省其私，亦足以发，回也不愚。""用之则行，舍之则藏，唯我与尔有是夫!"

回年二十九，发尽白，蚤死。孔子哭之恸，曰："自吾有回，门人益亲。"

鲁哀公问："弟子孰为好学？"孔子对曰："有颜回者好学，不迁怒，不贰过。不幸短命死矣，今也则亡。"

闵损字子骞。少孔子十五岁。

孔子曰："孝哉闵子骞!人不间于其父母昆弟之言。"不仕大夫，不食污君之禄。"如有复我者，必在汶上矣。"

冉耕字伯牛。孔子以为有德行。

伯牛有恶疾，孔子往问之，自牖执其手，曰："命也夫!斯人也而有斯疾，命也夫!"

冉雍字仲弓。

仲弓问政，孔子曰："出门如见大宾，使民如承大祭。在邦无怨，在家无怨。"

孔子以仲弓为有德行，曰"雍也可使南面。"

仲弓父，贱人。孔子曰："犁牛之子骍且角，虽欲勿用，山川其舍诸？"

冉求字子有，少孔子二十九岁。为季氏宰。

季康子问孔子曰："冉求仁乎？"曰："千室之邑，百乘之家，求也可使治其赋。仁则吾不知也。"复问："子路仁乎？"孔子对曰："如求。"

求问曰："闻斯行诸？"子曰："行之。"子路问："闻斯行诸？"子曰："有父兄在，如之何其闻斯行之！"子华怪之，"敢问问同而答异？"孔子曰："求也退，故进之。由也兼人，故退之。"

仲由字子路，卞人也。少孔子九岁。

子路性鄙，好勇力，志伉直，冠雄鸡，佩豭豚，陵暴孔子。孔子设礼稍诱子路，子路后儒服委质，因门人请为弟子。

子路问政，孔子曰："先之，劳之。"请益。曰："无倦。"

子路问："君子尚勇乎？"孔子曰："义之为上。君子好勇而无义则乱，小人好勇而无义则盗。"

子路有闻，未之能行，唯恐有闻。

孔子曰："片言可以折狱者，其由也与！""由也好勇过我，无所取材。""若由也，不得其死然。""衣敝缊袍与衣狐貉者立而不耻者，其由也与！""由也升堂矣，未入于室也。"

季康子问："仲由仁乎？"孔子曰："千乘之国可使治其赋，不知其仁。"

子路喜从游，遇长沮、桀溺、荷蓧丈人。

子路为季氏宰，季孙问曰："子路可谓大臣与？"孔子曰："可谓具臣矣。"

子路为蒲大夫，辞孔子。孔子曰："蒲多壮士，又难治。然吾语汝：恭以敬，可以执勇；宽以正，可以比众；恭正以静，可以报上。"

初，卫灵公有宠姬曰南子。灵公太子蒉聩得过南子，惧诛出奔。及灵公卒而夫人欲立公子郢。郢不肯，曰："亡人太子之子辄在。"于是卫立辄为君，是为出公。出公立十二年，其父蒉聩居外，不得入。子路为卫大夫孔悝之邑宰。蒉聩乃与孔悝作乱，谋入孔悝家，遂与其徒袭攻出公。出公奔鲁，而蒉聩入立，是为庄公。方孔悝作乱，子路在外，闻之而驰往。遇子羔出卫城门，谓子路曰："出公去矣，而门已闭，子可还矣，毋空受其祸。"子路曰："食其食者不避其难。"子羔卒去。有使者入城，城门开，子路随而入。造蒉聩，蒉聩与孔悝登台。子路曰："君焉用孔悝？请得而杀之。"蒉聩弗听。于是子路欲燔台，蒉聩惧，乃下石乞、壶黡攻子路，击断子路之缨。子路曰："君子死而冠不免。"遂结缨而死。

孔子闻卫乱，曰："嗟乎，由死矣！"已而果死。故孔子曰："自吾得由，恶言不闻于耳。"

宰予字子我。利口辩辞。既受业，问："三年之丧不已久乎？君子三年不为礼，礼必坏；三年不为乐，乐必崩。旧谷既没，新谷既升，钻燧改火，期可已矣。"子曰："于汝安乎？"曰："安。""汝安则为之。君子居丧，食旨不甘，闻乐不乐，故弗为也。"宰我出，子曰："予之不仁也！子生三年然后免于父母之怀。夫三年之丧，天下之通义也。"

宰予昼寝。子曰："朽木不可雕也，粪土之墙不可圬也。”

宰我问五帝之德，子曰："予非其人也。"

宰我为临菑大夫，与田常作乱，以夷其族，孔子耻之。

端沐赐，卫人，字子贡。少孔子三十一岁。

子贡利口巧辞，孔子常黜其辩。问曰："汝与回也孰愈？"对曰："赐也何敢望回！回也闻一以知十，赐也闻一以知二。"

子贡既已受业，问曰："赐何人也？"孔子曰："汝器也。"曰："何器也？"曰："瑚琏也。"

陈子禽问子贡曰："仲尼焉学？"子贡曰："文武之道未坠于地，在人，贤者识其大者，不贤者识其小者，莫不有文武之道。夫子焉不学，而亦何常师之有！"又问曰："孔子适是国必闻其政。求之与？抑与之与？"子贡曰："夫子温良恭俭让以得之。夫子之求之也，其诸异乎人之求之也。"

子贡问曰："富而无骄，贫而无谄，何如？"孔子曰："可也；不如贫而乐道，富而好礼。"

田常欲作乱于齐，惮高、国、鲍、晏，故移其兵欲以伐鲁。孔子闻之，谓门弟子曰："夫鲁，坟墓所处，父母之国，国危如此，二三子何为莫出？"子路请出，孔子止之。子张、子石请行，孔子弗许。子贡请行，孔子许之，遂行。

至齐，说田常曰："君之伐鲁过矣。夫鲁，难伐之国，其城薄以卑，其地狭以泄，其君愚而不仁，大臣伪而无用，其士民又恶甲兵之事，此不可与战。君不如伐吴。夫吴，城高以厚，地广以深，甲坚以新，士选以饱，重器精兵尽在其中，又使明大夫守之，此易伐也"。田常忿然作色曰："子之所难，人之所易；子之所易，人之所难；而以教常，何也？"子贡曰："臣闻之，忧在内者攻强，忧在外者攻弱。今君忧在内。吾闻君三封而三不成者，大臣有不听者也。今君破鲁以广齐，战胜以骄主，破国以尊臣，而君之功不与焉，则交日疏于主。是君上骄主心，下恣群臣，求以成大事，难矣。夫上骄则恣，臣骄则争，是君上与主有郤，下与大臣交争也。如此，则君之立于齐危矣。故曰不如伐吴。伐吴不胜，民人外死，大臣内空，是君上无强臣之敌，下无民人之过，孤主制齐者唯君也。"田常曰："善。虽然，吾兵业已加鲁矣，去而之吴，大臣疑我，奈何？"子贡曰："君按兵无伐，臣请往使吴王，令之救鲁而伐齐，君因以兵迎之。"

田常许之，使子贡南见吴王。说曰："臣闻之，王者不绝世，霸者无强敌，千钧之重加铢两而移。今以万乘之齐而私千乘之鲁，与吴争强，窃为王危之。且夫救鲁，显名也；伐齐，大利也。以抚泗上诸侯，诛暴齐以服强晋，利莫大焉。名存亡鲁，实困强齐。智者不疑也。"吴王曰："善。虽然，吾尝与越战，栖之会稽。越王苦身养士，有报我心。子待我伐越而听子。"子贡曰："越之劲不过鲁，吴之强不过齐，王置齐而伐越，则齐已平鲁矣。且王方以存亡继绝为名，夫伐小越而畏强齐，非勇也。夫勇者不避难，仁者不穷约，智者不失时，王者不绝世，以立其义。今存越示诸侯以仁，救鲁伐齐，威加晋国，诸侯必相率而朝吴，霸业成矣。且王必恶越，臣请东见越王，令出兵以从，此实空越，名从诸侯以伐也。"吴王大说，乃使子贡之越。

越王除道郊迎，身御至舍而问曰："此蛮夷之国，大夫何以俨然辱而临之？"子贡曰："今者吾说吴王以救鲁伐齐，其志欲之而畏越，曰'待我伐越乃可。'如此，破越必矣。且夫无报人之志而令人疑之，拙也；有报人之志，使人知之，殆也；事未发而先闻，危也。三者举事之大患。"勾践顿首再拜曰:"孤尝不料力,乃与吴战,困于会稽,痛入于骨髓,日夜焦唇干舌,徒欲与吴王接踵而死,孤之愿也。"遂问子贡。子贡曰:"吴王为人猛暴,群臣不堪;国家敝以数战,士卒弗忍;百姓怨上,大臣内变;子胥以谏死,太宰嚭用事,顺君之过以安其私:是残国之治也。今王诚发士卒佐之徼其志,重宝以说其心,卑辞以尊其礼,其伐齐必也。彼战不胜,王之福矣。战胜,必以兵临晋,臣请北见晋君,令共攻之,弱吴必矣。其锐兵尽于齐,重甲困于晋,而王制其敝,此灭吴必矣。"越王大说,许诺。送子贡金百镒,剑一,良矛二。

子贡不受,遂行。报吴王曰:"臣敬以大王之言告越王,越王大恐,曰:'孤不幸,少失先人,内不自量,抵罪于吴,军败身辱,栖于会稽,国为虚莽,赖大王之赐,使得奉俎豆而修祭祀,死不敢忘,何谋之敢虑!'"后五日,越使大夫种顿首言于吴王曰:"东海役臣孤句践使者臣种,敢修下吏问于左右。今窃闻大王将兴大义,诛强救弱,困暴齐而抚周室,请悉起境内士卒三千人,孤请自被坚执锐,以先受矢石。因越贱臣种奉先人藏器,甲二十领,铁屈卢之矛,步光之剑,以贺军吏。"吴王大说,以告子贡曰:"越王欲身从寡人伐齐,可乎?"子贡曰:"不可。夫空人之国,悉人之众,又从其君,不义。君受其币,许其师,而辞其君。"吴王许诺,乃谢越王。于是吴王乃遂发九郡兵伐齐。

子贡因去之晋,谓晋君曰:"臣闻之,虑不先定不可以应卒,兵不先辨不可以胜敌。今夫齐与吴将战,彼战而不胜,越乱之必矣;与齐战而胜,必以其兵临晋。"晋君大恐,曰:"为之奈何?"

子贡曰:"修兵休卒以待之。"晋君许诺。

子贡去而之鲁。吴王果与齐人战于艾陵,大破齐师,获七将军之兵而不归，果以兵临晋，与晋人相遇黄池之上。吴晋争强。晋人击之，大败吴师。越王闻之，涉江袭吴，去城七里而军。吴王闻之，去晋而归，与越战于五湖。三战不胜，城门不守，越遂围王宫，杀夫差而戮其相。破吴三年，东向而霸。

故子贡一出，存鲁，乱齐，破吴，强晋而霸越。子贡一使，使势相破，十年之中，五国各有变。

子贡好废举，与时转货赀。喜扬人之美，不能匿人之过。常相鲁卫，家累千金，卒终于齐。

言偃，吴人，字子游。少孔子四十五岁。

子游既已受业，为武城宰。孔子过，闻弦歌之声。孔子莞尔而笑曰："割鸡焉用牛刀？"子游曰："昔者偃闻诸夫子曰，君子学道则爱人，小人学道则易使。"孔子曰："二三子，偃之言是也。前言戏之耳。"孔子以为子游习于文学。

卜商字子夏。少孔子四十四岁。

子夏问："'巧笑倩兮，美目盼兮，素以为绚兮'，何谓也？"子曰："绘事后素。"曰："礼后乎？"孔子曰："商始可与言《诗》已矣。"

子贡问："师与商孰贤？"子曰："师也过，商也不及。""然则师愈与？"曰："过犹不及。"

子谓子夏曰："汝为君子儒，无为小人儒。"

孔子既没，子夏居西河教授，为魏文侯师。其子死，哭之失明。

颛孙师，陈人，字子张。少孔子四十八岁。

子张问干禄，孔子曰："多闻阙疑，慎言其余，则寡尤；多见阙殆，慎行其余，则寡悔。言寡尤，行寡悔，禄在其中矣。"

他日从在陈、蔡间，困，问行。孔子曰："言忠信，行笃敬，虽蛮貊之国，行也；言不忠信，行不笃敬，虽州里，行乎哉!立则见其参于前也，在舆则见其倚于衡，夫然后行。"子张书诸绅。

子张问："士何如斯可谓之达矣？"孔子曰："何哉，尔所谓达者？"子张对曰："在国必闻，在家必闻。"孔子曰："是闻也，非达也。夫达者，质直而好义，察言而观色，虑以下人，在国及家必达。夫闻也者，色取仁而行违，居之不疑，在国及家必闻。"

曾参，南武城人，字子舆。少孔子四十六岁。

孔子以为能通孝道，故授之业。作《孝经》。死于鲁。

澹台灭明，武城人，字子羽。少孔子三十九岁。状貌甚恶。欲事孔子，孔子以为材薄。既已受业，退而修行，行不由径，非公事不见卿大夫。

南游至江，从弟子三百人，设取予去就，名施乎诸侯。孔子闻之，曰："吾以言取人，失之宰予；以貌取人，失之子羽。"

宓不齐字子贱。少孔子三十岁。

孔子谓："子贱君子哉!鲁无君子，斯焉取斯？"

子贱为单父宰，反命于孔子，曰："此国有贤不齐者五人，教不齐所以治者。"孔子曰："惜哉不齐所治者小，所治者大则庶几矣。"

原宪字子思。

子思问耻。孔子曰；"国有道，谷。国无道，谷，耻也。"

子思曰："克伐怨欲不行焉，可以为仁乎？"孔子曰："可以为难矣，仁则吾弗知也。"

孔子卒，原宪遂亡在草泽中。子贡相卫，而结驷连骑，排藜藿入穷阎，过谢原宪。宪摄敝衣冠见子贡。子贡耻之，曰：

"夫子岂病乎？"原宪曰："吾闻之，无财者谓之贫，学道而不能行者谓之病。若宪，贫也，非病也。"子贡惭，不怿而去，终身耻其言之过也。

公冶长，齐人，字子长。

孔子曰："长可妻也，虽在累绁之中，非其罪也。"以其子妻之。

南宫括字子容。

问孔子曰："羿善射，奡荡舟，俱不得其死然；禹稷躬稼而有天下？"孔子弗答。容出，孔子曰："君子哉若人！上德哉若人！""国有道，不废；国无道，免于刑戮。"三复"白珪之玷"，以其兄之子妻之。

公皙哀字季次。

孔子曰："天下无行，多为家臣，仕于都；唯季次未尝仕。"

曾蒧字皙。

侍孔子，孔子曰："言尔志。"蒧曰："春服既成，冠者五六人，童子六七人，浴乎沂，风乎舞雩，咏而归。"孔子喟尔叹曰："吾与蒧也！"

颜无繇字路。路者，颜回父，父子尝各异时事孔子。

颜回死，颜路贫，请孔子车以葬。孔子曰："材不材，亦各言其子也。鲤也死，有棺而无椁，吾不徒行以为之椁，以吾从大夫之后，不可以徒行。"

商瞿，鲁人，字子木。少孔子二十九岁。

孔子传《易》于瞿，瞿传楚人馯臂子弘，弘传江东人矫子庸疵，疵传燕人周子家竖，竖传淳于人光子乘羽，羽传齐人田子庄何，何传东武人王子中同，同传菑川人杨何。何元朔中以治《易》为汉中大夫。

高柴字子羔。少孔子三十岁。

子羔长不盈五尺，受业孔子，孔子以为愚。

子路使子羔为费郈宰，孔子曰："贼夫人之子！"子路曰："有民人焉，有社稷焉，何必读书然后为学！"孔子曰："是故恶夫佞者。"

漆雕开字子开。

孔子使开仕，对曰："吾斯之未能信。"孔子说。

公伯缭字子周。

周怨子路于季孙，子服景伯以告孔子，曰："夫子固有惑志，缭也吾力犹能肆诸市朝"。孔子曰："道之将行，命也；道之将废，命也。公伯缭其如命何！"

司马耕字子牛。

牛多言而躁。问仁于孔子，孔子曰："仁者其言也讱。"曰："其言也讱，斯可谓之仁乎？"子曰："为之难，言之得无讱乎！"问君子，子曰："君子不忧不惧。"曰："不忧不惧，斯可谓之君子乎？"子曰："内省不疚，夫何忧何惧！"

樊须字子迟。少孔子三十六岁。

樊迟请学稼，孔子曰："吾不如老农。"请学圃，曰："吾不如老圃。"樊迟出，孔子曰："小人哉樊须也！上好礼，则民莫敢不敬；上好义，则民莫敢不服；上好信，则民莫敢不用情。夫如是，则四方之民襁负其子而至矣，焉用稼！"

樊迟问仁，子曰："爱人。"问智，曰："知人。"

有若少孔子四十三岁。

有若曰："礼之用，和为贵，先王之道斯为美。小大由之，有所不行；知和而和，不以礼节之，亦不可行也。""信近于义，言可复也；恭近于礼，远耻辱也；因不失其亲，亦可宗也。"

孔子既没，弟子思慕，有若状似孔子，弟子相与共立为师，师之如夫子时也。他日，弟子进问曰："昔夫子当行，使弟子持雨具，已而果雨。弟子问曰：'夫子何以知之？'夫子曰：'《诗》不云乎？月离于毕，俾滂沱矣。昨暮月不宿毕乎？'他日，月宿毕，竟不雨。商瞿年长无子，其母为取室。孔子使之齐，瞿母请之。孔子曰：'无忧，瞿年四十后当有五丈夫子。'已而果然。敢问夫子何以知此？"有若默然无以应。弟子起曰："有子避之，此非子之座也！"

公西赤字子华。少孔子四十二岁。

子华使于齐，冉有为其母请粟。孔子曰："与之釜。"请益，曰："与之庾。"冉子与之粟五秉。孔子曰："赤之适齐也，乘肥马，衣轻裘。吾闻君子周急不继富。"

巫马施字子旗。少孔子三十岁。

陈司败问孔子曰："鲁昭公知礼乎？"孔子曰："知礼。"退而揖巫马旗曰："吾闻君子不党，君子亦党乎？鲁君娶吴女为夫人，命之为孟子。孟子姓姬，讳称同姓，故谓之孟子。鲁君而知礼，孰不知礼！"施以告孔子，孔子曰："丘也幸，苟有过，人必知之。臣不可言君亲之恶，为讳者，礼也。"

梁鳣字叔鱼。少孔子二十九岁。

颜幸字子柳。少孔子四十六岁。

冉孺字子鲁。少孔子五十岁。

曹恤字子循。少孔子五十岁。

伯虔字子析。少孔子五十岁。

公孙龙字子石。少孔子五十三岁。

自子石已右三十五人，显有年名及受业，闻见于书传。其四十有二人，无年及不见书传者纪于左：

冉季字子产。

公祖句兹字子之。

秦祖字子南。

漆雕哆字子敛。

颜高字子骄。

漆雕徒父。

壤驷赤字子徒。

商泽。

石作蜀字子明。

任不齐字选。

公良孺字子正。

后处字子里。

秦冉字开。

公夏首字乘。

奚容箴字子皙。

公肩定字子中。

颜祖字襄。

鄡单字子家。

句井疆。

罕父黑字子索。

秦商字子丕。

申党字周。

颜之仆字叔。

荣旂字子祈。

县成字子祺。

左人郢字行。

燕伋字思。

郑国字子徒。

秦非字子之。

施之常字子恒。

颜哙字子声。

步叔乘字子车。

原亢字籍。

乐欬字子声。

廉絜字庸。

叔仲会字子期。

颜何字冉。

狄黑字皙。

邦巽字子敛。

孔忠。

公西舆如字子上。

公西葴字子上。

太史公曰：学者多称七十子之徒，誉者或过其实，毁者或损其真，钧之未睹厥容貌，则论言弟子籍，出孔氏古文近是。余以弟子名姓文字悉取《论语》，弟子问并次为篇，疑者阙焉。